VOYAGE EN PALESTINE

CALMANN LÉVY, ÉDITEUR

DU MÊME AUTEUR

Format grand in-18

IMPRIMERIE CHAIX. — RUE BERGÈRE, 20, PARIS.— 16378-4.

VOYAGE
EN PALESTINE

— IMPRESSIONS ET SOUVENIRS —

PAR

GABRIEL CHARMES

PARIS

CALMANN LÉVY, ÉDITEUR

ANCIENNE MAISON MICHEL LÉVY FRÈRES

3, RUE AUBER, 3

1884

AVANT-PROPOS

Lorsque j'ai commencé à écrire ces récits de voyage, je ne pensais pas me borner à la Palestine. J'avais visité également la Syrie, et je me proposais de rendre compte de ce que j'y avais vu. Mais divers travaux sont venus m'empêcher de mettre à exécution mon premier dessein. Je comptais toujours le reprendre, et toujours j'en étais empêché. A la fin, je me suis lassé d'attendre des loisirs qui ne venaient pas. Je me résigne donc à ne publier aujourd'hui qu'une moitié de mon voyage; mais c'est de beaucoup la moitié la plus intéressante. Elle forme d'ailleurs un ensemble complet. Quand on passe de Palestine en Syrie, on entre dans un monde nouveau, bien différent de celui qu'on vient de parcourir : tout change à la fois, et la nature et les hommes, et le présent et le passé, et les réflexions que font naître les institutions contemporaines et les souvenirs que l'histoire éveille dans l'esprit.

Au reste, je serais désolé qu'on se méprît sur ce que j'ai voulu faire en écrivant les pages qui vont suivre. Je ne suis ni un pèlerin ni un érudit; je n'ai parcouru la Palestine ni en croyant ni en archéologue. C'est par pure bonne foi que je fais ce double aveu. Si l'on demandait à ce volume des sujets d'édification ou des recherches scientifiques sur un pays si fécond en pieuses légendes et en objets d'études, on risquerait fort d'être désagréablement déçu. Je suis un simple voyageur, fortement imprégné des idées de mon temps et médiocrement pourvu de connaissances spéciales, mais incapable, comme tout le monde, de rester insensible au spectacle des grandes scènes de la nature, ainsi qu'à la vue des contrées où se sont déroulés des événements qui ont exercé sur l'humanité une influence décisive.

On trouvera ici des impressions qui, faute d'autres mérites, ont du moins celui d'être parfaitement sincères. J'ai plutôt affaibli qu'exagéré l'effet que m'a produit la Palestine, ou du moins la Galilée, car la Judée ne laisse dans l'âme que tristesse et dégoût. Lorsque je suis parti pour Jérusalem et pour Tibériade, j'étais dans une de ces dispositions morales qui prédisposent peut-être aux émotions, ou qui, du moins, les rendent plus ardentes. Toutefois, je ne crois pas que la froideur naturelle la plus forte puisse résister à la lecture de l'Évangile au bord du lac de Génézareth. On a accusé M. Renan d'avoir inventé la poésie de l'Évangile ; on a prétendu que c'était lui qui y avait introduit l'incomparable idylle dont tous nos contemporains ont été charmés lorsqu'ils l'ont rencontrée dans ses livres. Assurément, je ne dirai point qu'il ne l'ait jamais développée et surtout prolongée ; mais j'affirme qu'elle est en germe dans le Sermon sur la Montagne, et qu'il est impossible de méditer cette œuvre délicieuse, au lieu même où elle est née, sans éprouver je ne sais quelle sensation pleine de douceur et de grâce, semblable au frisson que ferait éprouver un souffle venu du royaume de Dieu.

Il y a aussi dans ce volume des réflexions, peut-être même des dissertations, sur lesquelles je me borne à appeler l'indulgence des lecteurs. Je suis

loin de les donner pour des théories arrêtées, pour
le fruit de méditations suivies et définitives. Si ce
livre était autre chose qu'un récit de voyage, j'aurais beaucoup à y retrancher et peu, fort peu, à y
ajouter. Mais, étant ce qu'il est, pourquoi le sou-
mettrais-je à une sévère revision? Tous ceux qui
ont voyagé savent de quelle sorte de rêverie
continue se berce le touriste, lorsque, ne cherchant que son plaisir, il laisse aller sa pensée au
hasard, comme les pas des chevaux arabes ou
comme les sentiers de Syrie qui vont à l'aventure à travers les cailloux et les fleurs. Chaque
objet lui apporte une impression qui fait jaillir
dans son esprit une idée plus ou moins juste, peu
importe! puisque une nouvelle idée, non moins
fugitive, la chassera bientôt. Les unes lui sont
venues au penchant des collines, les autres dans
les plaines chargées de moissons; les unes ont
germé en lui le matin, au moment où tout rit et
s'épanouit dans la campagne; les autres ont poussé
lentement le soir, à l'heure où les grandes ombres qui descendent dans les vallées gagnent aussi
les âmes qu'elles assombrissent. De là vient que,
suivant les circonstances, elles sont gaies ou tristes, légères ou graves, optimistes ou pessimistes.
Ce sont des parfums ou des poussières de la route.

Il faut y voir uniquement des reflets mobiles de la nature que le voyageur doit bien se garder de retoucher après coup, s'il veut être sincère, s'il veut donner une image exacte et complète de l'effet que lui ont produit les pays qu'il a visités.

J'espère donc que les personnes qui liront ce voyage en Palestine n'y chercheront que ce que j'ai voulu y mettre, et qu'elles ne jugeront même pas trop sérieusement ce que j'y ai mis. Je serais heureux s'il leur faisait partager quelques-unes des impressions que j'ai éprouvées en parcourant la contrée bénie, la terre réellement sainte où a brillé pour la première fois l'idéal moral de l'Évangile. Je sais tout ce que cet idéal a d'incomplet et de factice, tout ce qui en a disparu dans la pratique, tout ce qui en est aujourd'hui irrémédiablement condamné. Il m'arrive souvent, lorsque je cherche à faire renaître en moi l'émotion exquise que j'ai éprouvée le long des rives du lac de Tibériade, à la lecture du Sermon sur la Montagne, de me demander si je ne me suis pas trompé, si mon imagination ne m'a pas égaré, et de me dire qu'en somme le christianisme, né au déclin du monde antique et des grandes races de l'histoire, n'a été que la religion des barbares et du moyen âge. La Renaissance,

premier réveil de l'hellénisme et de l'esprit scientifique, a commencé la revanche de la civilisation;
les progrès modernes l'achèveront. Pourtant j'hé-
site à croire que le christianisme disparaisse tout
entier, qu'aucune trace de son passage ne subsiste
au cœur de l'humanité. La charité, la douceur, la
résignation, le sacrifice, l'amour de la souffrance
qu'il a enseignés au monde, ne seront peut-être
pas moins nécessaires à l'avenir qu'ils ne l'ont
été au passé. Qui sait même s'ils ne lui seront
pas plus nécessaires encore ? Dans la lutte pour l'existence que la science moderne nous a apprise, qui
sait si la vérité ne sera pas du côté du pessi-
misme ? L'espoir généreux de ceux qui veulent
faire sortir de l'intérêt individuel et de la concurrence vitale, en dépit de la brutalité des lois de la
nature, le bonheur universel, pourrait bien être un
fruit inconscient du christianisme qui leur aurait
été transmis par cet atavisme au moyen duquel ils
expliquent tout. L'égoïsme ne saurait engendrer
que l'égoïsme ; il est impossible qu'il produise jamais
le dévouement. Et que serait-ce qu'une société sans
dévouement ? L'horizon est couvert de si gros
nuages que les hommes éprouveront longtemps
sans doute le besoin d'aller se raviver à l'éblouissante lumière du lac de Tibériade. Hélas ! tant

que notre monde sera ce qu'il est, ne faudra-t-il pas, pour se consoler de vivre, continuer à s'efforcer de croire que la douleur n'est point sans motif? Ne faudra-t-il pas écouter dans nos rêves, sinon dans nos luttes, la parole décevante et sublime du Maître qui disait, comme une chose toute simple, à la foule charmée: « Heureux les doux, heureux les pauvres, heureux ceux qui pleurent ! »

VOYAGE EN PALESTINE

I

D'ALEXANDRIE A JAFFA.

Un voyage en Syrie est le complément naturel, indispensable, de toute étude sérieuse sur l'Égypte. Il existe entre les deux pays des relations physiques, morales, politiques et historiques telles, qu'on ne peut bien se vanter de connaître l'un que si l'on connaît l'autre également. Voilà pourquoi, après avoir passé deux hivers au Caire, j'ai voulu me rendre à Jérusalem et à Damas. De toutes les contrées de l'Orient, la Syrie est du reste celle qui se rattache le plus intimement à la France par les souvenirs et par les intérêts. Il y a un siècle à peine que notre influence se fait sentir sur l'Egypte; il faudrait remonter au moins à Charlemagne pour trouver l'origine de notre influence sur la Syrie. Les clés du Saint-Sépulcre, envoyées au grand empereur par Aroun-al-Raschid, ne nous ont pas seulement ouvert les portes du principal sanctuaire de la chrétienté, elles nous ont ouvert les portes de l'Orient; c'est en partant de Jérusalem que nous avons pu gagner peu à peu toutes les régions orientales où notre nom est devenu synonyme d'Européen. J'avais toujours pensé que, malgré nos malheurs, ce que nos ancêtres avaient semé dans ces pays privilégiés, où les moissons poussent avec une vigueur et une abondance extraordinaires, ne pouvait avoir péri entièrement. Le spectacle de l'Égypte m'avait prouvé déjà que je ne me trompais pas. Il me restait à savoir si celui de la Syrie confirmerait mes premières impressions. Je tenais d'autant plus à m'en assurer, qu'à l'heure de l'ébranlement de la puissance ottomane, la France commettrait une véritable abdication si elle renonçait à jouer un rôle dans la crise qui se prépare et qui décidera de l'avenir commercial et politique du monde. Par une heureuse fortune ou plutôt par un effet naturel de la plus habile et de la plus large tradition diplomatique, c'est dans les deux contrées les plus importantes peut-être de l'Orient que notre action est prépondérante. En Égypte, si les Anglais sont en même temps nos rivaux et nos alliés, il est impossible qu'ils renoncent à notre alliance sans que notre rivalité leur devienne fatale. Pourvu que nous ne nous trahissions pas nous-mêmes, nous sommes donc sûrs de conserver une autorité considérable sur la route maritime du commerce asiatique [1]. Mais la Syrie domine à la fois cette route et la future voie ferrée qui tôt ou tard traversera la vallée de l'Euphrate et gagnera le golfe Persique. Or, en Syrie, aucune puissance, pas même l'Angleterre, n'a su acquérir jusqu'ici une influence aussi solide et aussi durable que la nôtre, et si, dans ces dernières années, l'occupation de Chypre, le développement des missions protestantes, les projets de grands travaux publics sont venus créer sur cette terre, jusqu'ici absolument française, des intérêts anglais substantiels, comme s'exprimait lord Beaconsfield, ces intérêts sont encore trop précaires pour nous causer de sérieuses alarmes. Il dépend de nous de garder l'avance considérable que nous devons à des siècles de politique suivie et intelligente. Toutefois il est bien clair que nous ne saurions le faire sans aller étudier sur place les résultats de cette politique, afin de nous rendre compte de ce qu'il faut en conserver et des changements qu'il serait utile d'y apporter, non seule=

---

1. Hélas! nous nous sommes trahis nous-mêmes. J'écrivais ceci en 1880, au moment le plus brillant de l'alliance franco-anglaise en Égypte. Je n'ai rien voulu changer à ces lignes; elles ne sont point contraires à la vérité, puisque c'est uniquement par notre faute que nous avons perdu notre autorité sur la route maritime du commerce asiatique.

ment pour maintenir, mais pour accroître l'œuvre
du passé.

Telle est la raison qui m'a conduit en Syrie. Je
désirais vivement en étudier les races, les mœurs,
les institutions, la situation administrative, écono-
mique, industrielle et commerciale. Mais ce n'était
pas tout assurément. A côté de l'étude du pays, il
y avait aussi, et je savais qu'il serait vif, le plaisir
du voyage. Je n'ai pas le dessein d'exposer en ce
moment le résultat des observations politiques
que j'ai faites en Syrie ; je me propose tout
simplement de raconter les impressions poétiques,
morales et pittoresques que j'y ai éprouvées. Il faudrait avoir l'âme bien froide pour se confiner dans
le calcul des intérêts matériels, si considérables
qu'ils soient, lorsqu'on parcourt un des plus beaux
pays du monde et celui de tous qui est peuplé
peut-être des plus nobles souvenirs. Je n'ai jamais
compris le scepticisme de ceux qui restent indiffé-
rents au spectacle des lieux où se sont déroulées les
grandes scènes de l'histoire, qui peuvent se détacher
assez de l'humanité pour passer sans émotion dans
les contrées où ses destinées morales se sont déci-
dées. La Syrie a été le berceau des principales
croyances du monde; ses populations résument encore en elles tous les dogmes, toutes les superstitions.
Aucune terre n'a réfléchi plus diversement et plus complètement la Divinité. On ne saurait y faire un pas sans
réveiller l'écho de la Bible mêlé au vague murmure

des vieux cultes païens que ni le judaïsme, ni le christianisme, ni la civilisation contemporaine n'ont fait disparaître entièrement. En quelques jours, on va du pays de Genézareth, où Jésus-Christ entraînait la foule charmée par sa sublime vision du royaume de Dieu, aux bois et aux montagnes où retentissaient les cris de Vénus pleurant Adonis, où se célébraient, dans des grottes mystérieuses, les orgies nocturnes dont on retrouverait encore assez aisément la trace dans certaines solennités des diverses religions syriennes. Comment résister à la séduction d'aussi étranges rencontres d'idées et de sentiments? La Syrie est le rendez-vous d'une multitude de pèlerins qui accourent depuis des siècles auprès de sanctuaires plus ou moins apocryphes, et qui s'en retournent convaincus qu'ils ont vu Dieu de plus près. La conscience moderne se plie difficilement à de telles illusions. Peut-être est-ce à tort. Peut-être, en effet, je ne sais quoi de surnaturel est-il resté attaché à ces lieux privilégiés où l'humanité a tenté les plus grands efforts pour s'arracher aux vulgarités du monde et s'élever vers cet idéal insaisissable qu'elle ne se lassera jamais de poursuivre, bien qu'il lui échappe d'une fuite incessante. Nous sommes loin, bien loin de la foi naïve des croisés et des pèlerins du moyen-âge: nous sommes peut-être plus loin encore de la foi romanesque et littéraire des premières années de ce siècle. Chateaubriand et Lamartine ne sont pas moins démodés que Pierre l'Ermite. Qu'importe! il faudrait plaindre celui qui, s'embarquant pour la Palestine, ne sentirait pas toutes les fibres de son âme ébranlées par un souffle d'en haut.

Je faisais, ou plutôt j'essayais de faire ces réflexions en montant à Alexandrie, le 21 mars 1880, sur le bateau qui devait me conduire à Jaffa. Mais l'avouerai-je? ma pensée avait peine à se détacher de l'Égypte. En quittant ce beau pays, j'éprouvais le serrement de cœur qu'on ressent d'ordinaire lorsqu'on laisse la patrie derrière soi. C'est avec une émotion profonde que je voyais disparaître peu à peu à l'horizon les murs blancs d'Alexandrie et que je me figurais voir disparaître aussi, dans l'éblouissante lumière africaine, les minarets du Caire et les croupes blanches du Mokatam, déjà si éloignés de mes yeux. J'essayais en vain de percer l'espace pour retrouver cette ville dont je ne m'éloigne jamais sans une profonde tristesse. Les plus vives admirations de ma vie, c'est là que je les ai éprouvées, et il me semblait, en abandonnant l'Égypte, qu'un lambeau de mon imagination et de mon cœur m'était arraché. L'Orient a de ces prestiges ou de ces illusions! Et qui pourrait dire s'ils ne sont pas plus vrais que la réalité; si ce que nous rêvons n'a pas plus de prises sur notre âme que ce qui est? Cependant la côte d'Égypte est trop basse pour qu'il soit possible de l'apercevoir longtemps; les derniers minarets, le phare d'Alexandrie, descendent peu à peu dans les flots ; le ciel, brillant toujours d'un admirable éclat, parle seul bientôt au voyageur attristé de ce pays qui s'efface et disparaît. Le bateau qui m'emportait était un bateau russe, singulièrement incommode, mais dont le pont offrait le plus varié et le plus curieux des spectacles. La majorité des passagers se composait de pèlerins russes, la tête couverte d'un lourd bonnet, les cheveux crasseux et retombant en lourdes boucles sur les épaules, le corps enveloppé d'un manteau en peau de mouton d'une saleté repoussante, les jambes perdues dans d'immenses bottes ruisselantes d'huile, de graisse et d'eau de mer. Les femmes, chaussées également de grandes bottes, étaient plus laides encore que les hommes. Je ne saurais dire l'impression étrange que ces types pâles, sans couleurs, que ces costumes ternes et gluants produisent sous le soleil oriental. Rien ne jure, rien ne détonne d'une manière plus criante. Et, comme pour ajouter au contraste, un certain nombre de beaux Arabes, de Turcs majestueux, de jeunes Syriens efféminés, la tête ornée d'une couffieh multicolore, étalaient leur élégance et leur beauté à côté de la gaucherie et de la lourdeur moscovites. Au départ d'Alexandrie, les pèlerins, tournés vers la terre, avaient commencé à se frapper la poitrine, à faire des génuflexions, à prodiguer les signes de croix avec une ardeur de dévotion qu'on aurait pu trouver tou-

chante s'ils n'avaient pas été eux-mêmes si désa-
gréables à regarder. Il fallait voir de quel air les
Orientaux, couchés sur de magnifiques tapis, non-
chalamment enveloppés de leurs robes étincelantes,
jetaient un œil dédaigneux sur ces déplaisantes
momeries. Impossible de contempler une scène qui
donnât une idée plus exacte de l'antithèse de
l'Orient et de l'Occident.

Jusque dans la prière, les Orientaux conservent
une grâce, une dignité singulières ; ils se cour-
bent et se relèvent lentement, les yeux perdus
dans la direction de la Mecque, sans que jamais
la moindre précipitation intempestive vienne com-
promettre la dignité de leur attitude. Ils semblent
parler à Dieu avec gravité, avec noblesse, comme à
un être trop grand pour qu'on prenne une apparence humiliée en se courbant devant lui. Les pèlerins russes, au contraire, exécutaient à la hâte,
au moyen de mouvements saccadés et pleins de
trivialité, leurs interminables dévotions. Arraché
ma tristesse par cet étrange spectacle, je ne pouvai
m'empêcher de me dire que ceci tuerait cela, e
que c'était bien dommage, car cela était charman
comme la lumière, tandis que ceci était lai
comme la nuit. Mais, pour me consoler de ces re
grets d'artiste, le mal de mer eut bientôt confond
l'Orient et l'Occident, le passé et l'avenir, la beaut
et la laideur dans une même mêlée. Notre batea
roulait indignement. Au bout de quelques heures

chrétiens, musulmans, Russes, Arabes, Syriens, entassés les uns sur les autres, mariant les tons gris aux tons écarlates, l'odeur de la graisse de mouton à celle des pastilles du sérail, les signes de croix aux prosternations en l'honneur d'Allah, présentaient l'aspect d'une masse indistincte noyée dans l'eau de mer que nous embarquions sans cesse, et d'où s'échappaient les mouvements les plus convulsifs, les bruits les plus confus, les parfums les plus fâcheux. Voilà une solution de la question d'Orient à laquelle je ne m'attendais guère ! N'est-ce point cependant à des solutions de ce genre qu'aboutissent presque tous les problèmes historiques ? Après avoir longtemps rivalisé les unes avec les autres, après s'être longtemps disputé l'air, la terre et la lumière, les races ne finissent-elles pas par s'unir tant bien que mal, par s'amalgamer coûte que coûte, sous l'action souveraine de forces naturelles, brutales, qui se jouent des ambitions humaines et qui concilient les contraires au moyen d'un mutuel effacement ?

Les officiers du bateau sur lequel je me livrais à ces réflexions philosophiques étaient Russes. Ils parlaient un français polyglotte où se pressaient en foule des mots puisés à toutes les langues de l'Orient. Le plus disert de tous, un voltairien enragé, se chargea de m'apprendre que la plupart de ses compatriotes que j'avais sous les yeux étaient de purs imbéciles qu'un fanatisme aveugle poussait en Palestine. Ils s'embarquaient à Odessa, quelquefois après avoir traversé à pied la Russie de part en part, dans un état de fatigue et d'épuisement déjà navrant. La traversée était des plus pénibles. A Odessa, il gèle encore au mois de mars. Tant que le bateau restait dans la mer Noire, les malheureux pèlerins grelottaient sur le pont, mal garantis par leurs vêtements graisseux. S'il survenait des tempêtes de neige, il fallait les descendre par pitié à fond de cale, pourvu cependant que la faible quantité des bagages le permît. Sortis de cette glacière, ils tombaient sous le soleil d'Égypte qui les dévorait. Cela ne les empêchait ni de prier, ni de faire des signes de croix, ni de chanter des cantiques. Le métier de pèlerin est très répandu en Russie. On y acquiert une réputation de sainteté capable de faire subir et oublier bien des souffrances. Mais il n'est pas donné à tout le monde de pouvoir le suivre, car il coûte cher. Mon officier me racontait l'histoire d'une vieille domestique attachée à son service ; elle avait passé quinze ans à ramasser, rouble à rouble, la somme nécessaire au voyage en Terre-Sainte. Au moment de partir, les bons conseils, les sages remontrances ne lui manquèrent pas : rien n'y fit ! Elle entreprit le pèlerinage avec un courage héroïque. Au retour, elle jurait, mais un peu tard, qu'on ne l'y prendrait plus. Tout son petit pécule s'était fondu entre les mains des moines grecs, qui l'avaient pillée sans pitié. L'argent nécessaire pour rentrer en Russie ne lui serait même pas resté, si le gouvernement russe, instruit par des milliers d'exemples et las de rapatrier sans cesse des pèlerins ruinés par le clergé, n'avait pris la très sage précaution d'obliger les voyageurs partant pour la Terre-Sainte à payer un billet d'aller et retour. Mon officier était intarissable sur la sottise de ceux de ses concitoyens qui se rendaient à Jérusalem. Pour lui, s'il risquait de perdre son argent au cabaret, ce qui pourrait bien lui arriver, il l'avouait, il n'y avait aucun danger qu'il laissât le moindre rouble au Saint-Sépulcre. A son avis, les marins n'avaient d'autre Dieu que la mer, sur laquelle ils allaient ballottés sans cesse, sans cesse en danger, et cette capricieuse puissance étant la seule dont ils eussent quelque chose à redouter, le plus simple n'était-il pas d'oublier ses menaces dans une douce ivresse, qui n'allait pourtant point jusqu'à la perte de la raison ?

La traversée d'Alexandrie à Jaffa est fort courte; elle le serait encore davantage si l'on ne faisait pas escale à Port-Saïd. Pour qui connaît déjà Port-Saïd, rien n'est moins agréable que de passer quelques heures dans cette ville sans caractère où l'on a tout vu lorsqu'on a vu le port et les ateliers de la compagnie de Suez. Le quartier arabe lui-même n'a rien de curieux; au lieu d'être bâti en boue, comme presque tous les villages égyptiens, il est bâti en planches. On n'y voit guère que de sales petites boutiques et des cabarets qui auraient peut-être intéressé l'officier russe de mon bateau, mais qui ne me produisaient pas le même effet. La soirée en pleine mer m'a consolé de l'ennui de la journée à Port-Saïd. Je n'ai jamais vu de nuit aussi pure ni de clair de lune aussi brillant. La tiédeur de l'atmosphère d'Orient nous enveloppait de toutes parts. La houle était moins forte ; les passagers endormis sur le pont, éclairés par les rayons de la lune, avaient retrouvé une harmonie de tons qui effaçait d'une manière charmante les disparates dont j'avais été vivement choqué le jour. Enveloppés dans leurs couvertures, ils ressemblaient à une série de fantômes blancs étendus sur un vaisseau également fantôme. J'avais à mes côtés quelques personnes aimables que le charme de cette nuit d'Orient enivrait comme moi. Dans de tels moments, les tempéraments les plus rassis se laissent aller à l'instinct poétique qui reste d'ordinaire engourdi chez beaucoup d'entre nous, mais dont personne n'est tout à fait dépourvu. Quant à ceux que leur imagination entraîne et qui sont perpétuellement les dupes de leur cœur, comment résisteraient-ils à de pareilles séductions ? Tous les sentiments qui sommeillent au fond de leur âme, espérances dissipées, illusions détruites, se réveillent avec une mélancolie qui n'est point sans douceur et murmurent autour d'eux comme le bruit des flots.

Penché au bord du bateau, je suivais sur les vagues qui venaient s'y briser en pluies d'étincelles les plus douces rêveries, des rêveries aussi brillantes et aussi éphémères que les gouttes d'eau qu'un rayon de lumière change pour une minute en diamants, mais qui rentrent ausitôt dans l'obscurité; aussi fragiles que l'écume légère que le vent du soir amasse un moment, secoue et disperse. Je me serais oublié dans cette contemplation muette si je n'avais été arraché à mes impressions personnelles par une scène amusante qui se passait près de moi. J'avais pour compagnon de route un jeune Français, employé dans une administration égyptienne, qui commençait à parler assez couramment l'arabe. Durant la journée, il avait fait la connaissance d'un brave Syrien d'âge assez avancé que nous avions embarqué à Port-Saïd et qui se rendait à Beyrouth avec sa fille, une brune aux yeux ardents, vêtue à l'européenne, mais dont les traits, la voix, le teint, la démarche, l'accent, tout était oriental. Elle s'exprimait fort bien en français et s'appelait Rosa. J'ai su depuis son histoire. Élevée comme presque toutes les jeunes filles de Beyrouth au couvent des sœurs de Nazareth, elle avait reçu l'éducation d'une Parisienne. Elle jouait du piano; elle avait lu les poètes et les romanciers français. On lui avait fait entrevoir, à travers les barreaux de sa cage d'Orient, un monde nouveau, rempli pour elle de l'attrait qui vient de l'inconnu. Après quoi, elle était retombée dans la boutique de son père, bon négociant, absolument dépourvu de poésie. On comprend tout ce qui devait s'agiter d'idées confuses dans sa charmante tête. J'ai vu à Beyrouth bien des jeunes gens auxquels elle avait fait perdre la leur. Mais elle n'avait point de fortune, et ses parents voulaient profiter de sa beauté pour lui faire faire un brillant mariage. Précisément un de ses cousins, fils d'un frère de son père et d'une esclave noire, avait acquis en Égypte une richesse considérable, et ne demandait qu'à mettre tous ses trésors à ses pieds. Mais! hélas, ce cousin avait conservé le teint de sa mère ; il était presque noir: Rosa pourrait-elle surmonter la répugnance qu'une pareille couleur doit inspirer à une jeune personne qui sait faire la révérence comme madame de Maintenon, et qui chante au besoin, le soir, sur un bateau russe, *la Captive* de Victor Hugo sur l'air de Berlioz ? On l'avait espéré, et c'est pour en faire l'épreuve que son père venait de passer trois mois avec elle en Égypte. Pendant ces trois mois, l'infortuné cousin avait en vain prodigué toutes les séductions de sa fortune : il n'avait point blanchi ! Rosa s'en retournait donc sans mari, au grand désespoir de son père, qui aurait été enchanté, j'imagine, d'en découvrir un pendant la traversée. Je soupçonne même que mon compagnon de route lui avait paru digne de remplacer le plus riche des nègres. Ce qu'il y a de sûr, c'est qu'il l'obligeait

sans cesse à s'asseoir à côté de Rosa en lui disant:
« Voilà Rosa! comment trouvez-vous Rosa ? » c'est
qu'il l'engageait à partager sa couverture de voyage,
à prendre sa main pour s'assurer qu'elle était tiède,
à lui adresser quelques conversations en arabe
qu'on n'aurait pas comprises autour d'eux, et c'est
que Rosa se prêtait à ces manœuvres de flirtation
avec une réserve fort provocante. Spectacle
piquant qui me donnait un avant-goût des effets
que la différence des races et des éducations produit en Syrie! Que de romans pareils à celui de
Rosa j'allais rencontrer ou soupçonner durant mon
voyage ! Pour l'épisode du bateau, il s'est terminé
d'une facon fort ordinaire. Rosa aurait été irrésistible si elle n'avait pas eu un vilain chapeau à fleurs
fait par la meilleure modiste d'Alexandrie, et si elle
avait consenti à nous faire entendre des airs arabes
au lieu des mélodies de Berlioz. Mais quoi! elle
croyait mieux faire en se déguisant en Française,
tandis que nous aurions été éblouis, par cette nuit
merveilleuse et sous ce ciel profond, si ses beaux
yeux nous fussent apparus sans l'accompagnement
de ces prétendues élégances européennes.

Le lendemain matin, à l'aurore, nous étions en
face de Jaffa. La côte de Syrie n'est pas beaucoup
plus élevée que celle d'Égypte; on n'y distingue
quelques hauteurs que dans la direction d'Apollo-
nia et de Césarée. Partout ailleurs, elle est formée
de dunes de sable assez basses. La vue de Jaffa est

fort jolie. Je trouve en général les voyageurs trop sévères pour cette ville, qu'ils représentent comme laide et dépourvue de pittoresque. De la pleine mer, on dirait un immense tas de pierres multicolores surmonté de quelques cactus et de quelques palmiers verts. Personne n'ignore que le port en est fort incommode : on ne peut y aborder quand la mer est mauvaise, à cause des lignes de rochers qui en ferment l'entrée et dont les passes sont prodigieusement étroites. Quand la mer est calme, il faut encore toute l'habileté des bateliers syriens pour éviter de se briser en traversant ces passes. Il va sans dire que les bateaux restent au loin dans la mer. On n'aborde à Jaffa que sur des barques légères, glissant au milieu des récifs avec une rapidité admirable. A peine un bateau a-t-il jeté l'ancre, qu'il est entouré d'une vingtaine de ces barques qui dansent autour de lui secouées par la vague : tantôt elles sont presque à la hauteur du pont, tantôt elles descendent presque jusqu'à la quille entraînées par le flot qui se creuse profondément sous elles. Accrochés à toutes les cordes, à tous les agrès du navire, les bateliers suivent le mouvement avec une souplesse étonnante. Enfin ils profitent d'une second où la vague les soulève pour se jeter sur le pont En un instant, on est à leur merci ; ils s'emparen à la fois de vos bagages et de vos personnes ; il jettent le tout dans leur barque, et on file su Jaffa. Le quai de la ville, encombré de ballots d marchandises, d'hommes et de chameaux, est à peine abordable. Heureusement nous étions conduits par le consul français, dont le cawas, frappant lourdement de sa canne contre la terre, avertissait chacun de se serrer à notre approche. On monte à travers un sentier étroit et des rues invraisemblables au couvent des franciscains, vaste résidence d'où la vue sur la mer est splendide. C'est là qu'on peut se reposer des émotions de la traversée et des fatigues de l'arrivée, en prenant un avant-goût de l'hospitalité franciscaine dont on va jouir pendant tout le voyage de Palestine.

Comme je me rendais à Jérusalem à l'époque des fêtes de la Pâque catholique, j'ai rencontré à Jaffa une nombreuse caravane de pèlerins. C'était une caravane espagnole composée surtout d'ecclésiastiques dont quelques-uns venaient d'Europe, d'autres de l'Amérique du Sud. Ils avaient le meilleur appétit du monde, et je dois dire que le premier déjeuner que j'ai fait en Terre-Sainte m'a paru des plus gais. J'avais si peu l'habitude de me trouver ainsi dans un couvent, qu'il me semblait assister à une scène de Walter Scott. Nous étions servis par un vieux moine à figure goguenarde, qui parlait alternativement toutes les langues, interpellant l'un en anglais, l'autre en italien, le troisième en arabe, le quatrième en français, et ainsi de suite à l'infini, je crois. Parfois il mélangeait deux idiomes, finissant en espagnol une phrase commencée en

allemand. Avec cela, le service marchait à mer-
veille. Je mentirais si je prétendais que ce premier
essai de cuisine franciscaine m'ait rappelé le Café
Anglais. Mais les plats étaient copieux, et l'on pouvait les arroser fortement d'un gros vin de Chypre
dont le goût de résine empêchait de distinguer le
leur. Il faisait d'ailleurs un temps magnifique, et
nous allions nous mettre en route pour Jérusalem !
Cela fait passer sur bien des choses. Néanmoins je
ne pouvais m'empêcher de songer durant ce repas
cénobitique à la fameuse vision que saint Pierre
eut à Jaffa, vision qui lui fit comprendre, je ne sais
trop pourquoi, que le Christ n'était pas seulement
le Dieu des Juifs, mais celui des gentils. — « Il
vit, disent les *Actes des Apôtres*, le ciel ouvert et
comme une grande nappe suspendue par les quatre
coins et qu'on abaissait du ciel sur la terre, et
dans laquelle étaient toutes sortes de quadrupèdes,
de reptiles de la terre et d'oiseaux du ciel. Et une
voix lui dit : « Lève-toi, Pierre ; tue et mange ! »
— En présence des légumes des franciscains, je
n'aurais peut-être pas fait autant de façons que saint
Pierre pour obéir à la voix de Dieu, si elle m'eût
invité à troquer ces légumes contre un certain
nombre de quadrupèdes ou d'oiseaux du ciel. En
sortant de table, je me suis rendu à la maison de
Simon le corroyeur, où la vision s'est produite.
C'est une petite mosquée fort ordinaire. On y montre
un bassin dans lequel Simon lavait, dit-on, ses

peaux. Comme je n'étais pas encore habitué à retrouver partout les objets des premières années du christianisme parfaitement intacts, le bassin de Simon le corroyeur m'a fait quelque impression. Plus tard, après avoir vu, par exemple, les outres où l'eau fut changée en vin aux noces de Cana et les pierres qui ont servi à lapider saint Étienne, je n'y aurais pas même fait attention. N'étant pas non plus habitué aux reliques, j'ai serré avec soin une petite branche d'un figuier qui pousse contre la mosquée de Simon. Il paraît que ce figuier, déplacé par des mains impies, est venu de lui-même, durant une nuit sombre, rejeter ses racines à l'endroit où se tenait saint Pierre. Ce miracle me surprend beaucoup moins que celui de la prodigieuse fécondité du figuier. Chaque voyageur en emporte, comme moi, une branche, et l'arbre n'est pourtant point dépouillé.

Les rues de Jaffa sont singulièrement étroites, sales, tortueuses. Quelques-unes forment de vrais passages voûtés où le jour pénètre à peine. Au-dessus des maisons s'étendent des terrasses; mais tandis que les terrasses du Caire ne sont entourées que de balustrades peu élevées, il règne autour de celles de Jaffa une sorte de mur à hauteur d'homme, tantôt plein, tantôt formé de cylindres en terre cuite disposés en forme de triangle qui permettent de voir sans être vu. On reconnaît tout de suite qu'on est dans un pays où les lois du harem sont restées sévères, où les mœurs ne les ont pas affaiblies et d'où elles ne disparaîtront pas sans peine. Les femmes que l'on rencontre dans les rues sont entièrement voilées. Elles ne montrent pas leurs yeux comme en Égypte. Quelques-unes d'entre elles et presque toutes les petites filles n'ont pas de jupes ; elles portent un large pantalon qui leur donne un aspect assez disgracieux. La population est très mélangée d'Arméniens, de Grecs et de Juifs. Le marché offre un aspect pittoresque, comme tous les marchés d'Orient ; c'est là qu'on peut voir de près les différents types et les costumes divers des races qui habitent Jaffa. Mais ce qu'il y a de plus beau dans la ville, ce sont les jardins qui l'entourent et dont je parlerai plus tard, car on les traverse en se rendant à Jérusalem. Ma dernière visite à Jaffa a été pour une immense construction, la plus grande de toute la ville, dont les vastes proportions m'avaient fait reconnaître immédiatement un établisement d'utilité publique. C'est un hôpital qu'un riche Lyonnais, M. Guinet, élève à ses frais ; il ne coûtera pas moins de 200,000 à 300,000 francs. Tout est français en Palestine, les sentiments, les idées, les aspirations, et dans une très large mesure la langue ; tout est à nous ou vient à nous. Malheureusement nous profitons mal de cette bonne volonté générale. Tandis que les autres puissances font des sacrifices considérables pour établir dans ce pays une influence qui n'y existe pas, c'est à peine si nous continuons à soutenir très faiblement les institutions françaises qui y ont répandu la nôtre. Je parle du gouvernement ; car les particuliers, par un singulier hasard, se montrent ici d'une générosité et d'une initiative qui ne sont guère dans nos habitudes. M. Guinet n'est pas le seul qui, soit par conviction religieuse, soit par tout autre sentiment, dépense une partie de sa fortune à créer en Palestine des œuvres françaises. J'aurai souvent, Dieu merci ! l'occasion de constater que son exemple a été suivi. Mais, dès mon arrivée à Jaffa, l'aspect monumental de l'hôpital français m'a réjoui. Mon plaisir eût été complet si j'avais vu une école à côté de l'hôpital ; cette satisfaction m'a été refusée. Il existe à Jaffa une école protestante ; il n'y a pas d'école catholique, sauf une école franciscaine tout à fait insignifiante. Ah ! si quelque riche négociant comme M. Guinet avait l'heureuse inspiration de consacrer une centaine de mille francs à une fondation pareille, quel service ne rendrait-il pas au christianisme et à la France !

II

DE JAFFA A JÉRUSALEM.

On peut faire en une journée, surtout à cheval,
le trajet de Jaffa à Jérusalem, mais il faut alors
partir de bonne heure et ne pas perdre de temps en
route. Lorsqu'on a débarqué le matin à Jaffa, on
doit se résigner à mettre deux jours pour arriver
à Jérusalem. Le premier jour, on va coucher à
Ramleh, ce qui n'est guère qu'une promenade de
deux heures, ou trois heures au plus si les chevaux sont mauvais. Quand je dis promenade, je ne
saurais ajouter promenade d'agrément, quoique le
pays soit singulièrement beau et pittoresque. La
première expérience des procédés de voyage en

Syrie est assez dure à supporter. L'habitude manque ; la surprise se joint à la fatigue. La route de
Jaffa à Jérusalem passe dans le pays pour très
confortable ; sa construction a coûté dix fois plus
que celle de la route de Beyrouth à Damas, qui
est parfaite. Figurez-vous cependant une série d'é-
pouvantables ornières où l'on est agité comme sur
des vagues furieuses. Tantôt on s'égare au milieu
d'un champ, tantôt on passe un torrent desséché
en se tenant vigoureusement à la voiture de peur
d'être lancé au loin par un cahot, tantôt on gravit un pont à dos d'âne, et, arrivé au milieu, on
roule de l'autre côté avec une vitesse vertigineuse.
La voiture d'ailleurs est un des plus étranges véhi-
cules qu'on puisse imaginer. Il serait beaucoup
plus exact de l'appeler carriole. C'est une sorte de
char-à-bancs où l'on est assis sur de mauvaises
planches dont les craquements perpétuels donnent
à chaque instant l'impression d'un accident prochain. On s'y fait cependant au bout de quelques
minutes, et tout en bondissant à droite, à gauche,
en haut, en bas, si ce roulis et ce tangage d'un
nouveau genre ne vous ont pas donné le mal de
mer, on est tellement émerveillé du spectacle qui
se déroule sous les yeux, que toutes les sensations
pénibles disparaissent et ne laissent place qu'à
l'admiration. Les jardins de Jaffa sont dignes de
leur renommée. J'ai compris sans peine qu'ils aient
inspiré l'adorable légende des jardins d'Armide.

Déjà, du temps des Égyptiens, ils passaient pour propices aux séductions amoureuses, comme le raconte un vieux papyrus, traduit par M. Chabas et M. Brugsch [1]. Qui ne rêverait, en effet, un poème d'amour et de volupté sous ces massifs d'orangers, de limoniers, de cédrats, de poivriers, de palmiers, de cactus, sans cesse couverts de fleurs et de fruits ? Au printemps, les parfums qui s'exhalent de cette immense forêt verte et blanche sont tellement forts, tellement excitants, qu'ils embaument la mer elle-même à une grande distance et que les bateaux voguant vers Jaffa sentent la côte pour ainsi dire avant de l'apercevoir. D'innombrables oiseaux voltigent de feuilles en feuilles. Des oranges, dont la grosseur étonne et dont la couleur ardente éblouit, pendent à toutes les branches. On peut presque les saisir de la main en passant. Il faudrait la poésie du Tasse ou la musique de Gluck pour rendre les enchantements de ce site délicieux. On le quitte par malheur assez vite pour entrer dans l'immense plaine de Sâron bordée au loin par les montagnes de la Judée, dont les ondulations gracieuses donnent du charme à ce paysage un peu sévère. La plaine de Sâron n'éveille pas des souvenirs moins poétiques que les jardins de Jaffa. Involontairement l'œil y cherche les lis, les roses, les narcisses et les giroflées du Can-

1. Le *Voyage d'un Égyptien*, par M. Chabas.

tique des cantiques. Mais si la fiancée n'avait pas disparu comme les fleurs auxquelles elle comparait sa fragile beauté, elle ne pourrait plus dire : « Je suis le narcisse de Sâron, le lis de la vallée. » Ce n'est pas que la plaine de Sâron soit dépourvue de toute parure ; seulement les tulipes, les anémones, les chardons jaunes, blancs et violets ont remplacé les roses d'autrefois. Aussi loin que le regard puisse porter, on n'y distingue pas un arbre, pas une route, pas un accident de terrain considérable : des champs verts entrecoupés de fleurs multicolores, voilà tout ! La végétation est admirable ; c'est là qu'on peut se rendre compte pour la première fois du système de culture indigène. Le bétail de cette partie de la Palestine est d'une petitesse étonnante : les bœufs et les vaches y ont à peine la taille de veaux européens. De loin en loin, on distingue un fellah poussant sur la surface de la terre sa charrue paresseuse que ces bestiaux nains traînent négligemment. Le pays semble désert ; les villages, bâtis en boue ou en pierres grises, recouverts d'herbe sèche, se confondent avec le sol. En revanche, la route est battue par une grande quantité de chameaux, de Bédouins et de fellahs dont les types et les costumes animent le paysage. Jadis, ils l'animaient beaucoup trop, paraît-il ; car on a dû construire, en 1860, pour la protection des voyageurs, une série de tours servant de corps-de-garde. Malheureusement, les zaptiés turcs, avec leurs uniformes en lambeaux, leurs coufflehs crasseuses, leurs armes étincelantes, leurs physionomies barbares, ressemblent fort à des brigands, en sorte que les voyageurs timides redoutent encore plus les gendarmes que les voleurs.

On arrive rapidement à Ramleh, l'ancienne Arimathie, patrie de Joseph et de Nicodème, les deux disciples fidèles qui ensevelirent le Christ. Cette ville, que Guillaume de Baldensel trouva encore, en 1336, « bien habitée, saine et délitable,» n'est plus qu'une grosse bourgade, fort pauvre et remplie de ruines. Elle possède un hôtel qui est détestable ; aussi vaut-il cent fois mieux recourir à l'hospitalité des pères franciscains, dont le couvent est ouvert à tout venant. On le fait d'autant plus volontiers qu'on suit en cela le plus illustre exemple. Pendant l'expédition française de Syrie, en 1799, Bonaparte avec son état-major logea au couvent franciscain de Ramleh, ce qui valut, affirme-t-on, aux bons religieux, après le départ des Français, d'être saccagés, pillés et finalement passés tous au fil de l'épée par les musulmans. Les franciscains n'ont pourtant point gardé rancune à Bonaparte ; ils montrent avec orgueil la chambre qu'il a habitée, le lit où il a couché ; ils les offrent même aux voyageurs de distinction. Quoique cette chambre n'ait rien de remarquable, qu'elle soit sombre et froide, quoique ce lit m'ait paru assez étroit, j'aurais été heureux de m'y établir ; mais il y avait un évêque espagnol au couvent, et c'est à ·lui qu'on avait donné la place d'honneur. Voilà comment j'ai été privé du plaisir de coucher dans les draps du plus grand des conquérants modernes. Qui sait ? peut-être serait-il venu me visiter dans quelque rêve fantastique; peut-être m'aurait-il parlé de ses destinées étranges, prodigieuses, et de la sombre fortune de sa race ; peut-être aurais-je eu à Ramleh une. de ces visions où l'histoire se mêle au roman pour ébranler l'imagination jusque dans ses profondeurs. Mais l'évêque espagnol a été seul en mesure d'entretenir cette nuit-là l'ombre de Bonaparte, et le lendemain matin, sa figure reposée, son air placide, ses yeux ternes, attestaient suffisamment que la conversation n'avait pas troublé longtemps son sommeil épiscopal.

Ne pouvant me livrer à mes rêveries historiques, je me suis borné, le soir, au clair de lune, à visiter la tour des Quarante-Martyrs, si poétiquement décrite par Lamartine, qui y vit, à ce qu'il affirme, les cérémonies des derviches tourneurs. Aujourd'hui, la tour des Quarante-Martyrs est trop ruinée même pour servir de salle de bal à des derviches. On y gravit un escalier tortueux, dont bien des marches sont effondrées, qui conduit à une plate-forme d'où la vue s'étend sur la campagne endormie. En plein jour, toute la plaine de

Sâron, cette sorte de Limagne de la Palestine, chargée de fleurs et de moissons, apparaît dans sa splendeur. Mais les sites d'Orient sont plus beaux encore dans les nuits lumineuses qu'au moment où les rayons du soleil les brûlent et les colorent. En Occident, même dans les plus belles soirées d'été, le ciel est obscur ; en Orient, il est parfois aussi bleu à minuit que sous nos climats en plein midi. Près de la tour des Quarante-Martyrs, un grand souterrain, recouvert d'une voûte qui repose sur une rangée de piliers carrés, présente l'aspect d'une crypte d'église ; des portiques délabrés, parsemés de figuiers sauvages, à demi ensevelis sous les cactus, apparaissent çà et là. La tour s'élève puissante et sombre au milieu de ces débris de construction dont il n'est pas très facile de savoir quel était l'usage, cloître, église ou citerne ; ces monuments détruits, dont un seul reste debout, produisent, dans la clarté mystérieuse de la nuit, une impression saisissante : n'est-ce pas l'image de l'âme humaine lorsque toutes les illusions et peut-être toutes les croyances de la jeunesse, brisées par la vie, n'y ont plus laissé que de légères traces parmi lesquelles une seule pensée, un seul sentiment subsiste encore, mais triste et ruiné comme tout ce qui n'est pas soutenu par l'espérance ? C'est à travers des rangées de cactus qu'on rentre au couvent des franciscains ; les cactus de Syrie sont de vrais arbres, aux troncs puissants, aux feuilles larges, sous lesquels les piétons sont ensevelis et dont on atteint à peine la cime à cheval ou en voiture. Le couvent des franciscains de Ramleh en est environné de toutes parts. Je ne sais si c'est à cause de cet encadrement, mais de tous les couvents que j'ai habités en Palestine, — et j'en ai habité un bien grand nombre, — c'est celui qui m'a paru le plus pittoresque, qui m'a reporté le mieux en plein moyen âge. Ses cours étroites, ses passages voûtés, ses plates-formes, ses coupoles, ses corridors sombres où l'on voyait glisser sans cesse des ombres de moines, m'ont produit un effet des plus romanesques. Tous les souvenirs de Walter Scott, qui avaient déjà hanté mon imagination à Jaffa, se sont réveillés dans mon esprit avec plus de vivacité encore. Comme j'errais à travers le labyrinthe du monastère, regardant les chevaux attachés dans la cour, les Arabes endormis sous leurs couvertures de laine, les pèlerins curieux allant, comme moi, à la découverte, des chants religieux frappèrent mon oreille. C'était l'office du soir qui se célébrait dans la chapelle du couvent. Je ne saurais dire combien j'ai eu de peine à trouver cette chapelle. Guidé uniquement par les sons qui m'arrivaient, je me perdais au milieu de corridors et de cloîtres qui semblaient ne conduire à rien. Enfin je finis par tomber dans une petite salle, très basse, à peine large de deux ou trois mètres, au bout de laquelle s'élevait un autel : une cinquantaine de fidèles y célébraient en chœur les merveilles de la Terre-Sainte. A la vérité, les voix étaient bien pauvres, la musique bien vulgaire ; mais la foi naïve qui brillait sur les visages, l'enthousiasme qui éclatait sur quelques-uns d'entre eux, l'odeur de l'encens, l'exiguïté et l'obscurité de la chapelle qui rappelaient les grottes profondes où les premiers chrétiens célébraient leurs mystères, la pensée que quelques heures de marche nous séparaient seules de Jérusalem, tout contribuait à faire de cet office si simple une touchante cérémonie. Il est des heures, en voyage surtout, et des circonstances où le scepticisme de l'esprit n'enlève pas à l'âme la fraîcheur de ses émotions.

Quand on quitte Ramleh, la route continue pendant quelques lieues à travers la plaine sans offrir d'autre particularité que quelques villages et quelques constructions dépourvus de caractère. Mais bientôt commencent les premières ondulations des montagnes de la Judée, et peu à peu on s'enfonce dans des vallées étroites, chargées de fleurs et d'oliviers. On longe des ravins profonds, on gravit des pentes pierreuses ; un paysage de Provence succède à un paysage de la Creuze et de la Lozère ; tantôt on est enfoui dans une végétation luxuriante, tantôt on se perd dans des rochers nus que calcine un soleil dévorant. Quand on atteint

les premiers sommets et qu'on se retourne, l'œil
est frappé du plus splendide spectacle. Toute la
plaine de Sâron, de Gaza à Césarée, apparaît avec
la mer pour bordure, tandis qu'au nord s'ouvre le
vallon de Jérémie, où l'on prétend qu'est né le
poète des *Lamentations*. Ce qu'il y a de sûr, c'est
qu'après avoir dit adieu à cet admirable panorama,
les régions que l'on traverse rappellent l'abomina-
tion de la désolation décrite par le plus plaintif
des prophètes. Les premières montagnes de la
Judée sont peu élevées; elles sont cultivées en gradins; la verdure des arbres et les mille couleurs
des fleurs égayent leurs flancs élégants. Mais plus
on approche de Jérusalem, plus le pays change
d'aspect, plus il devient sombre, nu, désert. Les
croupes des montagnes s'élèvent, les lignes de leur
faîte, qui étaient tout à l'heure gracieusement brisées, s'allongent au loin avec une monotonie dé-
solante, les vallons se creusent à une immense
profondeur, des lits de torrents desséchés s'y dé-
roulent comme des rubans grisâtres : arbres,
fleurs, verdure, mousse même, tout disparaît pour
ne laisser apparaître que la roche stérile et grillée.
On dirait de gigantesques vagues pierreuses sou-
dainement rendues immobiles. L'imagination est
écrasée par cet océan pétrifié. Chateaubriand a exprimé avec fidélité la sensation que cause un spectacle qui est grandiose à force de tristesse et d'horreur. « Le paysage qui entoure Jérusalem, dit-il,

est affreux; ce sont de toutes parts des montagnes nues, arrondies à leurs cimes ou terminées en plateaux; plusieurs d'entre elles, à de grandes distances, portent des ruines de tours et de mosquées délabrées. Ces montagnes ne sont pas tellement serrées qu'elles ne présentent des intervalles par où l'œil va chercher d'autres perspectives; mais ces perspectives ne laissent voir que des arrière-plans de rochers aussi arides que les premiers. » Les seuls accidents de terrain que l'on rencontre sont des éboulements, des cascades de pierres qui tombent du sommet des montagnes. On gravit péniblement sous l'accablante chaleur ces pentes escarpées ; on les descend plus péniblement encore ; au sommet de chacune d'entre elles, on croit être au but du voyage, on cherche les murs et les tours de Jérusalem; mais la ville sainte semble s'éloigner à mesure qu'on avance. A peine un amphithéâtre est-il franchi, qu'un autre se dresse plus triste, plus dévasté. Ce qui ajoute encore à l'aspect sévère des environs de Jérusalem, ce sont les types presque sauvages des indigènes. Quand on est habitué aux bonnes et rassurantes figures des fellahs d'Égypte, aux manières de ces braves gens, qui ne portent jamais d'autre arme qu'un bâton inoffensif, on est désagréablement surpris de ne pas rencontrer un seul homme qui ne soit décoré pour le moins d'un fusil et de deux pistolets. Les pâtres qui conduisent leurs troupeaux, les simples voyageurs qui vont d'un village à l'autre, les Bédouins qui passent en caravanes sur de superbes chameaux, sont tous armés jusqu'aux dents. Aux abords des villages, les tableaux sont plus gais. J'ai rarement vu des enfants aussi beaux que les jeunes fellahs qui entouraient ma voiture pour m'offrir de l'eau ou des fruits, sur la route de Jérusalem. Les femmes sont blanches ; elles n'ont pas le teint jaune et bruni des Égyptiennes. Leur visage est découvert, leur costume élégant. Un long voile s'enroule autour de leur tête ; elles portent des robes bleues, comme en Égypte ; seulement ces robes ne sont pas tout unies, des raies rouges et des broderies blanches y dessinent la gorge ; une différence encore plus essentielle, c'est que, tandis qu'en Égypte les robes sont de véritables chemises qui tombent directement des épaules à la cheville, en Palestine, elles sont fortement serrées à la taille par une ceinture. Je n'oserais dire que cette disposition soit heureuse. Elle fait ressortir l'énormité de certains avantages que les Égyptiennes ont le bon goût de dissimuler quelque peu sous des plis flottants.

Enfin, tout a un terme, même la traversée des montagnes de Judée. Arrivé au sommet d'une dernière pente, on aperçoit presque en face de soi le mont des Oliviers, à droite la vallée de la Croix, plus à droite encore, à une grande distance, le village de Bethléem, et au premier plan un fouillis de constructions modernes. C'est Jérusalem ! Rien n'égale la déception de ce premier coup d'œil. On se rappelle la description de Chateaubriand : « Tout à coup, à l'extrémité du plateau, j'aperçus une ligne de murs gothiques flanqués de tours carrées et derrière lesquelles s'élevaient quelques pointes d'édifices. Au pied de ces murs paraissait un camp de cavalerie turque, dans toute la pompe orientale. Le guide s'écria : *El Qods !* (la sainte) et il s'enfuit au grand galop. Je conçois maintenant ce que les historiens et les voyageurs rapportent de la surprise des croisés et des pèlerins à la première vue de Jérusalem. Je puis attester que quiconque a eu, comme moi, la patience de lire près de deux cents relations modernes de la Terre-Sainte, les compilations rabbiniques et les passages des anciens sur la Judée, ne connaît rien du tout encore. Je restai les yeux fixés sur Jérusalem, mesurant la hauteur de ces murs, recevant à la fois tous les souvenirs de l'histoire, depuis Abraham jusqu'à Godefroy de Bouillon, pensant au monde entier changé par la mission du Fils de l'homme et cherchant vainement ce temple dont il ne reste pas pierre sur pierre. Quand je vivrais mille ans, jamais je n'oublierai ce désert, qui semble respirer encore la grandeur de Jéhova et les épouvantements de la mort. »

Hélas ! les choses ont bien changé depuis Chateaubriand. Il est vrai que, de son temps, on abordait Jérusalem presque de face, tandis que, de

la route actuelle, c'est à peine si l'on distingue la
tour de David et le mur qui l'entoure. Je puis
attester, de mon côté, que plus on a lu de descriptions de la ville sainte, plus on est péniblement
surpris en l'apercevant. La seule chose qui frappe
le regard, c'est une série de dômes, de constructions massives, d'églises russes, d'asiles juifs, d'hôpitaux et d'écoles de toutes nationalités, de bâtiments difformes qui dominent la véritable Jérusalem et la cachent presque complètement. A la place
du désert, des routes poudreuses respirant l'épou-
vantement et la mort, on traverse un chemin bordé
de cabarets, avec enseignes en français et en italien. *Café du Jourdain. A la Mer-Morte, restaura-
teur, donne à boire et à manger.* A la place d'un
camp de cavalerie turque dans toute la pompe
orientale, on aperçoit, arrêtés à la porte de la
ville, des groupes de moukres (conducteurs de mu-
lets), des mendiants, des Juifs, des chevaux et des
chameaux, dans toute la saleté de l'Orient, qui est
non moins éclatante que sa pompe. Enfin, à la
place d'un guide s'enfuyant au galop de son cheval
vers *El Qods*, on peut voir, si l'on rencontre une
caravane de pèlerins, d'affreuses filles, des abbés
prétentieux, des jeunes gens à physionomie béate
chantant en chœur au milieu de la poussière :
Stantes erant pedes nostri in atriis tuis, Jerusalem!
Il est de règle, en effet, que les pèlerins s'arrêtent
au premier aspect de Jérusalem, descendent de

cheval et entonnent avec un enthousiasme de commande le psaume cxxi. Que le spectacle qu'ils ont sous les yeux les inspire ou non, peu importe! Ils doivent se sentir très émus en présence du *Cabaret du Jourdain* et de l'église russe. Je me rappelle cependant que, dans la caravane de pèlerins qui venait d'arriver à Jérusalem en même temps que moi, se trouvait une grosse vieille fille du caractère le plus divertissant, que ses compagnons de pèlerinage nommaient familièrement *Nana*. Elle leur avait raconté un jour qu'elle était connue à Paris dans son quartier sous le nom de *Rocambole*, et on lui avait fait aussitôt remarquer que c'était se montrer fort en retard sur le roman moderne et que la loi du progrès l'obligeait à s'appeler désormais *Nana*. Elle avait accepté ce second baptême aussi naïvement que le premier. Nana maniait assez mal son cheval, ayant des formes un peu trop massives et arrondies pour l'équitation. Aussi, au moment où tous les autres pèlerins, saisis d'émotion à la vue de Jérusalem qu'ils ne voyaient pas, arrêtaient leurs montures pour se jeter la face contre terre, le cheval de Nana continuait impassiblement sa route. « Arrêtez donc cette bête! criait la malheureuse fille au désespoir, vous voyez bien qu'elle ne comprend pas! » Faut-il l'avouer? j'ai fait comme le cheval de Nana. En arrivant à Jérusalem, je n'ai pas compris. Hélas! plût au ciel que cette déception eût été la dernière que je fusse destiné à éprouver dans cette ville où tant d'autres, plus heureux que moi, ont vu se réaliser tous leurs rêves et ont éprouvé un éblouissement divin !

III

JÉRUSALEM

Le premier aspect de Jérusalem n'efface pas l'impression qu'on a éprouvée en approchant de la ville. Pour se rendre à la Casa-Nova, le couvent des Franciscains, dont la résidence est bien préférable à celle des hôtels, on traverse une série de rues étroites, mal pavées, où le pied des chevaux glisse à chaque pas. Comme ces rues sont presque toutes en pente, on n'y marche qu'avec une extrême difficulté. Celles qui avoisinent le marché ont assez d'animation ; les autres sont solitaires et paraissent enveloppées de tristesse. On peut se promener longtemps à Jérusalem sans rencontrer un seul monument qui repose les

yeux, un seul objet qui les séduise. A part la
mosquée d'Omar, qui est admirable, et le Saint-
Sépulcre, dont quelques parties sont remarquables;
à part le Haram-esch-Chérif tout entier, dont les
ruines ont un grand intérêt, l'artiste y trouve bien
peu de chose à admirer. Quelques portes curieuses,
quelques débris d'architecture qui présentent d'in-
génieuses combinaisons de styles frappent seuls les
regards. L'archéologue, au contraire, n'en finirait
jamais d'étudier les murs, les souterrains, les constructions de toutes sortes de cette ville étrange.
Bien des problèmes ont été résolus à l'aide de ces
témoignages du passé; combien, cependant, n'en
reste-t-il point à résoudre! Lorsqu'on monte sur
une des nombreuses tourelles qui dominent les
maisons de Jérusalem, le coup d'œil général est
encore d'une monotonie profonde. Figurez-vous une
série de plates-formes blanches entrecoupées de
coupoles également blanches sur des maisons d'un
gris blanc que le soleil rend aveuglant. C'est à
peine si, de loin en loin, la tête de quelque arbre
rabougri fait apparaître un peu de verdure terne
au milieu de ces clartés monotones. Les vieux
murs de la ville produisent seuls un effet pittoresque. La coupole du Saint-Sépulcre, vue ainsi de
haut, ressemble assez à celle d'une halle ou d'une
gare de chemin de fer; en revanche, la coupole de
la mosquée d'Omar est d'une élégance ravissante.
Dès qu'on redescend dans les rues, on rentre dans

l'obscurité : des passages voûtés, sales, noirâtres servent de bazar. Les marchands sont affreux, les marchandises sans couleur; Jérusalem n'a rien de ce charme lumineux de certaines villes d'Orient, qui séduit l'âme autant que les yeux, et qui lui laisse le plus brillant souvenir.

Mais ce qui rend surtout pénibles les sensations que fait éprouver Jérusalem, ce sont précisément les innombrables sanctuaires, les milliers de lieux saints qu'on y va visiter. La grande poésie de l'Évangile réside dans l'espèce de vague, et, s'il m'est permis de parler ainsi, dans l'indétermination qui semble planer sur ses récits. Tout y flotte un peu au hasard dans le temps et dans l'espace; rien n'y a le contour de la réalité matérielle, ainsi qu'il convient à une histoire surnaturelle qui doit appartenir à l'humanité tout entière, non à une époque et à un pays; aucune date fixe, aucun sens bien précis n'y vient comprimer l'imagination dans ses élans et dans ses fantaisies. On y assiste réellement à une existence divine se déroulant avec une entière liberté, avec une insouciance complète des choses terrestres. Jamais le narrateur ne songe à nous dire quel jour se sont passés les faits qu'il rapporte; encore moins s'avise-t-il de nous montrer le théâtre des scènes qu'il expose à nos yeux. *En ce temps-là, alors, peu après, cependant,* voilà les seuls renseignements que l'Évangile nous fournit sur la chronologie de la vie de Jésus. Pour les lieux où les péripéties de sa vie se sont produites, les indications sont plus faibles encore. Nous savons que tel discours a été prononcé sur la montagne, que telle parole a été dite au bord du sentier, mais on nous laisse à choisir la montagne et le sentier dans une contrée où on les compte par milliers. On nous apprend que Jésus a subi sa longue agonie dans un jardin rempli d'oliviers, qu'il a été crucifié au Calvaire, mais c'est à nous de trouver sur le mont Sion les arbres qui ont abrité de sublimes faiblesses, de rechercher, sous les débris de Jérusalem, l'emplacement où s'est accompli le plus grand événement de notre histoire, le plus grand sacrifice de l'humanité. L'art, la poésie et la piété s'efforcent depuis des siècles d'imaginer ce qu'on ne leur a pas décrit, de créer, à côté de la véritable Jérusalem dont la vulgarité froisse les plus nobles instincts, une Jérusalem idéale qui satisfasse tous les besoins de l'intelligence et du cœur. Aucun site exact, si beau qu'il soit, ne leur a suffi. Il n'y a pas d'âme religieuse ou simplement poétique qui ne se soit plu à se représenter dans ses rêves le pays de l'Évangile, non pas tel qu'il est, mais tel qu'il devrait être pour répondre à cette vérité supérieure auprès de laquelle la réalité n'est bien souvent qu'erreur et mensonge.

La vue de Jérusalem détruit tout ce travail de l'imagination. Au manque absolu d'informations, qui faisait le charme de l'Évangile, succèdent tout à coup une abondance, une précision de détails techniques et topographiques dont on est écœuré. On ne saurait faire un pas sans que quelqu'un vous montre un objet de la Passion : voici la colonne de la flagellation, voilà le trou où fut plantée la croix; ceci vous représente l'endroit précis où Jésus est tombé en portant l'instrument de son supplice; vous voyez plus loin la plate-forme ou plutôt l'arc de voûte d'où Pilate le montra au peuple; en un espace de quelques mètres, vous pouvez distinguer le lieu où il a été cloué sur la croix, celui où sa robe a été tirée au sort, celui où son corps fut rendu à sa mère et à ses disciples. On mesure juste les distances pour que vous ne vous trompiez pas d'une coudée. Vous essayez d'errer, en rêvant, dans les rues de la ville : un moine ou un guide se présente aussitôt pour vous indiquer la maison d'Hérode, le tracé de la voie doulou- reuse, le berceau de la Vierge, que sais-je? la grotte où Jésus a sué du sang, le rocher sur lequel dormaient ses disciples tandis qu'il éprouvait cette défaillance divine qui explique et qui justifie toutes les défaillances humaines, la place où le bai- ser de Judas vint commencer par la trahison les sanglantes horreurs de la Passion. Ce n'est pas tout. Non contente d'avoir retrouvé les lieux où se sont passés des événements réels de la vie de Jésus, la superstition populaire a inventé une foule d'événe- ments qui ne se sont jamais produits et dont cependant on vous fait voir la place. Tantôt c'est une chapelle où le crâne d'Adam a été déposé; tantôt c'est l'empreinte des pieds de Jésus qui, poussé brusquement par la soldatesque, tomba, dit-on, dans les eaux glacées du Cédron, mais non sans imprimer sur la rive le témoignage de la violence qui lui était faite; ailleurs, c'est un rocher blanc sur lequel Marie, en s'envolant vers le ciel, laissa glisser sa ceinture entre les mains de saint Thomas devenu crédule à tous les miracles; ailleurs encore, c'est une pierre marquant le lieu où le cortège funèbre de la Vierge fut arrêté par une main impie qui se dessécha immédiatement; des centaines de stèles, de colonnes, de monuments rappellent des anecdotes de cette valeur historique et morale. Et qu'on ne croie pas que ce soit fini. Outre les faits historiques de la vie de Jésus, n'y a-t-il pas les paraboles que le Sauveur répandait à foison sur un auditoire dont il fallait frapper le cœur par des images, pour toucher ensuite son esprit par des raisons? Ces délicieuses légendes, universelles comme des contes poétiques, prennent corps, se matérialisent, — qu'on me passe ce vilain mot, — se localisent à Jérusalem. J'ai vu de mes propres yeux la maison du mauvais riche et la salle où se tenait le pauvre Lazare, et, comme je faisais observer au moine qui me les présentait que le mauvais riche et Lazare n'avaient jamais existé que dans l'imagination de Jésus : « Croyez-vous, me dit-il, que l'imagination de Jésus ne valût pas votre sentiment de la réalité ? Ce qu'a inventé le Sauveur a eu une existence plus certaine que ce que vos regards atteignent, que ce que vos mains peuvent toucher. »

A défaut d'autre mérite, ce raisonnement était du moins ingénieux. Il m'a consolé de la maison du mauvais riche. Mais rien n'a pu me consoler de l'accumulation de lieux saints que l'on rencontre au Saint-Sépulcre. Lamartine lui-même en a été choqué : « Un escalier taillé dans le roc, dit-il, conduit au sommet du Calvaire où les trois croix furent plantées : le Calvaire, le Tombeau et plusieurs autres sites du drame de la Rédemption se trouvent ainsi accumulés sous le toit d'un seul édifice d'une médiocre étendue ; cela semble peu conforme aux récits des Évangiles, et l'on est loin de s'attendre à trouver le tombeau de Joseph d'Arimathie, taillé dans le roc hors des murs de Sion, à cinquante pas du Calvaire, lieu des exécutions ; mais les traditions sont telles et elles ont prévalu.» En dépit des traditions, Lamartine ne peut s'empêcher de douter. «Au sortir de l'église du Saint-Sépulcre, ajoute-t-il, nous suivîmes la voie douloureuse, dont M. de Chateaubriand a donné un si poétique itinéraire. Rien de frappant, rien de constaté, rien de vraisemblable ; des masures de construction moderne, données partout par les moines aux pèlerins pour des vestiges incontestés des diverses stations du Christ. L'œil ne peut avoir même un doute, et toute confiance dans ces traditions locales est détruite d'avance par l'histoire du christianisme, où Jérusalem ne conserva pas pierre sur pierre, où les chrétiens furent ensuite bannis de la ville pendant de nombreuses années. Jérusalem, à l'exception de ces piscines et des tombeaux des rois, ne conserve aucun monument d'aucune de ces grandes époques ; quelques sites seulement sont reconnaissables, comme le site du Temple dessiné par ses terrasses et portant aujourd'hui l'immense et belle mosquée d'Omar-el-Sakara ; le mont Sion occupé par le couvent des Arméniens et le tombeau de David ; mais ce n'est que l'histoire à la main et avec l'œil du doute que la plupart de ces sites peuvent être assignés avec une certaine précision. Hormis les murs de terrasses sur la vallée de Josaphat, aucune pierre ne porte sa date dans sa forme et dans sa couleur ; tout est en poudre, ou tout est moderne. L'esprit erre incertain sur l'horizon de la ville, sans savoir où se poser ; mais la ville entière, dessinée par la colline circonscrite qui la porte, par les différentes vallées qui l'enceignent, et surtout par la profonde vallée du Cédron, est un monument auquel l'œil ne peut se tromper : c'est bien là que Sion était assise ; site bizarre et malheureux pour la capitale d'un grand peuple : c'est plutôt la forteresse naturelle d'un petit peuple, chassé de la terre, et se réfugiant avec son Temple sur un sol que nul n'a intérêt à lui disputer, sur des rochers qu'aucunes routes ne peuvent rendre accessibles, dans des vallées sans eau, dans un climat vide et stérile, n'ayant pour horizon que les montagnes calcinées par le feu intérieur des volcans, les montagnes d'Arabie et de Jéricho, et qu'une mer infecte, sans rivage et sans navigation, la Mer-Morte ! » J'aime à m'appuyer sur ce témoignage si conforme à mes propres impressions. N'étant point archéologue, je ne saurais discuter les preuves que l'on a données pour ou contre l'identité des lieux où l'on veut retrouver l'empreinte de la vie et de la mort de Jésus ; mais toutes les preuves du monde n'étoufferaient pas les révoltes de l'âme et les objections invincibles du bon sens. Le supplice de Jésus a été un événement ordinaire dans l'histoire de Jérusalem ; au moment où il s'est produit, il a jeté la désolation dans un petit troupeau d'amis et de fidèles, mais la masse du peuple n'y a rien vu qui méritât de frapper sa mémoire. Durant de longues années, comme le dit fort bien Lamartine, les chrétiens furent bannis de la ville ; la ville elle-même fut bouleversée de fond en comble. Il fallut attendre des siècles pour ressaisir, à l'aide de traditions incertaines et de miracles apocryphes, les traces de Jésus. Quelle confiance peut-on avoir en de pareils indices ? Comment peut-on croire qu'une piété aveugle ait su discerner, au milieu de tant

de ruines, les vestiges d'un passé si parfaitement
effacé ? Il n'y a pas de doute, en effet, sur Jérusalem elle-même ; lorsqu'on contemple, d'une
élévation quelconque, l'ensemble de la ville sainte,
si on renonce à s'attacher aux détails, si on laisse
ses regards errer à l'aventure sur les murs, les
coupoles, les terrasses et les maisons, si on livre
son âme aux sensations que ce spectacle éveille,
l'esprit en est quelquefois assez ébranlé pour avoir
une claire vision des âges évanouis. Mais dès
qu'on redescend dans la ville, dès qu'on y écoute
le langage des moines, dès qu'on pénètre dans les
sacristies et dans les chapelles où ils prétendent
avoir enfermé des souvenirs sacrés, l'imagination
comprimée par une réalité invraisemblable éprouve
une sorte de dégoût qui ne s'arrête pas au scepticisme, qui va presque jusqu'à la négation indignée.

La déplorable décoration des sanctuaires, qui
déshonorent encore les lieux où ils sont élevés,
ajoute à la vivacité de cette impression ; tout ce
que le mauvais goût a pu inventer de plus hideux
en fait de tableaux, de tentures, d'objets en or et
en argent, s'y étale avec une prétention dont il
est impossible de n'être pas blessé. C'est un mélange
extraordinaire du genre italien le plus criard et du
genre oriental le plus rococo. Je ne connais rien qui
produise un effet plus triste, plus répugnant, que
la vue de la grotte de Gethsémani et du jardin des
Oliviers, pour ne choisir que ces deux exemples

parmi tant d'autres que je pourrais citer. De tous les endroits que la tradition populaire assigne comme théâtre à l'une des scènes de la vie de Jésus, ce sont peut-être ceux qui prêtent le moins aux objections. Si le rocher qui forme la grotte était resté nu, si les sept oliviers séculaires qu'on remarque à une petite distance n'avaient point été entourés de ridicules plates-bandes, on se persuaderait sans trop de peine que l'admirable prologue de la Passion s'est déroulé dans ce site sauvage, singulièrement approprié à la divine agonie. La profonde mélancolie de la vallée du Cédron, l'aridité de la montagne de Sion, les formes tourmentées et fantastiques des oliviers, l'aspect dévasté de ce coin de terre sur lequel les murailles de la ville semblent projeter une ombre désolée, tout concourrait à laisser croire que c'est bien réellement là que Jésus, au moment de subir son supplice, a senti tout à coup son cœur défaillir et son front se couvrir d'une sueur sanglante. Dans cette nuit solennelle où il allait être trahi et livré à ses ennemis, il a éprouvé la seule souffrance qui soit au-dessus non seulement de l'homme, mais de Dieu, la souffrance d'un amour inutile, d'un sacrifice méconnu. De là cet effort suprême, cette plainte sublime, pour éloigner le calice d'amertume, qui a retenti à travers les siècles comme le cri même de la douleur, comme l'expression la plus déchirante du désespoir. Malheureusement, lorsqu'on entre dans la prétendue grotte de Gethsémani, l'émotion de pareils souvenirs ne saurait résister au spectacle qu'on a sous les yeux. Par une charlatanerie scandaleuse, des mains impies se sont avisées de dessiner des taches rouges sur le sol. Cette imitation trompe une multitude de pèlerins. On les voit baiser dévotement ces empreintes coloriées. Quelques-uns pleurent à chaudes larmes, persuadés que c'est véritablement le sang de Jésus que leurs lèvres pressent avec amour. Ce spectacle soulève le cœur. Le moine qui vous accompagne s'empresse de vous offrir un caillou soi-disant arraché au rocher de la grotte. Le rocher serait une carrière, qu'il ne suffirait pas, à moins d'un miracle, à l'innombrable quantité de reliques qu'on en tire sans cesse. On s'empresse de fuir, son caillou à la main, ce lieu profane ou du moins profané. Mais à peine sorti de la grotte de Gethsémani, on tombe dans le jardin des Oliviers où la déception est plus cruelle encore. Sept arbres aux troncs noueux, aux rameaux décharnés, à peine couverts de quelques feuilles et de quelques olives, feraient illusion par leur vieillesse ; pourquoi faut-il que les religieux franciscains, qui en sont propriétaires, les aient environnés d'un mur blanc sur lequel ils ont disposé des tableaux du chemin de croix, dont les personnages peints en rouge, en vert, en jaune, en violet, ressemblent à de hideuses poupées de cire ? Pourquoi faut-il qu'ils les aient encadrés dans un parterre où toutes sortes de fleurs sont disposées en étoiles, en rosaces, en arabesques, en figures les plus communes, comme dans l'enclos d'un propriétaire de la banlieue? Pour achever la ressemblance, un moine à robe retroussée, à figure réjouie, portant crânement un chapeau de paille sur la tête, un arrosoir d'une main, un sécateur de l'autre, personnage en tous points semblable à ceux que M. Vibert aime à représenter dans ses tableaux, vous prépare un bouquet pendant que vous faites le tour du jardin. Il a soin d'y placer, en guise de tige, une petite branche des inépuisables oliviers. Lorsqu'il vous présente le tout avec une figure souriante, ce n'est pas sans peine qu'on résiste au désir de l'étouffer. Voilà donc ce que des hommes qui se croient chrétiens ont fait du lieu où Jésus s'est rapproché le plus de l'humanité, où il a été faible, hésitant, troublé comme elle, où il a ployé comme elle sous le poids de la douleur! Une caricature de moine arrose des coquelicots sur la terre que le Christ a arrosée de ses larmes et de son sang. Jamais sacrilège n'a été à la fois plus bouffon et plus révoltant. Cette flétrissure infligée aux objets atteint les idées qui s'y rattachent et qui ont été, hélas! aussi corrompues qu'eux-mêmes. Que sont devenus les pensées, les sentiments, les principes de Jésus? N'ont-ils pas été également défigurés et travestis de mille manières? Est-il plus facile de les reconnaître que les sites où ils ont été révélés à l'humanité?

Si Jésus redescendait sur la terre et y recommençait une existence nouvelle, les doutes cruels qui assiégèrent son âme durant l'agonie du jardin de Gethsémani s'empareraient de nouveau de lui, en présence non seulement de l'extérieur de Jérusalem, mais de l'état moral de cette ville sur laquelle son sang a coulé sans parvenir à la purifier. Comme au temps de la Passion, c'est une ville de pédantisme, d'acrimonie, de haines, de petitesses d'esprit et de querelles. Le fanatisme des diverses sectes qui s'en disputent les sanctuaires est tantôt atroce, tantôt grotesque ; mais soit qu'il amène des conflits brutaux, soit qu'il se traduise par des querelles mesquines, il n'en paraît pas moins odieux aux imaginations tendres et aux esprits délicats. Les séditions religieuses y alternent avec les plus honteux marivaudages de sacristie. Jésus n'a pas réussi à étouffer le pharisaïsme. Il subsiste plus que jamais dans la colonie juive qui forme à Jérusalem une sorte de société casuistique uniquement occupée à réduire l'étude de la loi à d'absurdes minuties. Les chrétiens, par leurs divisions et par leurs luttes, s'éloignent encore plus du large esprit de l'Évangile. Pour la plupart des moines grecs ou latins, tout l'effort de la religion se réduit à s'emparer de quelques centimètres de plus dans une chapelle apocryphe et à contrister amèrement leurs rivaux par ces victoires peu charitables. Quant à l'aspect général de la ville, il est toujours tel qu'à l'époque où Jésus ne pouvait le contempler sans colère ou sans dédain. Le commerce des choses saintes s'étale avec cynisme, non seulement dans les rues et sur les places, où l'on ne saurait faire un pas sans rencontrer des marchands de reliques, mais jusque dans le Saint-Sépulcre et dans les églises les plus vénérées. M. Renan a décrit avec finesse l'émotion qu'un spectacle du même genre causait à Jésus : « Tout ce qu'il voyait à Jérusalem dit-il, l'indisposait. Le Temple, comme en général les lieux de dévotion très fréquentés, offrait un aspect peu édifiant. Le service du culte entraînait une foule de détails assez repoussants, surtout des opérations mercantiles, par suite desquelles de vraies boutiques s'étaient établies dans l'enceinte sacrée. On y vendait des bêtes pour les sacrifices; il s'y trouvait des tables pour l'échange de la monnaie; par moments, on se serait cru dans un bazar. Les bas officiers du Temple remplissaient sans doute leurs fonctions avec la vulgarité irréligieuse des sacristains de tous les temps. Cet air profane et distrait dans le maniement des choses saintes blessait le sentiment religieux de Jésus, parfois porté jusqu'au scrupule. Il disait qu'on avait fait de la maison de la prière une caverne de voleurs. Un jour même, dit-on, la colère l'emporta ; il frappa à coups de fouet ces ignobles vendeurs et renversa leurs tables. » C'est sans nul doute à travers la Jérusalem moderne que M. Renan a eu

cette vue si juste, si fidèle, si vivante de la Jérusalem antique. Aujourd'hui, comme jadis, la ville
sainte est livrée aux pharisiens et aux marchands.
Pourquoi faut-il que Jésus ne soit plus là pour accabler les uns sous sa parole ardente et pour frapper
les autres de son fouet vengeur !

IV

LE SAINT-SÉPULCRE

Si l'aspect général de Jérusalem inspire aux
âmes délicates une profonde tristesse, la vue de la
basilique du Saint-Sépulcre n'est pas faite pour la
diminuer. Bien qu'il ait l'air écrasé et en quelque
sorte mutilé, l'édifice lui-même ne manque pas d'une
certaine grandeur. La description en a été faite cent
fois par les hommes les plus compétents : on sait
que l'architecture est un composé du style roman
et de l'ogive sarrasine; l'extérieur offre des parties
remarquables ; quant à l'intérieur, il est tellement
déformé par d'horribles ornements qu'on ne saurait
y rencontrer la moindre trace de beauté. Rien
n'est plus affreux que l'édicule du Saint-Sépulcre;

c'est la plus grossière des bâtisses : œuvre des
Grecs qui l'ont gâtée à plaisir, il a tout ce qu'il
faut pour comprimer l'émotion prête à s'éveiller en
face du lieu, même apocryphe, où Jésus aurait
reposé. Placé au centre de la grande coupole, ses
proportions massives, sa forme lourde et gauche,
l'espèce de lanterne qui le domine, les tableaux
ridicules, les fleurs, les lampes innombrables qui
le recouvrent, tout contribue à en faire un monument gauche, désagréable, presque répugnant.
Cet édicule est quadrangulaire : une de ses faces,
qui sert de façade, est divisée en trois parties appartenant l'une à la communauté latine, la seconde à
la communauté grecque, la troisième à la communauté arménienne. Les trois communautés ont
rivalisé de mauvais goût dans l'arrangement de
leurs parties respectives, et je n'oserais dire laquelle
l'a emporté. Cette façade du Saint-Sépulcre, ornée
des images les plus saugrenues, ressemble à l'autel
de la plus maussade de nos églises de village. Les
lampes et les cierges y sont répandus à profusion.
Chaque communauté, bien entendu, a un droit
exclusif sur les siens. Il faut reconnaître cependant
que, lorsqu'une communauté quelconque célèbre
une cérémonie, les deux autres allument leurs propres lampes et leurs propres cierges avec une bonne
grâce qui est une preuve des progrès de la tolérance.
Mais ces lumières n'éclairent que des oripeaux.
Certains édifices ressemblent aux hommes dont la

poitrine est surchargée de décorations, de rubans et de ferblanterie. Tel est le Saint-Sépulcre. La petite porte par laquelle on pénètre dans le tombeau est la seule partie de la façade qui soit quelque peu dégagée d'*ex-voto*. Tout le reste en est couvert. Quand on a franchi cette porte, on se trouve dans deux salles basses, où l'on a quelque peine à se tenir debout : l'une appelée la chapelle de l'Ange, sous prétexte qu'elle occupe l'emplacement où se tenait l'ange qui annonça aux saintes femmes la résurrection de Jésus, est revêtue de marbre ciselé en ornements du style le plus rococo ; au centre se trouve la pierre sur laquelle l'ange était assis ; la seconde, la chapelle même du Tombeau, a des dimensions plus étroites encore que la première, attendu que celle-ci mesure huit mètres de long, tandis que sa longueur à elle dépasse à peine deux mètres ; elle est pourtant divisée en trois parties nettement limitées, propriétés distinctes des Grecs, des Latins et des Arméniens, lesquels ont trouvé le moyen d'accumuler tant de lampes, tant de chandeliers, tant de fleurs, tant de tableaux et tant de colifichets dans cet espace restreint qu'on en est complètement étourdi. Quelques personnes à peine peuvent tenir dans les deux chapelles ; on y est sans cesse bousculé ; il faut avoir une piété bien absorbante pour y prier avec recueillement sous les pieds qui vous écrasent et sous les coudes qui vous renversent.

Je suis allé tout droit au centre de l'église du

Saint-Sépulcre; mais on n'y arrive pas d'ordinaire aussi aisément, ni surtout aussi vite. La basilique n'est ouverte qu'à des heures fixes et pour un temps déterminé. Quatre ou cinq Turcs à mines fort respectables, négligemment couchés sur un divan où ils boivent du café, fumant des narghilés et regardant dédaigneusement défiler les chrétiens, sont les portiers et les gardiens du Saint-Sépulcre. Tous les voyageurs impartiaux ont constaté combien il était injuste d'accuser les Turcs d'intolérance; leur tenue au Saint-Sépulcre est très correcte et très digne. Lorsque les rivalités entre communautés risquent d'amener des rixes durant les cérémonies religieuses, on fait appel à des bataillons turcs qui stationnent sur le parvis; ils se rangent dans l'église, assistent à la messe et aux processions avec l'attitude la plus respectueuse. Il m'est arrivé de laisser tomber sur un soldat le suif d'un gros cierge dont on m'avait chargé le jour de Pâques, sans qu'il fît le moindre mouvement pour s'en plaindre. Il pensait sans doute que ma maladresse était un acte de piété, et il la respectait.

Les chrétiens sont bien loin de pratiquer une tolérance aussi large. Sans parler de leurs querelles intestines et des ruisseaux de sang qu'elles ont fait couler, ils sont unanimes pour proscrire les Juifs de leur sanctuaire commun. Si l'un de ces derniers pénétrait dans le Saint-Sépulcre, il risquerait d'y être massacré; on ne lui permettrait même pas de souiller de sa présence le parvis de l'église. L'ardeur des passions religieuses est aujourd'hui plus vive chez les chrétiens que chez les musulmans. Mais, si convenables que soient ces derniers, on aimerait qu'ils prissent l'habitude de laisser la porte du Saint-Sépulcre ouverte. Lorsqu'on arrive au commencement d'un office et qu'on entre dans l'église sur la foi des traités, c'est fini ! il faut y rester quatre ou cinq heures jusqu'à ce que l'office soit terminé : épreuve difficile, même pour les dévotions les plus robustes. Le soir, c'est pire encore ! Dès qu'on a franchi le seuil de la basilique, on est condamné à y demeurer jusqu'au lendemain matin. Il est vrai que les distractions ne manquent pas. Le Saint-Sépulcre est un monde dans lequel on se promène longtemps sans s'ennuyer et où l'on fait presque à l'infini des voyages de découvertes. Outre les chapelles, qui sont innombrables, les cryptes, les souterrains, on visite les galeries, les couvents des moines, les asiles des diverses communautés, les plates-formes, la coupole, etc. Jadis même, on aurait pu visiter un harem qui était placé sur le toit de l'église et qui n'a disparu que depuis peu. Le harem avait donné lieu à des aventures assez amusantes. Préoccupait-il outre mesure l'imagination des bons moines cloîtrés dans les dépendances du Saint-Sépulcre ? Je l'ignore; mais ce qu'il y a de sûr, c'est qu'il a inspiré des légendes dont le souvenir est encore très

vif. On raconte, par exemple, l'histoire d'une négresse esclave qui avait échappé à ses maîtresses
et qui était allée se glisser sous la couchette d'un
père franciscain. A la vue de cette figure noirâtre,
le religieux crut à une tentation de saint Antoine
d'un nouveau genre. Les péripéties de sa lutte
contre Satan ne manquèrent pas d'originalité. On
affirme qu'il en sortit vainqueur ; toutefois, la charité chrétienne l'obligea à garder toute la nuit la
négresse dans sa cellule, car la renvoyer de l'asile
où elle s'était réfugiée eût été la livrer à ses maîtresses, qui l'auraient cruellement punie d'avoir
préféré la chambre franciscaine au harem musulman. Grâce à Dieu, les franciscains d'aujourd'hui
ne sont plus exposés à de pareilles épreuves ! Leur
seul malheur est d'être enfermés dans des salles
basses, étroites, sales, où ils étouffent. Il leur est
permis cependant de se promener dans une partie
des galeries supérieures de la rotonde, où ils ont
la distraction d'admirer des portraits en pied de
Louis-Philippe et de Napoléon III, qui font une singulière figure dans ce lieu saint. C'est pour affirmer
nos droits de protection catholique que Louis-Philippe
et Napoléon III avaient jugé à propos de faire placer leur image au Saint-Sépulcre, à côté de celle
de Philippe II, fort mauvaise copie de la belle
toile de Vélasquez. Les moines italiens et espagnols
voudraient bien les enlever ; mais ils n'osent !
Louis-Philippe et Napoléon III représentent la suc-

cession de Charlemagne et les prérogatives séculaires de la France sur les catholiques d'Orient. Ils ont pour eux la loi ; seulement, comme il faut que toutes les prétentions et tous les prétendants se manifestent autour du tombeau de celui qui a dit que son royaume n'était pas de ce monde, les plus grosses lampes du sanctuaire viennent de l'empereur d'Autriche et du roi d'Italie, nos principaux rivaux dans l'œuvre de la protection catholique, du comte de Chambord, de sa sœur, la duchesse de Parme, et d'un grand nombre de princes italiens dépossédés par des souverains de fait comme l'étaient Louis-Philippe et Napoléon III.

Personne n'ignore qu'il n'y a pas une seule pierre de l'église du Saint-Sépulcre qui n'ait été soigneusement mesurée et dont un traité en règle n'assigne la possession à telle ou telle communauté. Ce vaste édifice appartient au genre humain tout entier ; chacun y a sa province qu'il défend avec une jalousie féroce, tout en faisant les plus vifs efforts pour empiéter sur la province du voisin. L'histoire des luttes sanglantes auxquelles le Saint-Sépulcre a donné lieu n'est plus à écrire ; elle a été écrite à satiété. Mais il faut être allé à Jérusalem pour se rendre un compte exact de ces luttes, pour en avoir en quelque sorte la sensation directe. Une des causes qui rendent l'église du Saint-Sépulcre affreuse, ce sont les soins que chacun s'est donnés afin d'effacer, jusque dans l'architecture du monu-

ment, la trace de ses rivaux. J'ai dit que l'édicule
du tombeau avait été outrageusement gâté par les
Grecs. Il en est de même de la grande rotonde où
ils se sont appliqués à dissimuler de jolies colonnes,
qui leur paraissaient être d'un art latin, sous d'a-
troces maçonneries qui ne sont d'aucun art. Le
chœur de l'église leur appartient : il brille par ce
luxe de dorures, par cette accumulation d'icones,
par cette masse d'ornements d'une richesse vulgaire qu'on remarque dans les églises grecques. Les
Grecs ont encore plus odieusement travesti la chapelle du Calvaire que l'édicule du Tombeau. Au-dessus du trou où la croix aurait été plantée, trou qui
est indiqué, pour que nul n'en ignore, par une
plaque d'argent, ils ont dressé un Christ hideux,
entouré de chaque côté de deux immenses icones
dorées représentant la Vierge et saint Jean. En présence de ces caricatures orthodoxes, comment se
croire au Calvaire ? Tout près de là, sur un autel
plus hideux encore, des figures de cire travestis-
sent l'admirable scène du Stabat ou de la Compassion de la Vierge. Parmi toutes les douleurs
que Marie devait éprouver, celle d'être ainsi paro-
diée dans son désespoir maternel n'était certainement pas une des moindres. Cette fois, ce sont les
franciscains qui sont coupables. Mais les profana-
tions des Grecs dépassent en nombre et en gravité toutes les autres. Une des moins excusables est
d'avoir détruit les tombeaux de Godefroy de Bouil-

lon et de Baudouin, les premiers rois de Jérusalem. Ils ont dispersé les cendres des deux héros,
espérant effacer l'histoire au prix d'un sacrilège.
Les hommes ont toujours été victimes de pareilles
illusions; ils ont toujours cru qu'il suffisait de briser des pierres, de supprimer des inscriptions, pour
détruire les souvenirs qu'ils jalousaient, comme si
cette rage n'était pas aussi impuissante que grossière. Il ne faut reprocher à personne en particulier la faute que tout le monde a commise tour à
tour. L'église du Saint-Sépulcre porte partout la
trace des mutilations que les diverses communautés
lui ont fait subir. Aujourd'hui un accord fondé
sur les traités, un *modus vivendi* diplomatique, assigne à chacune sa place et sa fonction. Il y a des
protocoles pour décider que les franciscains ba-
laieront le sanctuaire de tel jour à tel jour, et les
Grecs de tel autre jour à tel autre jour; qu'ils pour-
ront jeter les seaux d'eau de telle distance à telle
distance; qu'ils jouiront de tel autel pendant tant
d'heures et à telles époques, etc. Certains droits
sont enchevêtrés d'une manière étrange. Ainsi, il
appartient aux Grecs d'ouvrir la porte qui donne
entrée dans la cour de l'église, mais il ne leur est
pas permis de la réparer : c'est le gouvernement
turc qui peut seul le faire, et s'il ne le fait pas,
tant pis pour les Grecs, dont la porte et les prérogatives tomberont en morceaux! Les offices au
Saint-Sépulcre sont d'une longueur écrasante. Je

me rappelle qu'enfermé dans l'église, j'ai dû subir d'un bout à l'autre la grand'messe latine de Pâques ; je n'ai jamais vu cérémonie se déroulant avec une plus majestueuse lenteur ; ce qui me surprenait surtout, c'était la quantité de roulades, de points d'orgue, de retards de toute sorte introduits dans le plain-chant et qui faisaient durer une heure le *Credo* ou le *Gloria*. Comme j'en exprimais ma surprise à un franciscain : « Vous êtes naïf, me répondit-il. Vous voyez bien que plus nous ajoutons de fioritures à nos chants, plus ils se prolongent ; plus par conséquent nous gardons le Saint-Sépulcre, plus nous l'enlevons aux Grecs. Or, comme les offices des Grecs sont de purs sacrilèges, Dieu nous est reconnaissant d'éloigner aussi longtemps que possible de ses lèvres le calice d'amertume. »

Si Dieu est sensible à ce genre d'attentions, il doit, en effet, se réjouir de ce qui se passe journellement au Saint-Sépulcre. L'église du Saint-Sépulcre est la seule église qui ne soit pas consacrée, et cela pour deux raisons, dont la première est que le sang efface la consécration, et que le sang a coulé, coule encore et coulera sans doute longtemps autour d'un tombeau que la fureur des chrétiens se dispute sans cesse. La seconde raison est d'une tout autre nature, et l'on a quelque peine à l'expliquer. Comme plusieurs autres sanctuaires de religions bien différentes, l'église du Saint-Sépulcre possède le privilège de guérir la stérilité chez les femmes; or, ce privilège ne s'accorde pas non plus, paraît-il, avec la consécration. Le paganisme n'a jamais connu de cérémonies plus répugnantes, l'islamisme n'en connaît pas aujourd'hui de plus superstitieuses que celles dont on est témoin à Jérusalem. Dès qu'on a franchi la porte de la grande basilique chrétienne, on se trouve en face d'une dalle en marbre de 2^m,70 de long sur 1^m,30 de large, qu'on nomme pierre de l'Onction et qui a servi, à ce que l'on prétend, à l'embaumement du corps de Jésus. C'est la première station des pèlerins : les Latins s'y agenouillent, baisent la dalle, y promènent leurs mains, leur figure, y déposent des chapelets, des mouchoirs, toutes sortes d'objets pieux ; les Grecs y font des centaines de révérences et des milliers de signes de croix ; quant aux Orientaux, ils se placent à une certaine distance, puis s'avancent graduellement en jetant leur corps en avant de manière à exécuter une série de génuflexions épileptiques du plus curieux effet ; arrivés au but, ils se précipitent la tête la première sur la dalle ; on croirait qu'ils vont la dévorer. Je n'en finirais pas si je voulais raconter en détail tous les spectacles du même genre auxquels j'ai assisté. Ce sont toujours les Grecs qui se livrent aux plus nombreuses et aux plus vives démonstrations. On s'étonne qu'ils puissent rapporter des lèvres intactes de Jérusalem, tant ils les usent sur toutes les pierres qu'ils rencontrent. Partout

où ils passent, si quelque objet les frappe tant soit
peu, ils s'imaginent que c'est un objet saint et ils
le couvrent de baisers. Chaque veine un peu teintée d'un marbre quelconque, chaque tache sur les
murs leur paraît une relique qu'ils embrassent avec
ardeur, ou devant laquelle ils s'inclinent avec respect s'il est impossible de l'embrasser. Je les ai vus
s'arrêter en face du panonceau du consulat français, le contempler gravement, puis se prosterner
en faisant des quantités de signes de croix.
Arrivés au Calvaire, ils mettent la tête dans le trou
de la croix, désespérés de ne pas pouvoir y passer le corps en entier ! Leurs offices sont remplis des
plus étranges simagrées. Les célébrants valent les offices. Je n'ai jamais pu m'habituer aux popes grecs, à
cause de leur longue chevelure, relevée d'ordinaire en
natte au sommet de la tête, mais qu'ils laissent
retomber sur les épaules durant les cérémonies religieuses. Ces chevelures féminines, jointes à un
chant nasillard et flûté, donnent à ceux qui les
portent un aspect équivoque qui me choque profondément. Mais c'est surtout le scandale du feu
sacré qui rend la communauté grecque plus franchement païenne que toutes les autres. On sait
les détails de cette honteuse jonglerie. Dans la nuit
du samedi saint, le patriarche s'enferme dans l'édicule du Saint-Sépulcre, où il doit recevoir le feu
céleste qui lui est rapporté, affirme-t-il, par un
ange. Une foule immense emplit la grande rotonde:

des milliers de pèlerins sont venus des contrées les plus éloignées du monde orthodoxe pour chercher une étincelle de la flamme divine. Chaque personne tient un cierge à trente-trois mèches, afin de représenter les trente-trois années de Jésus. Des cavaliers, accourus du fond de la Russie, attendent à la porte, leurs chevaux sellés, prêts à emporter le feu sacré à Saint-Pétersbourg, à Moscou, dans les villes et dans les villages russes. Tout à coup le patriarche tend, à travers une lucarne, son cierge enflammé. Aussitôt chacun se rue pour allumer le sien. Il se passe alors des scènes indescriptibles, des scènes de saturnale antique. Les femmes atteintes de maladies secrètes se brûlent les seins et font pénétrer la flamme jusque sous leurs vêtements inférieurs. C'est une mêlée lumineuse où l'on se grise de feu, où bientôt toutes les têtes sont aussi brûlantes que les cierges. Heureux ceux qui peuvent rapporter jusque chez eux une étincelle divine ! On raconte l'histoire d'une malheureuse femme qui avait fait le voyage de Jérusalem dans le seul dessein de transporter dans sa maison, en Sibérie, la flamme du Saint-Sépulcre. Arrivée à Constantinople, son cierge s'éteignit: sa vie fit de même, elle mourut de désespoir. Cet accident n'est pas le seul, on le comprend, qu'ait provoqué la cérémonie du feu. Chaque année, plusieurs personnes sont grièvement blessées, et l'on se réjouit lorsqu'il n'y a pas de mort. La proces-

sion de la *Dosseh*, en Égypte, qu'on vient d'interdire comme une honteuse superstition, était à coup
sûr mille fois moins hideuse et moins humiliante
pour l'esprit humain. D'abord, elle ne reposait pas
sur une fraude incontestable; puis elle, se passait
en plein jour, au grand soleil, au milieu d'une
foule étincelant des plus merveilleuses couleurs.
Le cheik, qui circulait à cheval sur le corps des
fidèles, avait une tête admirable de fanatisme; son
cheval était un des plus beaux de l'Arabie. Il y
avait une sorte de fantaisie brillante, aventureuse,
tout à fait conforme au génie arabe, dans cette
course au galop d'un cavalier saint qui passait
comme un tourbillon sur des hommes enivrés de
hachich, de lumière et de rondes sacrées. Les
orgies nocturnes du Saint-Sépulcre n'ont pas l'ex-
cuse d'une certaine poésie sauvage. Aussi est-il singulièrement regrettable que les maîtres de l'Égypte,
qui ont dominé plusieurs fois en Syrie, n'aient
pas réussi à les supprimer. Le premier qui l'ait
tenté a été le kalife Hakem, le fondateur de la religion des Druzes, dont l'histoire a été si remplie
de folies soi-disant divines. Est-ce par haine de
la concurrence qu'il voulut détruire la cérémonie
du feu de Jérusalem? Je ne sais, mais voici comment un historien nous a transmis l'anecdote:
« L'auteur de cette persécution fut quelque ennemi
des chrétiens qui raconta à Hakem que, lorsqu'ils
s'assemblaient dans le temple de Jérusalem pour

célébrer la pâque, les chapelains de l'église, usant d'un artifice, graissaient d'huile de baume la chaîne de fer à laquelle était suspendue la lampe au-dessus du tombeau. L'officier arabe ayant scellé la porte qui conduisait au tombeau, ils mettaient le feu par le toit à la chaîne de fer ; le feu descendait aussitôt jusqu'à la mèche et l'allumait. Alors, ils s'écriaient en pleurant : *Kyrie eleison !* comme s'ils voyaient le feu tombant du ciel sur le tombeau et se fortifiaient par là dans leur foi. » Pour faire cesser ce scandale, Hakem ordonna de détruire de fond en comble l'église du Saint-Sépulcre. Ibrahim-Pacha recourut de nos jours à des moyens moins violents. Il voulut pénétrer avec le patriarche grec dans l'édicule du tombeau et surprendre directement la supercherie du clergé. A sa sortie, une bataille générale, où il faillit périr lui-même, amena la mort de plus de trois cents personnes. Justement indigné d'une fraude aussi sanglante, Ibrahim-Pacha interdit la cérémonie du feu ; mais la pâque grecque fut aussitôt désertée ; les pèlerins ne vinrent plus, et avec eux partirent les nombreux dons en argent dont s'enrichit le patriarche, et sur lequel le trésor égyptien prélevait de fort gros bakchichs. On rétablit donc la fête. Depuis lors, le tombeau de Jésus n'a pas cessé d'être souillé par la plus dégoûtante et la plus cruelle des jongleries prétendues sacrées.

Il faut dire, à la louange des Latins, que leurs offices n'ont pas le même caractère que ceux des

Grecs. A part leur longueur inusitée, ils ressemblent absolument aux offices des églises catholiques d'Europe. Un seul d'entre eux rappelle, non le paganisme, mais le moyen âge : c'est un véritable mystère, une tragédie pieuse offerte aux fidèles par un clergé qui a le tort d'avoir conservé cette dernière superstition. La scène ne manque pourtant pas d'effet pittoresque. Elle a lieu dans la nuit du vendredi saint, au milieu d'un concours immense de pèlerins appartenant aux nations les plus diverses. La représentation roule sur les derniers incidents de la Passion. On commence au Calvaire. Une sorte de poupée, ou de mannequin, est cloué sur la croix : c'est le premier acte, accompagné d'un sermon en français ; on détache ensuite la poupée, puis on l'enveloppe soigneusement dans un drap mortuaire, puis on la descend à la pierre de l'Onction, puis on la promène je ne sais plus où jusqu'à ce qu'on la porte enfin en pompe et cérémonie au Tombeau, où on feint de l'ensevelir : ce sont les actes suivants, les péripéties et le dénoûment du drame. A chaque station, un franciscain, monté sur une chaise, sur une pierre, sur une corniche, sur tout objet qui se présente, adresse à la foule un sermon dans une langue nouvelle, italienne, espagnole, arabe, turque, persane, etc. Il faut subir en tout sept sermons, auxquels, à moins d'être polyglotte, on ne comprend pas un mot. Et fût-on polyglotte, on n'y comprendrait pas davantage, si j'en juge du moins par le

sermon français, qui était tellement sublime que
c'est celui dont le sens m'a le plus complètement
échappé. Rien n'est aussi pénible d'ailleurs que de
voir les moines, jouant avec une poupée divine,
mettre à cette comédie dévote un sérieux qui n'est
plus de notre âge. Ils ne touchent qu'avec des précautions infinies les membres du dieu de carton
qu'ils crucifient, qu'ils arrachent du Calvaire et
qu'ils portent au Tombeau. L'aspect général de la
procession est beau et saisissant. Chaque fidèle tient
en main un cierge qui répand sur les murs et
sous les voûtes de la grande basilique une clarté
mystérieuse ; la foule indigène est bigarrée des
plus étranges couleurs ; elle s'accroche à tous les
détails d'architecture ; on voit des femmes, des
vieillards, des enfants pendre en quelque sorte des
balcons et des frises, des jeunes gens s'attacher
aux colonnes, des êtres informes, dans la demi-
obscurité de la nuit, apparaître à tous les coins et
recoins du temple. Un certain nombre de touristes
anglais, mêlés à la masse populaire, sourient et nar-
guent la cérémonie. Les reflets lumineux qui colorent ces visages produisent une impression fantastique. La procession roule et se déroule avec
une lenteur imposante à travers tous les détours de
l'édifice. Outre ces scènes nocturnes et extraordinaires, il y en a chaque soir d'ordinaires au Saint-
Sépulcre. Lorsqu'on y passe la nuit, on assiste aux
dévotions les plus variées, aux cérémonies les plus

diverses. Tantôt des chants russes d'une mélancolie sublime s'élèvent dans les voûtes sombres, tantôt
les voix nasillardes des Grecs ou les instruments
bruyants des Arméniens provoquent tous les échos
de la basilique. Jusqu'à minuit, le silence est à peu
près relatif; mais, à partir de minuit, les offices
commencent, et c'est un tintamarre pieux capable
d'assourdir les plus résistants.

Me trouvant enfermé au Saint-Sépulcre durant la
grand'messe latine du jour de Pâques, grand'messe
que les ornements du plain-chant de Jérusalem
font durer, je l'ai dit, toute une matinée, je me
suis amusé, comme distraction, à parcourir en
curieux les diverses parties de l'église. Ma première station a été pour la chapelle latine, où des
messes basses se succédaient sans cesse à trois autels à la fois. Le spectacle était là charmant. Les
jeunes filles chrétiennes avaient mis leurs plus riches vêtements pour célébrer la fête. Elles formaient
des groupes admirables de lignes et de couleurs.
Le type syrien est fort remarquable, d'une grâce un
peu nonchalante, que relève l'éclat d'yeux étince-
lants. Parmi les femmes qui assistaient pieusement
aux diverses messes, il y en avait plusieurs d'une
beauté accomplie. Leur vêtement se composait d'une
sorte de veste en velours rouge, vert ou bleu, sou-
tachée d'or et d'argent, de longues jupes ornées de
grandes raies multicolores sur des fonds d'un ton
très vif, enfin d'un grand voile blanc retenu au som-

met de la tête, qui retombait jusqu'à leurs pieds et enveloppait élégamment leur corps, mais sans dissimuler leur visage et les parties luxueuses de leur costume. Agenouillées ou plutôt accroupies à terre suivant la mode orientale, elles priaient avec une ardeur qui donnait à leur physionomie une ardente expression. En rentrant dans la grande rotonde, j'allais rencontrer des tableaux d'un tout autre genre. A l'une des extrémités de l'édicule du Saint-Sépulcre, le clergé latin, de nombreux moines, le patriarche et cinq ou six évêques célébraient la grand'messe sur un autel d'argent, avec toutes les pompes du culte catholique. A l'autre extrémité, j'avais remarqué, en passant, un vieux cheik étendu dans une toute petite chapelle grossièrement décorée. C'était, paraît-il, le patriarche copte et la chapelle copte. A mon retour de la chapelle latine, la messe copte était aux trois quarts dite, mais j'ai pu assister au dernier quart, qui m'a paru des plus intéressants. Les fidèles n'étaient pas nombreux; ils se composaient de deux ou trois vieillards crasseux, de quatre ou cinq enfants et d'autant de femmes qui glapissaient je ne sais quelle mélopée dans une langue étrange. Revêtu d'ornements d'une simplicité qui n'avait d'égale que leur malpropreté, le patriarche écrasait du pain dans son calice, puis le trempait dans du vin et avalait le tout. Ceci fait, il prenait son calice, le lavait dans un plateau, buvait une partie de l'eau qui avait servi à ce lavage et faisait boiré l'autre à son clerc. Après le calice, ce fut le tour des mains, également lavées dans le plateau, dont le patriarche et son clerc absorbaient l'eau alternativement. Je ne me rappelle plus bien à quel moment, le patriarche, ayant fortement humecté ses doigts, vint les promener sur la figure des assistants, du nombre desquels je cessai d'être jusqu'à la fin de cette partie de la cérémonie. La messe se termina par une distribution de pain consacré. Chaque fidèle en eut un morceau ; mais un jeune garçon qui avait déjà reçu sa part, s'étant glissé vers l'autel pour tâcher d'en saisir encore, le patriarche lui allongea sans la moindre solennité son pied sacré sur un point du corps qu'il est inutile de désigner. Cette messe copte, si complètement dépourvue d'ostentation, faisait un contraste singulier avec la messe catholique qui se célébrait à quelques pas. Le patriarche latin est couvert des plus riches ornements ; sa crosse, don de Louis XIII, est une œuvre d'art du goût le plus brillant ; ses vêtements, qu'on change cinq ou six fois durant le même office, sont garnis d'or et de pierreries ; ses mitres reluisent d'émeraudes et de diamants. Le patriarche copte n'a qu'un turban de laine sur la tête et qu'une lourde chasuble sur les épaules. Je puis attester *de visu* qu'il lave fortement ses mains jaunâtres et que son pied est leste. Quant à dire si sa messe vaut mieux que l'autre, c'est le secret de Dieu !

Quelques personnes admirent beaucoup cette cacophonie de cérémonies et de communautés qui éclate sous les voûtes du Saint-Sépulcre ; elles y voient une image fidèle de la diversité et en même temps de l'unité supérieure du christianisme, qui a enfermé sous un symbole unique tant de dogmes différents, appropriés au génie de chaque peuple de la terre. Il est certain que la fécondité de l'œuvre de Jésus est sensible aux yeux dans cette étrange église où vingt sectes célèbrent de vingt manières le même culte, s'inclinent devant le même Dieu, s'animent des mêmes espérances et brûlent du même amour. Le pope grec, le moine franciscain, le prêtre arménien, copte, abyssin, syrien, etc., se croisent, se touchent et malheureusement se heurtent dans un espace relativement bien restreint. Ils parlent tous des langues particulières, et cependant tous, sous des mots divers, expriment une idée commune à peine défigurée par la variété des traductions. Toute la géographie du christianisme est là, réduite à des proportions qui permettent de l'embrasser d'un seul regard. Je comprends que cette manière d'envisager le Saint-Sépulcre excite chez certains esprits un grand enthousiasme ; mais l'avouerai-je ? c'est une impression différente que, malgré tous mes efforts, je n'ai cessé d'éprouver à Jérusalem. Les diverses formes du christianisme sont représentées au Saint-Sépulcre par leurs côtés extérieurs, par leurs manifestations idolâtriques et païennes, par les détails qui choquent en elles et que certainement Jésus aurait repoussés avec indignation. L'Évangile disparaît sous des doctrines de haine et de proscription qui rappellent bien plus l'ancienne loi que la nouvelle. Comment saisir l'harmonie divine du christianisme dans ce concert de notes discordantes dont les bruits ne déchirent pas moins le cœur que les oreilles? Je n'ai rien trouvé, pour mon compte, à Jérusalem, qui me rappelât l'Évangile, — rien, si ce n'est le pharisaïsme que Jésus combattait avec une si noble colère, qui fleurit encore là où il le combattait, et qui est sans doute tellement naturel à l'humanité, qu'il ne disparaîtra qu'avec elle de la surface tourmentée de ce monde.

V

PÈLERINS, COMMERCE PIEUX,
ÉTABLISSEMENTS GRECS ET LATINS, CLERGÉS.

Si l'on voulait tracer une image fidèle de la physionomie morale de Jérusalem, il faudrait peindre surtout l'état mental des innombrables pèlerins qui y affluent. Les pèlerins latins sont les moins nombreux ; les pèlerins français, en particulier, n'abondent guère. Chaque année, à la fête de Pâques, les comités catholiques de Paris organisent un pèlerinage qui ne se compose que de trente ou quarante personnes environ. Certaines facilités de voyage, des réductions de prix sur les paquebots des Messageries, des avantages pécuniaires résultant de l'association, encouragent quelques personnes d'une dévotion médiocre à se mêler à la pieuse caravane. Néanmoins, la masse est composée de vrais pèlerins, de jeunes gens de bonne famille, de vieilles filles et d'abbés de tout âge. Le président est chargé de diriger le pèlerinage, ce qui n'est pas un soin très aisé ; car il est rare qu'un accord parfait règne dans une troupe de voyageurs, cette troupe fût-elle inspirée des sentiments les plus saints. J'ai rencontré bien souvent, dans les couvents et sur les routes de la Palestine, le pèlerinage français. Il présentait un aspect assez pittoresque. Les femmes, établies à califourchon sur leurs chevaux, couvertes de ces chapeaux invraisemblables, de ces voiles extravagants dont les Européens se croient obligés de s'affubler en Orient, ressemblaient à des caricatures modernes égarées dans des paysages antiques. Les hommes n'étaient guère plus beaux. Le ramage de cette foule pieuse répondait parfaitement à son plumage. Plusieurs fois, un de mes voisins de table, dans un réfectoire franciscain, m'a raconté qu'il avait eu des apparitions, qu'il s'était entretenu directement avec Marie Alacoque ou Satan, qu'il avait vu Dieu ou le diable face à face ; ce dont j'exprimais poliment une surprise dégagée de toute incrédulité. D'autres fois, écoutant les conversations générales, j'ai appris une philosophie de l'histoire qui m'a vivement intéressé. Je ne rapporterai pas les prophéties sur l'avenir de la France révolutionnaire et athée ; on les devine sans peine. La France marche à grands pas vers la ruine. Néanmoins, elle ne périra pas aussi vite que la Turquie. J'ai entendu affirmer, à la fin d'un repas frugal où la fumée du vin n'avait pu égarer aucune tête, que la Turquie s'écroulerait d'ici à deux ans, jour pour jour. Un pèlerin en avait trouvé l'assurance dans l'Apocalypse, un autre dans Daniel ; chacun citait le passage à l'appui de son opinion ; tout le monde semblait convaincu. Toutefois un jeune abbé à mine discrète, placé à côté de moi, me glissa dans l'oreille : « Ils ne savent pas ce qu'ils disent. Il est vrai que la Turquie périra dans deux ans, mais ce n'est ni l'Apocalypse, ni Daniel qui l'a annoncé. — Et qui est-ce donc, monsieur l'abbé ? — C'est mon secret ! » Je gage que cet abbé était prophète et qu'il souffrait de se voir enlever par Daniel ou saint Jean l'honneur qui lui revenait de droit d'avoir annoncé la chute prochaine de la Turquie.

Il ne faut pas s'étonner des idées étranges qui hantent l'esprit des pèlerins. L'atmosphère de Jérusalem exerce sur les cerveaux une influence bien connue dans tout l'Orient, car la folie particulière qu'elle y produit est connue sous le nom de folie hiérosolymitaine. On est quelquefois stupéfait de trouver des personnes respectables, exerçant des fonctions importantes, des gens intelligents et qui devraient avoir du bon sens, dans les états cérébraux des plus alarmants. Chacun vous raconte avec le sérieux le plus parfait les histoires les plus baroques. Le nombre de pèlerins qui vont à Jérusalem pour y chercher la restauration du royaume de Dieu et la régénération de l'humanité est incalculable. Celui-ci y fonde un ordre de chevalerie destiné à faire la conquête du monde ; celui-là se borne à y instituer une secte qui, seule, croit avoir conservé l'esprit de Jésus ; un troisième s'y prépare, par des visions et des exorcismes, à renouveler la face de la terre. Tous les vendredis, on peut voir circuler, sur la voie douloureuse, un pauvre fou vêtu d'une robe blanche, la tête ornée d'une couronne d'épines, une grande croix sur l'épaule ; il va de station en station, tombant où Jésus est tombé, s'arrêtant où il s'est arrêté, jusqu'au sépulcre où il a été enseveli. Ce fou est intimement persuadé que Jésus revit en lui, et je ne jurerais pas qu'il n'ait convaincu aussi quelques adeptes. Récemment un autre fou se plaçait sans cesse sur le mont Sion, invitant la foule à contempler son ascension au royaume de Dieu. Il avait beau rester lourdement fixé sur la terre, il était persuadé, comme don Quichotte, qu'il s'élevait vers les cieux. Quelques jours avant mon arrivée à Jérusalem, une femme, qui avait l'air très distingué, s'était présentée chez le consul français pour le prier de la faire accompagner par un de ses cawas dans une course importante qu'elle avait à faire. Le lendemain, elle vint remercier le consul : « Je me suis rendue à Jérusalem, lui dit-elle, uniquement pour marquer ma place dans la vallée de Josaphat. Je me félicite d'y avoir songé, car la vallée m'a paru très étroite, et il y aura foule au jugement dernier; j'ai trouvé néanmoins un coin qui me conviendra fort bien. J'ai pris mes précautions pour que personne ne me l'enlevât; maintenant que je suis tranquille, je puis retourner en France. » Des cas pathologiques de ce genre ne sont pas rares; mais les personnes mêmes qui ne sont point atteintes d'une folie aussi caractérisée finissent par contracter, dans le milieu de Jérusalem, de singulières habitudes d'esprit. La préoccupation constante du passé, la continuité de l'excitation mystique, l'échauffement des luttes religieuses, l'habitude de donner aux détails les plus mesquins, à la possession de tel ou tel sanctuaire, ou plutôt de tel ou tel coin de sanctuaire, l'importance d'une affaire d'État, la vue perpétuelle de monuments qui éveillent des souvenirs aussi étranges que grandioses, tout contribue à dévier l'intelligence, à faire disparaître la barrière qui sépare pour elle le possible de l'impossible, le vrai du faux, la sagesse de l'absurde, le rêve de la réalité.

Je suis persuadé que ces phénomènes physiologiques et psychologiques sont encore plus nombreux chez les Grecs que chez les Latins. J'ai déjà parlé bien souvent de l'abondance de pèlerins grecs qu'on remarque à Jérusalem; mais pour se rendre

un compte très exact de leurs mœurs et de leurs
pratiques, il faut aller visiter les immenses établissements que la Russie a fondés, vers 1859, aux
portes de Jérusalem, dans une pensée plus politique encore que religieuse ou charitable. A la suite
de la guerre de Crimée, guerre dont la question
des Lieux Saints avait été, on s'en souvient, le premier prétexte, la Russie jugea qu'il ne lui suffisait
pas, pour maintenir en Orient son prestige moral,
profondément ébranlé par ses défaites, d'avoir conservé les parties les plus importantes du Saint-Sépulcre. En conséquence, elle entreprit d'élever à
Jérusalem des édifices capables de frapper l'imagination des populations et de leur persuader que la
nation qui les avait élevés était plus forte que jamais. C'est à de pareilles démonstrations que les
Orientaux jugent en effet la puissance des peuples.
La Russie « se recueillait » en continuant par des
moyens pacifiques l'œuvre qui avait avorté militai-
rement; ce qui est, pour un grand peuple, et qui a
de l'avenir, la seule manière de se recueillir. Chaque année, trois ou quatre mille pèlerins russes
vont à Jérusalem; les couvents en regorgent: il
était donc très utile de créer un asile où le trop
plein de cette foule enthousiaste, dont les récits, au
retour de la Palestine, entretiennent dans l'âme
des moujiks une sainte crédulité, trouvât un refuge. Cet asile est admirable. Il se compose d'un
hôpital mmense, parfaitement tenu et entretenu,

avec des logements particuliers qu'on loue à peu
de frais aux familles aisées, des dortoirs pour la
masse et une série de chambres, pouvant contenir
environ de huit à dix-huit personnes, pour tous les
fidèles qui se prés ntent. J'ai parcouru très atten-
tivement cet établissement modèle. Situé au sommet d'une colline, il est aussi bien aéré que possible, chose indispensable pour éviter l'infection
qui résulterait de l'accumulation sur un même
point de tant de Russes ignoblement crasseux.
On ne fournit aux pèlerins que le logement,
l'eau, l'éclairage et le feu; ils doivent se nourrir
eux-mêmes; la plupart vivent de pain et de
biscuits desséchés qu'ils ont apportés de Russie et
qu'ils avalent après les avoir fait cuire dans un
liquide quelconque. C'est à l'heure du thé que j'ai
vu leur résidence ; j'ai traversé tour à tour le quartier des hommes et celui des femmes, car les sexes
sont nettement séparés. Dès que mon conducteur
m'ouvrait la porte d'une chambre, j'étais saisi à la
gorge par une odeur indéfinissable, composée de
plantes aromatiques et de toutes sortes de parfums
qui n'avaient rien d'aromatique. Le spectacle des
chambres était hideux. Au centre de chacune d'elles
chauffait le samovar de cuivre avec un bruit sourd ;
le long des murailles s'étendaient des lits d'une saleté
repoussante sur lesquels étaient accroupies des
formes humaines jaunes et gluantes ; les plus
invraisemblables guenilles de la création pendaient

sur ces lits. Je ne crois pas que la laideur puisse
atteindre un degré supérieur à celui qu'on remarque chez les femmes de l'asile de Jérusalem. Jeunes
et vieilles, on n'en rencontre pas une seule dont
la vue n'inspire un invincible dégoût. A la vérité,
l'aimable guide qui me montrait l'établissement
russe, le chancelier du consulat de Russie, m'a
expliqué que je ne contemplais là que le rebut des
pèlerins. D'après lui, les moines grecs opèrent un
triage dans la partie féminine du pèlerinage ; ils
gardent toutes les jolies femmes dans les couvents ;
ils expédient les autres à l'établissement russe.
Honni soit qui mal y pense ! Pour mon compte,
n'ayant pas pénétré dans les couvents orthodoxes, je
ne saurais dire si les récits de mon guide sont
exacts. Néanmoins, rien n'est plus probable. On
peut tout exagérer, sauf les vices du clergé grec.
Sa cupidité atteint d'effroyables proportions. Tandis
que les franciscains et le clergé latin ne réclament
pas une obole des pèlerins catholiques pour les
services qu'ils leur rendent, les moines et le clergé
grecs soumettent les pèlerins orthodoxes à la plus
honteuse exploitation. Ils ont tout profit à en diriger le plus grand nombre sur l'asile russe, car ils
sont bien sûrs de leur enlever quand même, et
sans les moindres frais, l'argent qu'ils possèdent.
On est sans cesse choqué dans les sanctuaires par
le spectacle de popes acharnés à dépouiller leurs
victimes. Chaque bénédiction, chaque momerie,

presque chaque génuflexion, — et j'ai dit combien les pèlerins grecs en faisaient, — coûte quelque menue monnaie. Pendant l'office du jeudi saint, j'ai vu, au pied du Saint Sépulcre, de malheureuses femmes obligées de vider leurs poches pour payer quelques simagrées que le dernier des caloyers exécutait à leur intention. Règle générale : tout pèlerin grec ne quitte Jérusalem que quand il est entièrement dévalisé. Les plus riches résistent parfois deux ou trois ans ; la moyenne, quelques mois à peine. Bon an mal an, on peut compter que trois mille pèlerins au moins se rendent à Jérusalem et que chacun d'eux y dépense à peu près 300 francs. On voit que les revenus du patriarcat grec sont solidement assurés.

On se tromperait, d'ailleurs, si l'on croyait que la laine tondue sur le dos des malheureux pèlerins sert à vêtir le patriarche seul. Tout est vénal dans le clergé grec ; les charges y sont données à l'élection, et l'élection se fait à prix d'argent. Il en résulte qu'à peine entré dans les rangs de la sainte milice, un pope quelconque peut entrevoir dans ses rêves ambitieux les plus hautes dignités de l'Église. Ce n'est pas à son mérite ou à sa vertu qu'il les devra, c'est à sa bourse. Aussi se met-il courageusement à l'œuvre pour se procurer par tous les moyens un petit pécule qui lui permette de se rapprocher du but en franchissant quelques échelons de la hiérarchie ; les sommes dépensées à cet

effet sont loin d'être perdues, car, chez les orthodoxes, chaque fonction est un champ d'où l'on
tire d'abondantes moissons ; plus on la paie cher,
plus elle rapporte ; on y retrouve rapidement intérêt et principal. Il serait trop long d'exposer
ici l'organisation de l'Église orthodoxe et de faire
un tableau fidèle de l'état de démoralisation où
elle est arrivée. Elle compte en Syrie deux patriarches, celui d'Antioche et celui de Jérusalem, plus
un très grand nombre d'évêques. Il y a lieu de distinguer dans son personnel les orthodoxes arabes
et les orthodoxes grecs ; la plupart des évêques,
des archimandrites et une partie des moines sont
des phanariotes, tandis que le bas clergé est arabe.
Ils se valent tous ou à peu près pour les mœurs,
car si les Arabes n'ont qu'une idée très vague de ce
que c'est que la moralité, les phanariotes, de leur
côté, sont totalement dépourvus de délicatesse dès
qu'il s'agit de s'enrichir et de prospérer. Du mélange des vices grecs et des vices arabes résulte
même une combinaison qui porte au plus haut
degré dans le clergé orthodoxe l'esprit de rapine,
d'intrigue, de dissolution. Mais, malgré ou peut-
être à cause de cette conformité parfaite de
sentiments, l'accord est bien loin d'être complet entre les Grecs et les Arabes. Ces derniers reprochent
aux Grecs d'être uniquement préoccupés d'hellénisme et de ne considérer la Syrie que comme un lieu
de pillage où ils viennent ramasser de l'argent pour

soutenir « la grande idée ». Cette manière de voir est tellement répandue aujourd'hui, que la Russie a cessé depuis quelques années de donner aux couvents grecs de Palestine les grosses subventions qu'elle leur accordait généreusement autrefois. Elle a prétexté les malheurs des temps, la ruine qui est résultée de la dernière guerre, pour arrêter ses largesses compromettantes ; mais, en réalité, ce qui l'a décidée à y mettre un terme, c'est qu'elle a reconnu que les sommes qu'elle versait aux couvents orthodoxes étaient surtout employées au profit de l'hellénisme, pour lequel, on le sait, elle éprouve une sympathie fort modérée. Aussi le clergé orthodoxe traverse-t-il une crise grave dont les symptômes sont parfois assez alarmants. Les tiraillements entre Grecs et Arabes ont été une des principales causes de l'exil et de la déposition du patriarche Cyrille, violemment arraché de son siège en 1873 ; ils ne sont pas étrangers non plus au long éloignement du patriarche actuel, lequel habite depuis environ deux ans Constantinople [1]. Il serait téméraire de dire qu'il en sortira un schisme, comme celui qui a abouti à la création de l'Église bulgare, mais il ne serait pas impossible qu'il en résultât des déchirements partiels et momentanés qui auraient une certaine importance politique.

Quoi qu'il arrive d'ailleurs, le flot des pèlerins

1. Ceci était écrit en 1880.

orthodoxes ne cessera pas de couler sur Jérusalem et sur la Palestine. Il y a en Russie des trésors d'enthousiasme populaire, de foi grossière, mais profonde, qui ne seront pas épuisés de longtemps. Je me rappelle avec quelle surprise j'ai vu dans l'asile russe de Jérusalem des vieilles femmes qui venaient de faire à pied le pèlerinage du Sinaï; à cheval, c'est un voyage des plus fatigants et des plus périlleux; il demande de longs jours de marche, et l'on en revient exténué. Les vieilles femmes russes paraissaient épuisées; c'est à peine si elles se soutenaient sur leurs jambes tremblantes; elles étaient à demi courbées; leur figure, couverte des rides les plus profondes, marquait cet accablement bestial qui résulte d'un effort démesuré. Aller à pied du fin fond de la Russie au Sinaï, à soixante ou soixante-dix ans, quelle entreprise! Il faut respecter le sentiment qui fait braver de pareilles épreuves. La plupart des pèlerins ne poussent pas aussi loin la dévotion; ils se contentent de parcourir pédestrement la Palestine, ce qui est déjà fort difficile. On les divise pour cela en caravanes de mille à quinze cents personnes, que dirigent un certain nombre de moines et qu'accompagnent quelques guides et quelques moukres pour porter les bagages fort légers de la troupe. Arrivés au Jourdain, à un signal donné, tout le monde se dépouille à la fois et se jette dans l'eau bourbeuse du fleuve, qui en devient plus bourbeuse encore.

Qu'on ne se scandalise pas de cette promiscuité ! Je la crois des plus innocentes. Ce que se montrent mutuellement les pèlerins russes n'est guère séduisant ; il faudrait avoir l'âme aux tentations bien prompte pour en être troublé. Ces bains en commun, cette vie les uns sur les autres, ce mélange de dévotions, de parfums, d'impressions, d'ennuis, d'efforts et de joies qui constituent un pèlerinage orthodoxe ne sont certainement sans quelques scandales ; mais, au total, il y a des indulgences pour toutes les fautes, et je ne mets pas en doute que les pèlerins russes ne laissent au fond du Jourdain les peccadilles qu'ils peuvent avoir sur la conscience en y entrant.

De même que les pèlerins russes sont beaucoup plus exploités par leur clergé que les pèlerins latins, de même aussi ce sont eux qui payent le plus large tribut aux marchands d'objets pieux qui pullulent à Jérusalem. C'est une des nombreuses plaies de cette ville. Les rues sont encombrées de petits négociants qui s'attachent à vos pas, qui vous escortent avec une persistance odieuse, qui vous tirent par la manche et vous poussent violemment dans leurs boutiques pour vous obliger à acheter des chapelets, des croix en nacre, des images, des objets en bois d'olivier, etc. Du plus loin qu'ils vous aperçoivent, ils fondent sur vous ; vous n'échappez à l'un que pour être assailli par un autre, et cela dure ainsi indéfiniment. Grâce à la merveilleuse facilité avec laquelle ils apprennent les langues, la plupart de ces Syriens savent le français. Ils m'abordaient tous en me demandant des nouvelles de Paris, où ils prétendaient être allés pendant l'Exposition. A les en croire, Jérusalem tout entière aurait été transportée au bazar du Maroc dans le champ de Mars et y aurait fait des affaires merveilleuses. J'ai peine à me persuader que les croix et les chapelets aient eu un si beau succès à l'Exposition. Ce qu'il y a de sûr, c'est que Paris est pour les marchands pieux de Jérusalem une sorte de paradis terrestre, un lieu merveilleux dont ils ne parlent qu'avec enthousiasme. Par reconnaissance patriotique, je me suis laissé entraîner à acheter à plusieurs d'entre eux des souvenirs de Terre-Sainte. Les habitants de la Palestine travaillent la nacre avec beaucoup d'habileté; on sent qu'ils ne manquent pas d'art et qu'ils feraient d'excellents ouvriers, s'ils étaient mieux dirigés. Mais peu leur importe que leur industrie soit plus ou moins brillante, pourvu qu'elle soit prospère! Or, il doit être assez facile de se faire rapidement une petite fortune en mettant les pèlerins en coupe réglée. Le parvis du Saint-Sépulcre est couvert de marchandises, comme l'était celui du Temple lorsque Jésus, saisi d'une sainte colère, en chassa les marchands à coups de fouet. On y vend pour les Latins des croix et des chapelets, et pour les orthodoxes des icones, des objets en verre soufflé, des peintures extravagantes qui obtiennent le plus grand succès. Rien n'égale la vivacité avec laquelle se débat le prix de toutes ces reliques. Je me suis souvent amusé à écouter les marchés qui se font chaque jour dans cette sorte de halle pieuse. Les marchands des bazars turcs et arabes ont moins de ruse, moins de souplesse que les marchands de Jérusalem. J'ai vu l'un de ces derniers qui, n'ayant pu vendre en bloc une image de saint Pierre peinte de couleurs éclatantes, la coupait en morceaux et en distribuait les lambeaux à un groupe de pèlerins qui les payait d'une légère monnaie : celui-ci emportait la tête du saint, un autre une jambe, un troisième un bras, un quatrième l'estomac, un cinquième un débris de fond de toile, et tout le monde était satisfait et sanctifié. J'ai vu un autre marchand qui avait un ingénieux stratagème pour tirer plusieurs moutures d'un seul sac. Il se faisait donner des pièces de monnaie par les pèlerins et il les lançait contre un portrait de saint George sur lequel il avait disposé une légère couche de colle : si les pièces restaient collées, c'est que le saint voulait les garder ; qui donc eût osé les lui reprendre? Or, j'ai remarqué que le saint ne manquait pas d'avidité; par discrétion ou par un reste de pudeur, il laissait retomber quelques pièces légères ; mais toutes celles qui étaient un peu fortes demeuraient attachées à ses mains. Ce qu'il y avait de plus curieux, c'est que les pèlerins dont l'argent était refusé par saint George partaient désolés, tandis que ceux dont les présents avaient été acceptés s'en retournaient remplis de joie. On ne saurait avoir une idée de tous les genres de commerce qui fleurissent à Jérusalem. J'ai été arrêté un jour dans une rue par un homme à figure avenante qui voulait à tout prix me faire un tatouage sur le bras pour constater que j'étais un *hadji*, un pèlerin, et que j'avais été à Jérusalem. Il me montrait des modèles divers ; je pouvais choisir entre la croix grecque, la croix latine, la fleur de lis, le fer de lance, l'étoile, mille autres emblèmes. L'opération ne faisait aucun mal : je ne la sentirais pas ; pendant qu'on me tatouerait, je fumerais un narghilé et je prendrais du café, tout en causant avec la femme et la fille de l'opérateur, lesquelles m'adresseraient d'une fenêtre les signes les plus engageants. La fille, je dois le dire, était encore jeune ; elle avait des yeux d'un éclat charmant, et je comprends qu'en présence du feu qui en sortait, on pût oublier la douleur d'une petite brûlure moins métaphorique. D'ailleurs, les plus grands personnages s'étaient offerts à l'épreuve qu'on me proposait, Vingt certificats en faisaient foi. J'ai su résister à ces nobles exemples ; je ne me suis pas fait tatouer; mais j'ai copié un des certificats ; il montre très clairement que le prince de Galles a été plus faible que moi et qu'il s'est laissé prendre aux beaux yeux de la fille du tatoueur. En voici le texte ; je pense que personne ne sera assez sceptique pour douter de son incontestable authenticité : « Ceci est le certificat que Francis Souwan a gravé la croix de Jérusalem sur le bras de S. A. le prince de Galles. La satisfaction que Sa Majesté a éprouvée de cette opération prouve qu'elle peut être recommandée. Signé : Vanne, courrier de la suite de S. A. le prince de Galles. Jérusalem, 2 avril 1862. » Je ne sais ce qu'a payé le prince de Galles, mais les simples mortels peuvent se procurer, pour cinq ou dix francs, le plaisir de porter sur un bras ou sur une partie quelconque du corps une croix de Jérusalem, une croix grecque, un fer de lance, une fleur de lis, etc. C'est vraiment pour rien !

Je répète que les pèlerins latins sont beaucoup plus heureux que les pèlerins orthodoxes. Ils sont parfaitement reçus dans les couvents franciscains, et cela ne leur coûte que ce qu'il leur plaît de donner au départ, à titre d'aumône. S'il leur plaît de ne rien donner du tout, on ne leur adresse pas la moindre réclamation. Je serais fort ingrat si je ne disais pas tout le bien que je pense de l'hospitalité franciscaine. Il n'en est pas de plus large, de plus simple, de plus libérale. On reçoit tout le monde au couvent de la Casa-Nova à Jérusalem, les protestants, les libres penseurs, les Grecs, les israélites aussi bien que les catholiques ; tout le monde est traité avec la même affabilité. Les logements sont peu luxueux, mais rien de ce qui constitue le con-

fortable n'y fait défaut. La table est frugale, mais
très saine. Naturellement, en carême et surtout
pendant la semaine sainte, on n'y sert que des repas maigres ; mais si l'on tient à faire gras, il suffit de le demander au supérieur, et l'on peut, même
les jeudi, vendredi, et samedi saints, avoir de la
viande. On n'est exposé à aucune inquisition de
conscience, à aucune intolérance. L'établissement
est dirigé par un franciscain français, le révérend
père Marie-Léon Patrem, homme de beaucoup de
tact et d'esprit, qui se dévoue à une tâche ingrate
avec un zèle charitable qu'il est impossible de ne
pas admirer.

Ce n'est pas ici le moment de parler de l'œuvre
des franciscains en Palestine. Quelque opinion que
l'on professe sur les pèlerins et sur les pèlerinages,
sur Jérusalem et sur l'authenticité des Lieux Saints,
on ne saurait s'empêcher de regarder cette œuvre
comme un remarquable effort de courage, d'abnégation et de piété. Les franciscains sont arrivés en
Palestine au moment où les croisades venaient de
finir par la plus éclatante et, il faut le dire, la plus
méritée des catastrophes, où les ordres de chevalerie
avaient perdu toute puissance, où la Terre-Sainte, un
moment arrachée à l'islamisme, était retombée plus
complètement que jamais sous sa domination. La
lutte ouverte n'était plus possible ; mais en profitant
de l'avidité des Turcs, on pouvait reconquérir peu
à peu, par la douceur et par d'innombrables sacri-

fices, sinon la Palestine elle-même, du moins les sanctuaires qui en font tout le prix aux yeux des chrétiens. Pour une mission pareille, à quoi bon des ordres militaires ? Il fallait un ordre purement religieux, décidé, non pas à se battre, mais à s'établir à Jérusalem, à s'y laisser persécuter, massacrer même, mais à y rester et à y gagner sourdement du terrain. C'est ce qu'ont fait les franciscains. Ils ont versé leur sang et leur argent à profusion autour du Saint Sépulcre, achetant sans cesse le droit de prier dans les sanctuaires vénérés et se voyant sans cesse arracher ce droit si chèrement payé avec une brutalité et une mauvaise foi pleines de cruauté. Rien ne les a lassés. Ils sont morts par centaines, les uns de misère, les autres sous le fer des Turcs là où Jésus est mort ; mais à mesure que les premiers tombaient, il en arrivait de nouveaux ; les rangs de cette armée pacifique, qui recevait sans cesse des blessures sans jamais en faire elle-même, sont toujours restés compacts. Assurément l'héroïsme du guerrier sur le champ de bataille est une grande et belle chose, et l'on doit admirer Godefroy de Bouillon et ses compagnons arrachant des mains des infidèles, à travers les flèches et les javelots, le tombeau profané du Christ. Peut-être toutefois, l'héroïsme caché et tranquille des franciscains, luttant sans honneur, sans éclat, mais avec plus de courage encore, pour la même cause, est-il plus digne d'estime. Dieu seul a été témoin de leurs nobles actions ; ils n'ont eu ni la consolation de la gloire, ni celle des succès brillants ; mais si se dévouer pour une illusion généreuse et sacrifier sa vie à une folie sublime, en dépit de l'éternelle déception dont il est le jouet, constitue la véritable dignité de l'homme, la dernière des croisades, la croisade sans armes des franciscains, est la plus belle de toutes et celle qui mériterait d'être célébrée avec le plus d'émotion.

Longtemps les franciscains ont été le seul clergé de la Palestine, et sans doute il vaudrait mieux, du moins pour nous Français, qu'il en fût encore ainsi. La création d'un patriarcat de Jérusalem et d'un clergé latin, qui est presque tout entier composé d'Italiens, a diminué notre influence. Jadis le custode des franciscains était patriarche de Jérusalem ; aujourd'hui le patriarche est nommé à Rome, et naturellement il est choisi en Italie. Je ne veux pas traiter ici la question du protectorat français sur les Lieux Saints : c'est un sujet peu connu, malgré les flots d'encre qu'il a fait verser ; il demande à être abordé à part. Nos intérêts en Syrie sont confondus avec les intérêts catholiques ; le jour où nous l'oublierions, l'Autriche ou l'Italie prendraient dans ce pays la place que nous y occupons aujourd'hui. Mais pour maintenir notre suprématie, il faudrait que nous fissions nettement de la politique religieuse et que cette politique fût à la fois très ferme et très habile. Je viens de parler avec admiration des franciscains : néanmoins, cet ordre traverse en ce moment une crise ; il devrait, pour répondre aux nécessités actuelles, se transformer ou du moins accepter le concours d'ordres plus jeunes, plus ardents que lui. Il a contribué beaucoup, par ses écoles et par sa propagande intellectuelle, au développement moral des populations de la Palestine. On peut visiter au couvent de Saint-Sauveur une imprimerie qu'il a établie depuis longtemps et d'où sortent chaque année de nombreux livres plus dévots qu'utiles, mais dont quelques-uns cependant sont utiles. Les écoles franciscaines ont également rendu d'innombrables services. Cependant les franciscains italiens, lesquels forment la majorité de l'ordre, sont incapables de donner à cette partie essentielle de la tâche des missions catholiques l'essor qu'il serait désormais nécessaire qu'on lui donnât. Peut-être la dispersion des ordres religieux en France aura-t-elle pour résultat de décider un certain nombre de franciscains français à se rendre à Jérusalem. Ce serait une heureuse infusion de sang nouveau et plus vif dans un corps qui dépérit.

Naturellement le patriarcat, qui a détrôné les franciscains, ne leur est guère favorable. Il n'est pas beaucoup plus favorable aux jésuites, aux frères de la doctrine chrétienne, aux sœurs de Saint-Joseph et de Nazareth, et en général à toutes les institutions françaises. Ce qui distingue ces institutions, c'est leur large esprit de tolérance. Musulmans, Israélites, Grecs, Arméniens, Protestants, y sont admis sur un pied d'égalité parfaite. Sous prétexte d'orthodoxie, mais en réalité pour tarir une des sources de notre influence, le patriarcat essaie souvent d'interdire l'entrée des écoles catholiques à tous les enfants qui ne sont pas catholiques. La France ne saurait permettre à aucun prix la réussite de pareilles tentatives. Elle doit se servir du clergé latin, mais sans favoriser son esprit de domination, qui tournerait au profit de l'Italie. En général, les prêtres et les prélats sortis de la Propagande de Rome professent pour les clergés orientaux qui ignorent le latin, qui ont conservé des rites spéciaux et des coutumes particulières, dont les curés se marient et ont une famille, un mépris peu déguisé. Ce mépris n'est pas tout à fait sans motif. Il est juste de reconnaître que la moralité des clergés orientaux laisse quelque peu à désirer, que leur avarice est profonde et qu'ils sont entièrement dépourvus, comme l'ensemble de leurs compatriotes, du sentiment de l'honneur et de la justice. Les considérations d'argent ont pour eux une importance capitale. On cite en Syrie plusieurs évêques dont l'opposition au dogme de l'infaillibilité était des plus violentes avant le concile ; ils ont pourtant voté ce dogme au concile ; pourquoi ? ils l'avouent ingénument : parce qu'ils vivent d'aumônes venues de Rome et qu'ils avaient peur que ces aumônes

ne disparussent s'ils obéissaient à leur conscience.
Voici un trait piquant d'un évêque que je me garderai bien de désigner, même en indiquant la
communauté à laquelle il appartient. Quoique pos-
sesseur d'une assez belle fortune et de superbes
ornements pontificaux, il s'était affublé, en partant
pour le concile, du costume le plus déguenillé, le
plus sale, le plus sordide. Comme on lui en exprimait de l'étonnement : « Ne voyez-vous pas, répondit-il, qu'on aura honte de moi à Rome et
qu'on m'habillera de neuf aux dépens du trésor
papal ? » Il avait raison : sa ruse lui a valu de
nouveaux ornements non moins beaux que ceux
qu'il possédait déjà. Mais que penser d'un clergé
capable d'user naïvement de pareils procédés d'escro-
querie ? L'envoi d'un certain nombre d'Orientaux
dans les séminaires de Rome ne saurait remédier au
mal ni changer des mœurs qui sont dans le sang
indigène. En général, les missions orientales en
Occident donnent de piètres résultats. Les jeunes
gens qui partent d'Égypte, par exemple, pour faire
leurs études en France, y prennent les vices de
l'Europe et retrouvent, en rentrant au Caire, ceux
de leur pays. Le système est mauvais pour les
ecclésiastiques aussi bien que pour les laïques. Il
serait préférable d'établir à Jérusalem un séminaire
indigène, non pas comme l'a fait le patriarche, un
séminaire latin, mais un séminaire oriental où les
jeunes prêtres seraient élevés à l'orientale, d'après

les rites et les mœurs de l'Orient[1]. Imposer le célibat à des Sémites est presque impossible, du moins actuellement. C'est une entreprise téméraire que de prendre des hommes qui ont passé toute leur enfance dans la promiscuité de la vie orientale, qui ont des parents vivant encore de cette vie, dont l'existence doit s'écouler sous un climat ardent, au milieu des plus irrésistibles tentations; des hommes d'ailleurs chez lesquels les instincts de délicatesse et d'abnégation ne pourraient être développés suffisamment qu'au bout de deux ou trois générations, et de leur imposer les règles austères du clergé d'Occident. Quant aux formes du culte, pourquoi ne pas les respecter? L'Église catholique sait aujourd'hui ce que lui a coûté la poursuite violente d'une unité extérieure qui a produit les plus cruels déchirements intérieurs. Il faut espérer que l'œuvre de Pie IX est bien finie et que le large esprit de Léon XIII lui permettra de laisser aux communautés d'Orient la liturgie particulière et les coutumes locales auxquelles elles sont si fortement attachées qu'on ne pourrait les en séparer sans les éloigner quelque peu du catholicisme lui-même.

Il ne serait pas impossible de faire comprendre

---

1. Depuis que ces lignes ont été écrites, l'infatigable, promoteur des œuvres françaises en Afrique et en Orient, Mgr Lavigerie, a fondé à Jérusalem un séminaire pour les Grecs catholiques qui rend à la civilisation, au christianisme et à la France, les plus grands services.

à Rome des vérités aussi simples, aussi évidentes pour toute personne qui a visité la Syrie. Ce serait l'œuvre de la France, si elle reprenait, en les élargissant et en les développant, les traditions de son protectorat catholique. Les intérêts français et les intérêts catholiques sont si intimement liés en Orient qu'on ne peut ébranler les uns sans ébranler les autres du même coup. Des discussions très vives se sont élevées récemment soit dans la presse française et italienne, soit au Parlement italien, sur la nature de ce protectorat. Bien des personnes, en France, ont prétendu qu'il n'était pas conforme à l'esprit de notre politique moderne et que nous devions l'abandonner au plus tôt. Les gens qui parlent ainsi sont les descendants de ceux qui disaient jadis : « Périssent les colonies plutôt qu'un principe ! » Ils ont inventé le mot de politique rationnelle opposé à celui de politique religieuse. Rien de moins raisonnable que cette prétendue raison. Une grande nation doit être au-dessus de tous les partis pris, même des partis pris soi-disant libéraux ; elle doit accommoder son action diplomatique à la diversité des pays sur lesquels elle l'exerce, faire ici de la politique financière, là de la politique commerciale, plus loin de la politique morale et, quoique l'adjectif soit peu à la mode, sentimentale. En Italie, on n'est pas du même avis qu'en France, à beaucoup près. Loin de trouver peu sage de se servir de la religion comme d'un instrument d'influence, on voudrait à tout prix nous enlever le monopole du protectorat catholique. Le texte des traités est formel : il est impossible de nier que tous les établissements catholiques de Syrie sont placés sous notre direction. Mais on sépare les hommes des établissements et l'on prétend que chaque puissance, en dépit des droits généraux de la France, a gardé la protection de ceux de ses nationaux qui font partie du clergé ou des congrégations d'Orient. La distinction est subtile en théorie; en fait, elle n'est pas soutenable. Distinguer les questions personnelles des questions communes est impossible. Si chaque consul pénétrait dans les maisons catholiques pour y soutenir les intérêts de ses nationaux, ce serait une anarchie complète dont les Turcs seuls profiteraient. On ne saurait d'ailleurs avec un pareil système empêcher ces derniers de pénétrer, eux aussi, dans les maisons catholiques, attendu que les couvents, les hôpitaux, les écoles sont peuplés de sujets ottomans. Le protectorat de ces maisons n'est efficace qu'à la condition qu'une seule-puissance l'exerce au profit aussi bien des individus qui l'habitent que de la maison elle-même. On oublie, du reste, que le gouvernement ottoman n'a pris d'engagements diplomatiques qu'envers nous, et que, si ces engagements ne valent que pour les Français, les nationaux des autres puissances risquent fort de se trouver exposés au bon plaisir de la Turquie. C'est surtout

en Orient que l'unité d'action est nécessaire.
« Toute maison divisée contre elle-même périra, »
a dit l'Évangile; or quelle violente anarchie résulterait pour les missions catholiques de Syrie des
intrigues et des conflits qu'amènerait la division du
protectorat religieux ! On sent nettement cela à Rome.
Des personnes bien informées affirment que le pape
Léon XIII a dit un jour : « Nous avons été jusqu'ici beaucoup plus Italiens que catholiques; il
est temps de devenir plus catholiques qu'Italiens. »
Si le mot a été prononcé, il est plein de justesse.
Donner les mains à la politique italienne et autri-
chienne en Palestine serait pour le Saint-Siège
sacrifier l'intérêt catholique à un intérêt purement
national. En dépit des froissements qui ont pu s'é-
lever en Occident entre l'Église et la France, leur
union en Orient est une telle nécessité qu'il serait
singulièrement téméraire pour l'une ou pour l'autre
de la dénoncer tant que subsistera l'empire
ottoman.

Mais il faudrait, je le répète, de trop longs
développements pour traiter cette question du protectorat catholique : j'ai voulu seulement en indiquer, en passant, quelques détails essentiels. Un
vieux consul de Syrie me racontait qu'après les
événements de 1860, Fuad-Pacha lui disait : « Je ne
crains pas les quarante mille baïonnettes que vous
avez à Damas. Je crains les soixante robes que
voilà ! » Et il lui montrait des jésuites, des laza-

ristes et des franciscains. « Pourquoi ? lui demanda
le consul. — Parce que ces soixante robes font
germer la France dans ce pays. » Rien de plus
vrai. Je me rappelle l'étonnement que j'ai éprouvé
en plein désert, dans les environs de la Mer-Morte,
en rencontrant une femme bédouine qui parlait
couramment le français : « Où donc avez-vous
appris le français ? — Chez les sœurs de Saint-
Joseph, » me répondit-elle. La langue qu'elle avait
apprise, elle l'apprenait maintenant à ses enfants.
Les services qu'ont rendus à l'influence française
ces modestes petites sœurs de Saint-Joseph, à peine
connues en Europe, sont incalculables. Partout elles
ont fait aimer notre nation en même temps qu'elles
ont enseigné sa langue. Les indigènes nous jugent
d'après quelques religieux et quelques religieuses
qui passent leur vie à répandre des bienfaits
autour d'eux.

Les musulmans n'échappent pas plus que les
autres à la séduction de la charité chrétienne. Le
couvent de Saint-Sauveur à Jérusalem distribue à
lui seul 1,600 kilogrammes de pain par semaine.
A chaque couvent d'hommes et de femmes est
annexé un dispensaire où l'on donne gratuitement
des consultations et des remèdes à tous les mala-
des qui se présentent, sans distinction de cultes.
J'ai dit déjà qu'en dépit de la mauvaise volonté du
patriarcat, les écoles étaient ouvertes également à
tout le monde. L'école des frères de la doctrine

chrétienne à Jérusalem est un modèle d'installation, d'organisation et d'enseignement ; quoique fondée depuis bien peu d'années, elle compte déjà plus de trois cents élèves qui parlent tous le français. Chacun connaît le père Ratisbonne, dont la conversion au christianisme a fait tant de bruit il y a une trentaine d'années. Le père Ratisbonne est un organisateur de premier ordre. On lui doit à Jésusalem trois asiles où les enfants des deux sexes apprennent, avec notre langue et nos mœurs, un métier au moyen duquel ils gagnent honorablement leur vie. J'ai parlé de l'hôpital qu'un Lyonnais, M. Guinet, construit à Jaffa ; un second Lyonnais, M. le comte de Teillat, élève de son côté à Jérusalem un autre hôpital qui ne lui a pas coûté jusqu'ici moins de 200,000 francs. Les indigènes ne sont point ingrats ; ils nous sont reconnaissants de ce que nous faisons pour eux. Les dames de Sion, dont le beau couvent est une des meilleures institutions du père Ratisbonne, m'ont raconté qu'elles avaient en permanence environ quarante petites filles musulmanes. Ces petites musulmanes sont beaucoup plus douces que les chrétiennes ; elles aiment leurs maîtresses ; lorsqu'elles ont quitté le couvent, elles reviennent souvent les voir, ou, si elles sont trop éloignées pour cela, elles leur écrivent. Les juives sont moins nombreuses, parce que la synagogue est sévère pour les familles qui mettent leurs enfants chez les sœurs ; il y en a pourtant quelques-unes, dont les dispositions sont également excellentes. Dans les écoles de garçons, les progrès de l'esprit vont très vite ; il faut espérer que ceux du cœur, quoique plus lents, ne seront pas moins féconds. La race syrienne est l'une des plus intelligentes, des plus souples, des plus actives de l'Orient. Rien n'égale la merveilleuse facilité avec laquelle les jeunes Syriens se forment à notre langue et saisissent les premiers éléments de la science. En Syrie, l'intelligence court les rues. C'est un trésor de forces vives qui reste sans emploi. En revanche, la moralité syrienne laisse beaucoup à désirer. Le rôle des écoles doit s'étendre au moins autant à l'éducation qu'à l'instruction. Les Syriens n'ont aucune idée du devoir, aucun sentiment de la vérité ; ils sont rusés et fourbes. Détestant le travail, il faut qu'ils se sentent poussés par un irrésistible amour du gain pour renoncer à leur paresse instinctive. S'ils peuvent mendier ou dérober, ils se gardent bien de chercher un moyen de vivre plus pénible. C'est à ces mœurs détestables que les écoles doivent s'attaquer. Celles qui existent le font avec un plein succès. Le père Ratisbonne a déjà obtenu de bien remarquables résultats dans ses établissements de bienfaisance. En formant des ouvriers, des industriels, en donnant à ses élèves un métier, il les arrache aux plus mauvaises tentations de l'avenir. Généralement, le danger des écoles de

Syrie est le manque de débouchés pour les jeunes gens qui en sortent. Presque tous ceux qui y ont reçu une instruction tant soit peu superficielle se croient, au milieu de l'ignorance universelle, des hommes supérieurs et visent, en conséquence, à obtenir une place dans les administrations publiques. Comme cette place ne se trouve guère en Syrie, ils vont en Egypte, où ils sont assez mal reçus et où ils forment une catégorie de mécontents dangereux. C'est donc une heureuse inspiration de leur apprendre à gagner leur vie par un métier qui ne fasse point d'eux des déclassés. Si l'industrie et l'agriculture prenaient en Syrie l'essor qu'elles pourraient facilement y prendre, ces jeunes gens formeraient plus tard d'excellents contremaîtres capables de doubler la richesse nationale.

Notre action scolaire ne s'exerce malheureusement pas en Palestine aussi activement qu'elle devrait le faire. Les écoles franciscaines, comme je l'ai dit, sont insuffisantes. Il faudrait fonder des écoles de frères à Jaffa, à Bethléem et à Nazareth ; ce serait le meilleur moyen de donner à notre influence une grande et solide extension. Des centaines d'enfants qui s'initieraient à nos idées, à nos mœurs, restent en ce moment privés d'une instruction après laquelle ils soupirent avec ardeur. Notre pays y perd certainement autant qu'eux, car les clients que nous dédaignons, d'autres les recueillent et s'en servent contre nous. La propagande protestante a pris depuis quelques années en Syrie une extension considérable. Bien qu'elle répugne au tempérament indigène, dont la vivacité ne se plie pas aux froideurs du protestantisme, les moyens qu'elle emploie sont trop bien avisés pour ne pas obtenir quelques succès. On sait qu'il existe à Jérusalem un évéché anglican dont le titulaire est nommé alternativement par la Prusse et par l'Angleterre. Celui qui occupe en ce moment le siège est un Anglais, et il a été choisi très jeune dans l'espoir qu'il pourrait seconder plus longtemps la politique de son pays. Il existe à Jérusalem une école anglicane fort bien tenue qui compte au moins soixante élèves, et une école normale pour les instituteurs. Vingt-sept écoles ont été fondées depuis peu dans les villages En général, partout où le patriarcat de Jérusalem établit une mission, les protestants anglais, allemands ou américains élèvent aussitôt une école de filles et une de garçons. Je répète que la propagande protestante a peu de prise sur l'imagination syrienne; mais elle dispose de tant de ressources matérielles qu'elle tente l'avidité d'une population sur laquelle la richesse a une action décisive. Or, tout ce qui se fait pour le protestantisme en Syrie se fait pour l'Angleterre, au détriment de notre propre influence. Les Grecs ne nous font pas de concurrence scolaire. Ils ont une école peu fréquentée à Jérusalem, mais la plupart d'entre eux envoient leurs enfants chez les frères et chez les protestants. Pour eux, la propagande religieuse ne s'exerce pas par l'instruction : elle s'exerce par les pèlerinages, les génuflexions, les signes de croix. Cela ne l'empêche pas de remporter de nombreux avantages.

On va m'accuser de partager les passions des Latins contre les Grecs ! Je ne fais ressortir que les mérites des uns et que les défauts des autres. Pour rétablir quelque peu la balance, je donnerai le prospectus de l'ordre du Saint-Sépulcre, qui est une des sources les plus abondantes de revenus pour le patriarcat catholique. On y verra les conditions auxquelles on entre dans cet ordre. La plus importante de toutes consiste à faire au patriarcat une *offrande* considérable. J'ai assisté au sacre d'un chevalier. C'était un excellent Brésilien, d'une fortune énorme et d'une naïveté plus énorme encore. Il était très préoccupé de la pensée que l'offrande de 1,000 francs qu'on lui réclamait pourrait bien être une contribution déguisée, ce qui lui aurait paru peu chevaleresque. Il tenait à ne devoir l'accolade qu'à sa vertu et à sa noblesse, bien que sa vertu fût douteuse et que son père se fût enrichi dans l'épicerie. Pour le rassurer, on lui a remis un prospectus qui, je l'espère, convaincra aussi bien mes lecteurs que mon Brésilien du désintéressement absolu des fondateurs de l'ordre du Saint-Sépulcre. J'en respecte scrupuleusement le texte :

Le S. M. ORDRE DU SAINT-SÉPULCRE

Extrait des statuts :

« L'origine de l'ordre du Saint-Sépulcre se perd dans la nuit des temps. Son institution toutefois se trouve, dès le xvᵉ siècle, sanctionnée par les Souverains Pontifes et réglée par des Statuts opportuns. Il est conféré par le Patriarche de Jérusalem au nom et par l'autorité du Saint-Siège, et a pour but principal : 1º d'exciter et de ranimer le zèle des promoteurs et défenseurs de la religion catholique en Terre-Sainte, et de récompenser par cette distinction les services rendus ; 2º de pourvoir à l'entretien et au développement des missions et œuvres catholiques du Patriarcat de Jérusalem, par la libéralité et les généreuses offrandes tant de ceux qui aspirent à cette distinction que de ceux qui en sont déjà honorés.

» La décoration consiste en la croix dite de Godefroy de Bouillon, formée de cinq croix en or émaillées de rouge sang. La croix du milieu, à l'exclusion des autres quatre collatérales, doit être potencée. Elle ne doit être surmontée d'aucune couronne en mémoire du pieux Godefroy de Bouillon, qui refusa de porter la couronne royale là où la tête du Sauveur avait été ceinte de la couronne d'épines ; le ruban qui la supporte sera de soie moirée exclusivement noire.

» Cet ordre n'avait jadis que le seul grade de chevalier. Mais N. S. P. le pape Pie IX, par son bref qui commence par ces mots : *Cum multa*, sous l'anneau du pêcheur et la date du 24 janvier 1868, l'a enrichi de nouveaux statuts en l'augmentant de deux autres grades, tellement qu'il comprend aujourd'hui trois classes distinctes : les chevaliers de première classe ou grand'croix, auxquels seuls est accordé l'usage de la plaque d'argent ornée des insignes de l'ordre. Ils portent ces insignes, c'est-à-dire la croix de Godefroy de Bouillon, suspendue à une grande bande de soie noire moirée et mise en écharpe de l'épaule droite au flanc gauche. Les chevaliers de seconde classe ou commandeurs portent la croix suspendue en sautoir par un ruban de moindre dimension; les simples chevaliers la portent en format plus petit et suspendue à la boutonnière, comme les chevaliers des autres ordres. L'uniforme est commun aux trois classes, quant à la forme et à la couleur, drap blanc avec cuirasses, collet, parements noirs, plus ou moins orné, selon le grade d'un chacun, comme on le voit dans les modèles. Le premier grade ou la grand'croix ne peut être conféré qu'aux personnages de premier rang, aux princes tant ecclésiastiques que séculiers, aux ministres, ambassadeurs, évêques, généraux d'armée et à tous ceux qui se trouveraient déjà honorés d'une pareille décoration dans un autre ordre.

Les conditions requises par les statuts principaux pour obtenir la croix du Saint-Sépulcre sont :

1° profession et pratique de la religion catholique jointe à une conduite honorable et irrépréhensible; 2° noblesse de naissance ou au moins position sociale telle qu'on puisse vivre *more nobilium*; 3° importance de mérites personnels acquis par des services rendus à la religion, surtout en Terre-Sainte.

» Tout chevalier, lorsqu'il est admis dans l'ordre, doit verser dans le trésor de cet ordre une offrande exclusivement destinée au maintien du patriarcat, de ses missions et de toutes les œuvres confiées à son administration. Le montant de cette offrande a été fixé par le Saint-Siège comme il suit : mille francs pour les simples chevaliers, deux mille pour les commandeurs et trois mille pour les grand'croix, y compris les frais de chancellerie.

» Les devoirs des chevaliers du Saint-Sépulcre sont : 1° vivre en bons chrétiens, évitant tout ce qui pourrait être une tache pour le nom de chevalier de Jésus-Christ. De plus, ne cesser de se livrer à la pratique des bonnes œuvres et à l'acquisition de toutes les vertus, afin de se montrer de jour en jour plus dignes de l'honneur qu'on leur a fait et faire resplendir davantage en leur personne la dignité de la religieuse milice dont ils portent les insignes; 2° s'appliquer avec zèle et dévouement au soutien et au développement du christianisme en Terre-Sainte, particulièrement dans le but de défendre et conserver les droits des catholiques sur les Lieux Saints. »

Les chevaliers font la veillée des armes au Saint-Sépulcre et le patriarche les sacre de sa propre main auprès du tombeau de Jésus. On voit que ce n'est pas seulement sur le parvis du temple que fleurit le commerce pieux; on le retrouve encore au lieu le plus saint du sanctuaire. La spéculation n'épargne même pas la tombe de celui qui a déclaré que la richesse était le plus grand obstacle au royaume de Dieu et qui est mort, sous les coups des pharisiens, victime de son abnégation et de son désintéressement.

VI

HARAM-ESCH-CHÉRIF.

L'église du Saint-Sépulcre n'est pas le seul monument de Jérusalem qui rappelle de grands souvenirs religieux. Bâtie sur le mont Moriah, à la place qu'occupait jadis le temple des Hébreux, la mosquée d'Omar est certainement un des lieux où l'humanité s'est rapprochée le plus près de la divinité. Elle a d'ailleurs sur le Saint-Sépulcre l'avantage d'une authenticité incontestable. Tandis que le tombeau de Jésus présente tous les caractères d'un sanctuaire apocryphe, la mosquée d'Omar s'élève au contraire, on ne saurait en douter, sur la hauteur même où les Hébreux avaient placé le saint des saints. En passant d'une religion à une autre, de l'hébraïsme à l'islamisme, le temple de Jérusalem a pu changer de forme, il n'a pas changé de destination. Le culte que les fidèles musulmans célèbrent sur le mont Moriah est, à le bien prendre, malgré les différences extérieures, le même culte que les Hébreux y célébraient autrefois. Le dogme de l'unité absolue de Dieu, création principale de la race d'Israël, a été porté par la race arabe au plus haut degré de précision. On prétend qu'en entrant à Jérusalem, Omar interdit aux Juifs la résidence de la ville : si le fait est vrai, ce qui est bien loin d'être prouvé, l'inconséquence du kalife était évidente. Un de ses premiers actes fut, en effet, d'ordonner la construction d'une mosquée sur l'emplacement du temple, afin de montrer qu'il venait renouer à Jérusalem la tradition strictement monothéiste que le paganisme romain et le christianisme y avaient interrompue. Le patriarche Sophronius ne put supporter la vue de cet édifice consacré au culte des infidèles ; il en mourut de honte et de désespoir. Sa douleur était naturelle, mais le sentiment des Juifs aurait dû être tout différent. Les chrétiens s'étaient appliqués à souiller le mont Moriah ; ils l'avaient couvert de décombres et d'ordures ; poussés par cette sorte de rage qui excite les hommes à profaner les croyances qu'ils ne partagent pas, surtout si ces croyances sont l'origine de celles qu'ils partagent, ils avaient cherché à effacer sous des immondices jusqu'aux dernières traces du temple hébraïque.

Omar mit lui-même la main à l'œuvre pour déblayer le terrain ; dans son zèle pieux, il n'hésita pas à remplir sa robe avec les détritus qui infectaient le lieu où, pour la première fois peut-être dans l'histoire de l'humanité, l'idée de l'unité divine avait reçu une solennelle consécration. La mosquée qui s'éleva par son ordre a été reconstruite, modifiée et restaurée, mais elle subsiste depuis des siècles comme un témoignage éclatant de la foi au monothéisme. Les musulmans y voient le plus saint de leurs sanctuaires, après ceux de la Mecque et de Médine ; ils s'y rendent en pèlerinage ; les chrétiens n'y passent qu'avec curiosité ; ils ont tort : tout homme que préoccupent les pensées religieuses devrait s'y arrêter avec respect pour y réfléchir à cette cause unique, suprême, éternelle que, sous des noms divers, une si grande portion de l'humanité a cru distinguer à l'origine des choses et à laquelle elle a demandé le mot, hélas ! introuvable, de l'énigme de ce monde.

La mosquée d'Omar a eu des destinées non moins sanglantes que celles du Saint-Sépulcre. On sait dans quelle horrible catastrophe s'était abîmé le temple hébraïque ; si le monument qui l'a remplacé n'a point subi d'aussi grands outrages, il a été cependant le théâtre d'abominables tragédies. Lorsque les premiers croisés s'emparèrent de Jérusalem, les musulmans se réfugièrent en grand nombre dans la mosquée d'Omar ; les chrétiens

les y poursuivirent et y renouvelèrent les scènes de
carnage dont, mille vingt-neuf ans auparavant,
presque à la même époque de l'année, les soldats
de Titus avaient souillé les mêmes lieux. Un écrivain chrétien, témoin oculaire, dit que, sous le
portique et le parvis de la mosquée, le sang s'éleva
jusqu'aux genoux et jusqu'au frein des chevaux.
L'humble et généreux Omar s'était montré plein
de compassion à son entrée à Jérusalem ; il faut
l'avouer à leur honte, loin de suivre son exemple,
les prétendus soldats du Christ poussèrent la cruauté
jusqu'aux plus épouvantables extrémités. Après
s'être prosternés un instant dans l'église de la Résurrection, pour se reposer d'une première bouche-
rie, ils reprirent l'œuvre de carnage et ils la con-
tinuèrent avec une rage sanguinaire durant une
semaine entière. Plus de soixante-dix mille musulmans de tout âge et de tout sexe furent massacrés à Jérusalem ; quant aux Juifs, on les enferma
dans leurs synagogues et on les y brûla. L'histoire
héroïque des croisades a été faite ; il resterait à en
faire l'histoire vraie, en s'appuyant, non seulement
sur les témoignages occidentaux, mais sur les témoignages orientaux, trop dédaignés jusqu'ici ; on
y verrait que la domination chrétienne en Palestine,
commencée dans le sang, s'est perpétuée par la rapine et s'est terminée dans la corruption. Les moines de Jérusalem reconnaissent avec bonne foi que
les croisades ont été des aventures barbares, non

des guerres pieuses ; plus d'un m'a expliqué que, si
les chrétiens avaient perdu la Terre-Sainte, c'était
par une juste punition de Dieu, qui n'avait pu to-
lérer plus longtemps les crimes dont ils la souil-
laient et qui avait mieux aimé livrer de nouveau
sa tombe aux infidèles que de la laisser en des mains
aussi coupables. Quoi qu'il en soit de cette expli-
cation historique, la conduite de Saladin, lorsqu'il
arracha Jérusalem aux croisés, offre un parfait contraste avec celle de ces derniers. Autant ceux-ci
avaient été barbares, autant il se montra doux,
magnanime. Il rendit aux femmes leurs maris
captifs, il brisa les fers des pauvres et des orphe-
lins ; son frère, Malec-Adel, paya la rançon de
deux mille prisonniers ; si les églises furent con-
verties en mosquées, on respecta du moins celle
du Saint-Sépulcre, qui ne fut point enlevée aux
chrétiens, tandis que la mosquée d'Omar, sous la
domination des croisés, avait été affectée au culte
catholique. Il fallait la purifier de cette souillure ;
on en lava pour cela les murs et les parvis avec
de l'eau de rose. Suivant une tradition répandue
chez les Arabes de Jérusalem, cinq mille chameaux
furent employés à transporter de l'Yemen la prodigieuse quantité d'essence de roses que l'on con-
somma à cet usage. Tous les princes de la famille
de Saladin prirent part à la cérémonie lustrale.
Lorsqu'il ne resta plus aucune trace du passage des
chrétiens, Saladin plaça lui-même dans la mosquée

7.

la chaire construite par Noureddin. Allah pouvait rentrer dans son temple, dont l'accès allait être, durant des siècles, sévèrement interdit à tout homme qui n'aurait pas embrassé l'islam.

Ce n'est que depuis un petit nombre d'années qu'on peut pénétrer dans le Haram-esch-Chérif et dans la mosquée d'Omar. A part quelques chrétiens qui étaient parvenus à s'y glisser au moment de la conquête d'Ibrahim-Pacha, aucun voyageur n'avait obtenu jusqu'à nos jours l'autorisation d'en franchir le seuil. Tous ceux qui avaient tenté de le faire y avaient échoué. Il eût été dangereux pour eux de s'y aventurer sous des déguisements, car ils auraient été infailliblement massacrés s'ils avaient été reconnus. L'un d'eux, Damoiseau, a raconté d'une manière assez plaisante les efforts qu'il fit pour séduire le multezim de Jérusalem et la façon adroite dont celui trouva le moyen de l'éconduire. « Un objet, dit-il, excitait vivement ma curiosité à Jérusalem; c'était la belle mosquée bâtie sur les ruines du temple de Jérusalem. Tant de voyageurs assuraient qu'il était impossible à tout chrétien d'y pénétrer, que je voulus tenter de prouver le contraire. Recommandé au multezim de la ville, j'allai lui présenter mes respects et le presser de m'accorder une faveur à laquelle j'attachais le plus grand prix, celle de visiter ce temple des vrais croyants, dont on raconte merveilles et miracles. La réception amicale du multezim encourageait mes instances; il souriait à mes vœux, il paraissait dans les dispositions d'y céder, et je me croyais déjà sûr de la réussite, quand quelques mots m'éclairèrent : « Va, mon fils, me dit-il, la lumière divine t'éclaire ; tu désires, je le vois bien, renoncer au culte des infidèles pour entrer dans les rangs des disciples de Mahomet. Je bénis notre saint prophète d'avoir embrasé ton âme de cette ardeur salutaire, de t'avoir inspiré le besoin de te convertir à la foi qui seule peut mériter la béatitude éternelle. Va, mon cher fils, et reviens purifié de tes souillures pour suivre désormais la bonne voie. Je vais te donner une escorte qui se chargera d'instruire nos imans de tes louables intentions et t'aplanira toutes les difficultés. » Ce discours, que la malice du multezim lui dictait pour m'embarrasser, me désenchanta singulièrement. Je lui répondis que, tout en professant une grande vénération pour Mahomet et beaucoup de respect pour la religion qu'il enseigne, mon dessein n'était pas de renoncer à ma patrie pour devenir sujet du Grand Seigneur ; que la seule envie d'examiner un beau monument des arts de l'Orient avait déterminé ma démarche auprès de lui, et qu'étant né de père et mère chrétiens, à mes risques et périls, je voulais mourir chrétien : « Ah ! me dit le multezim, ceci change l'affaire ! Je m'étais étrangement trompé sur ton compte, seigneur Français. N'importe, je t'ai promis une escorte pour t'accompagner à la mosquée, je tiendrai parole ;

on t'en fera voir les dehors et l'intérieur dans tous les détails ; seulement, je dois t'avertir que, si le peuple musulman te reconnaît pour chrétien, ce qui est plus qu'à supposer, le moindre désagrément qui puisse t'arriver, c'est d'être massacré sur place. Vois maintenant ce que tu dois faire. Une pareille bagatelle n'arrêtera sans doute pas un homme de courage comme toi ? — Pas le moins du monde, répondis-je au facétieux multezim ; mais comme il me reste encore quelques légers intérêts à régler, je remettrai la partie de plaisir à un autre jour, si vous voulez bien me conserver la même bienveillance. » Le multezim parut charmé de cet échange de plaisanteries ; il fit apporter des sorbets et des pipes, et nous nous quittâmes fort bons amis, quoique je m'en retournasse un peu désappointé du non-succès de mes espérances. » Les temps sont bien changés ! Aujourd'hui, le seul désagrément que risquent d'éprouver les chrétiens dans la mosquée d'Omar, est de payer un bakchich assez considérable au cheik qui leur en montre toutes les parties. Pourvu qu'on soit accompagné d'un cawas ou d'un soldat, on peut entrer tant qu'on veut dans le Haram-esch-Chérif ; le peuple musulman est trop affaibli pour songer à défendre ses sanctuaires contre l'invasion des visiteurs ; il trouve plus sage de se faire payer sa tolérance : la cupidité a tué le fanatisme.

En général, je n'ai pas trouvé chez les musulmans de Syrie beaucoup plus de haines religieuses que chez ceux d'Égypte. Dans l'état de faiblesse où ils sont tombés, ils n'osent donner un libre cours aux sentiments qui sont peut-être encore au fond de leurs âmes. Au début de la dernière guerre contre la Russie, au moment des premiers succès turcs, il en était autrement ; l'excitation musulmane semblait sur le point de prendre de redoutables proportions. A tort ou à raison, les chrétiens tremblaient. Chaque jour, des paysans ramassés dans la campagne, des conscrits, des volontaires, entraient à Jérusalem en poussant des cris de mort. Violemment échauffés, comme le sont tous les soldats à la veille d'une campagne, ils proféraient les menaces les plus sauvages contre les adversaires de leur foi ; il s'agissait pour eux d'une guerre sainte, après laquelle ils rêvaient l'extermination des infidèles. Naturellement, les dépêches de la Porte augmentaient leur enthousiasme et leur fureur. Ces dépêches annonçaient d'immenses victoires où des milliers de Russes étaient tombés sous les coups des vrais croyants. On se réjouissait partout de ces éclatants succès. A Damas, à Beyrouth, à Jérusalem, le canon grondait sans cesse pour célébrer les victoires de l'islam, les maisons se couvraient d'illuminations, les musulmans se grisaient de fanatisme, et les chrétiens s'enivraient de terreur. Dans toutes les parties de la Syrie que j'ai visitées, j'ai trouvé le souvenirs de ces sentiments contradictoires qui avaient si vivement agité les cœurs. Mais le traité de San-Stefano est venu changer les dispositions des esprits. Surpris et cruellement détrompés par la défaite finale, honteux des illusions menaçantes qu'ils avaient affichées avec tant d'audace, profondément irrités contre les chefs incapables qui les avaient si longtemps leurrés de succès imaginaires, les musulmans se sont tout à coup abattus presque jusqu'au désespoir. Je pourrais même expliquer comment, à la suite de cette dernière déception, un grand nombre d'Arabes mahométans se sont rapprochés de leurs compatriotes chrétiens et se sont mis à rêver une sorte de ligue nationale qui réunirait toutes les forces syriennes, sans distinction de religion, contre la tyrannie incapable et menteuse de la Turquie. Mais pour rester à Jérusalem et dans le Haram-esch-Chérif, je me contenterai de répéter ici qu'une tolérance absolue attend les visiteurs qui pénètrent dans la mosquée d'Omar. Les moines eux-mêmes peuvent s'y rendre. A la vérité, les moines sont très populaires à Jérusalem à cause de la charité qu'ils y pratiquent. J'ai vu souvent dans les rues des musulmans s'arrêter pour baiser la robe d'un franciscain avec un respect qui ne venait pas d'un sentiment de crainte ou de curiosité, mais d'un sentiment de reconnaissance et d'affection.

On arrive dans le Haram par la partie occidentale dite Bab-el-Moghreby, la porte des Maugrabins, et, dès qu'on a franchi cette porte, on se trouve sur une grande esplanade de cinq cents mètres de longueur moyenne sur trois cents mètres de largeur, dont l'aspect est à la fois des plus pittoresques et des plus imposants. Ce vaste quadrilatère est entouré de murailles antiques et de constructions arabes aux formes les plus diverses et les plus élégantes ; des balcons à demi effondrés, des coupoles, des terrasses, des maisons étagées sur le flanc de la montagne bornent la vue du côté de la ville. Le terrain sur lequel on marche est jonché de débris, rempli de crevasses, recouvert d'une herbe rare, ombragé çà et là d'oliviers rabougris, sous lesquels on aperçoit quelques Arabes négligemment assis ou couchés. Au milieu de l'esplanade, une seconde plate-forme entièrement dallée en marbre s'élève de deux mètres environ et même, en quelques endroits, de cinq mètres au-dessus du niveau de la première enceinte. On y monte par de larges escaliers, au sommet desquels se dressent des arcades supportées par des colonnes d'une légèreté charmante ; une foule d'édicules carrés, de forme circulaire ou octogone, construits avec des débris antiques, des fontaines, des mimbers, des chapelles de toutes sortes, répandues à profusion dans le Haram, y produisent l'effet le plus agréable. Mais ce qui frappe surtout le regard, c'est la mosquée d'Omar, se détachant de la seconde plate-forme comme d'une sorte de gigantesque piédestal. Elle a été, comme le Saint-Sépulcre, trop souvent décrite pour que je la décrive de nouveau. Rien d'ailleurs ne saurait donner l'idée du mélange de grâce et de grandeur qui en fait un monument exquis. Sa forme est celle d'un octogone régulier. A une certaine distance, on ne distingue pas ses vastes dimensions; elles sont calculées avec tant de bonheur qu'on dirait un édifice petit, délicat, remarquable surtout par la justesse des lignes et par la richesse des décorations. Sur sa base, revêtue en partie de marbre blanc et en partie de carreaux de faïence émaillée du xvie siècle, s'élève un tambour circulaire qui porte une coupole légèrement étranglée. Ce rétrécissement, à peine sensible, rend encore le monument plus svelte. Il faut se rapprocher, il faut même pénétrer dans la mosquée pour en apprécier les proportions majestueuses. A l'extérieur, on en admire l'enveloppe brillante et les contours délicieux ; mais à l'intérieur, on se sent écrasé sous son immense voûte; la sensation de vague éblouissement qu'on éprouve, dans cette rotonde gigantesque, surchargée d'or et de mosaïques, qu'éclaire la lumière mytérieuse des vitraux, répond bien à la pensée qui a fait élever ce temple à la divinité inaccessible dont l'homme saisit l'unité, mais ne saurait atteindre aucun autre attribut.

La mosquée d'Omar est l'œuvre d'Ibn-Merouan et non celle d'Omar, comme son nom semble l'indi-

quer. Elle a été souvent restaurée et remaniée ; sa
décoration extérieure date du xvie siècle ; ses mosaïques intérieures ont été refaites, il y a peu
d'années, par des ouvriers arméniens. Elle est donc
presque intacte et ne présente pas cet aspect
ruiné qui désole dans les mosquées d'Égypte. Quelques débris du délicieux revêtement de faïence dont
elle est enveloppée ont seuls été détachés par des
mains trop avides. A part cela, sa conservation
est parfaite. Ce serait assurément exagérer beaucoup que de la mettre sur le même pied que les
merveilleuses mosquées du Caire, que la mosquée
du sultan Hassan par exemple, le type le plus
accompli de l'art arabe ; mais elle vient immédiatement au-dessous des chefs-d'œuvre de premier
ordre. Sa forme octogonale a été déterminée par
la nécessité d'encadrer le rocher sacré autour
duquel elle a été bâtie. Omar prenait ce rocher
pour la pierre où Jacob avait reposé sa tête
lorsqu'il eut la vision de l'échelle mystérieuse,
erreur qu'il eût évitée s'il se fût rappelé que la
vision avait eu lieu à Béthel et non à Jérusalem.
La tradition veut que ce soit l'emplacement où
Abraham plaça le bûcher sur lequel il devait
immoler son fils Isaac. Plus tard on y éleva l'autel
de David, et quand Salomon construisit le temple,
c'est là que fut déposée l'arche d'alliance. Ce rocher était donc pour les Juifs le saint des saints,
le sakhrah, le centre du sanctuaire. Les musulmans

ne le vénèrent pas beaucoup moins que ne le faisaient les Juifs. Il occupe le milieu de la mosquée et, pour éviter que les profanes ne le souillent en le touchant de leurs pieds, on l'a entouré d'une balustrade en bois artistement travaillée. Si disposé que l'on soit à la vénération, il est difficile d'admirer beaucoup cette grande et grosse pierre, dont la surface est presque partout inégale et tourmentée, et qui n'est autre chose que le sommet du mont Moriah, mis en saillie par les divers nivellements opérés sur la montagne. En venant à Jérusalem, j'avais rencontré un médecin de l'armée turque, excellent homme qui se piquait de scepticisme, mais qui m'avait avoué qu'il n'avait pu se défendre toutefois d'un sentiment de terreur religieuse à la vue du rocher de la mosquée d'Omar. D'après lui, comme d'après tous les musulmans, ce rocher serait suspendu en l'air, n'ayant pour soutien qu'un palmier invisible, porté par les mères des deux grands prophètes Issa (Jésus) et Mahomet. « Je n'y croyais pas, me disait-il, avant d'être allé à Jérusalem ; mais il a bien fallu me rendre au témoignage de mes yeux. » Il est probable que mon médecin avait des yeux de lynx qui perçaient les murailles. Quand on descend, en effet, dans la crypte située sous le rocher, on remarque tout de suite un mur que la prudence musulmane a élevé à l'endroit où ce rocher fait corps avec la montagne, soit pour cacher le miracle aux gens de peu de foi, soit pour ménager l'enthousiasme de ceux qui en ont trop. La crypte, d'ailleurs, est très curieuse par elle-même. On y montre différents lieux de prière où Salomon, David, Abraham, le prophète Élie et bien d'autres ont fait leurs dévotions. La place la plus sainte est celle de Mahomet. On sait que Mahomet n'est jamais allé réellement à Jérusalem, mais il l'a bien souvent visitée en rêve, monté sur la fameuse jument El-Borak, qui lui servait à tant d'excursions intéressantes. Un jour qu'il priait avec ferveur dans la crypte du sakhrah, saisi d'un subit élan mystique, il se heurta la tête contre le rocher ; celui-ci, devenu tendre comme de la cire, reçut avec vénération l'empreinte du turban du Prophète. On l'y montre encore, et chacun peut la contempler à loisir. Mahomet fit mieux un autre jour. Emporté par El-Borak, il traversa le rocher de part en part en y laissant un trou cylindrique, qui subsiste également. Lorsqu'il vit disparaître le Prophète, le rocher fut pris d'une envie étrange de s'envoler avec lui ; il s'ébranla sur sa base et se mit en devoir de le suivre ; on ne sait jusqu'où il se serait aventuré si l'archange Gabriel, le messager délicat et prudent auquel rien ne paraît impossible, mais qui est l'ennemi naturel de toutes les démonstrations inutiles, ne l'avait retenu d'une main puissante et rendu à l'immobilité. Comme il s'était déjà élevé quelque peu, c'est depuis lors qu'il est resté entre ciel et terre. Ai-je besoin de dire que la marque de la main de l'archange Gabriel n'est pas moins visible que celle de la tête de Mahomet ? La Judée est un pays où tout est pierre et rocher ; mais les personnages célestes y ont marché d'un pas si pesant qu'ils y ont partout entamé la pierre et le rocher, et laissé d'ineffaçables empreintes. On montre dans la mosquée d'Omar la trace d'un pied de Mahomet sur une dalle de marbre ; on montre également un pied de Jésus-Christ dans la mosquée d'El-Aksa, à côté de la mosquée d'Omar. Tous ces pieds, même lorsqu'ils appartiennent à la même personne, ont des dimensions fort différentes. Il n'importe ! chrétiens et musulmans les baisent avec la même ferveur, le même enthousiasme, y passent dévotement leurs mains qu'ils promènent ensuite sur leur visage et sur toutes les parties de leur corps.

Quand on remonte dans la mosquée, après avoir recueilli les souvenirs de la crypte, on est de nouveau frappé de la majesté de ce bel édifice, dont le premier aspect étonne, mais dont l'examen attentif inspire une durable admiration. Il est formé de trois enceintes octogonales concentriques dont les plafonds à caissons et la coupole sont soutenus pas des rangées de piliers et de colonnes du plus bel effet. Ces colonnes sont monolithes et du marbre le plus pur ; leur hauteur et leurs modules différents prouvent qu'elles proviennent de monuments antiques auxquels on les a enlevées. Les arcs en plein-cintre qui les surmontent sont recouverts de mosaïques d'une teinte générale vert sombre formant un fond excellent pour les grandes inscriptions en lettres d'or, les capricieuses arabesques, les sculptures et les peintures étincelantes qui circulent sur les murs, courent sur les riches panneaux du pourtour et gagnent jusqu'à la coupole, où elles se marient à de grands vases et à d'immenses gerbes d'épis et de fleurs. Toutes ces décorations, d'un art et d'un goût accompli, sont noyées dans la plus délicieuse des lumières. J'avais souvent eu l'occasion d'admirer au Caire l'effet produit par les vitraux d'Orient ; mais, comme tout est en ruines ou en lambeaux en Égypte, il est impossible d'y rien voir d'aussi complet, d'aussi merveilleux que l'espèce de pénombre aux mille nuances dans laquelle est plongée la mosquée d'Omar. Les vitraux d'Orient ne ressemblent point aux nôtres : ce ne sont point des peintures exécutées sur verre par un pinceau varié et délicat. Formés de fragments de vitres séparément unicolores, quoique différant sensiblement les uns des autres, réunis avec le sentiment le plus fin de l'harmonie des tons et des colorations, ils semblent n'avoir été faits que pour se jouer de la lumière et la nuancer de la manière la plus exquise. On sait d'ailleurs que ces vitraux ne sont pas montés en plomb ; ils sont encastrés dans un châssis de plâtre

d'une assez grande épaisseur, découpé en dessins
de tous genres représentant des fleurs, des
arabesques, des inscriptions, des combinaisons
d'ornements d'une grâce, d'une diversité inépuisables. Chaque morceau de verre se trouve donc
entouré d'une monture dont la profondeur, comme
l'a fort bien remarqué M. de Vogüé, produit l'effet
d'une petite lunette, de sorte que la tranche inclinée
se colore du même ton que lui en l'enveloppant
d'une pénombre lumineuse. C'est par ce moyen
qu'on évite l'éclat un peu trop vif que le soleil
d'Orient ne manquerait pas de donner à ces mosaïques de verre si elles étaient exposées directement à son ardeur. Le plafond des bains orientaux
est toujours composé d'une série de verres arrondis
en forme de lentilles ou de fonds de bouteilles,
placés à l'extrémité d'un trou profond qui en
adoucit les couleurs. C'est le même procédé qui est
employé pour les vitraux. Dans leurs temples
comme dans leurs édifices civils, les Orientaux ont
voulu se garantir contre la violence d'un jour trop
cru et ne laisser pénétrer jusqu'à eux qu'une lumière douce, finement teintée, pleine de fraîcheur
et de mystère.

Je suis très loin d'avoir énuméré toutes les reliques que contient la mosquée d'Omar. Je n'ai
parlé ni de deux poils de la barbe de Mahomet
enfermés dans un étui qui est enfermé lui-même
dans un vase d'argent; ni de l'étendard du Pro-

phète enroulé autour de sa lance; ni du drapeau
d'Omar déployé aux yeux des fidèles; ni des selles
d'El-Borak en marbre blanc; ni du puits des âmes
où les âmes des musulmans se réunissent toutes
les semaines, du dimanche au lundi et du jeudi
au vendredi, pour adorer Dieu; ni de la plaque de
jaspe où Mahomet avait fixé des clous d'or destinés à marquer le temps que devait durer le monde;
ni du prétendu bouclier de Hamzet, qui n'est pas
autre chose qu'un beau plat byzantin; ni du simu-
lacre de deux oiseaux qui représente un des principaux miracles de Salomon ; ni de la balance du
jugement dernier, etc. Il faut se résigner, lorsqu'on
parle de Jérusalem, à oublier les trois quarts des
choses saintes que l'on y rencontre partout, sous
peine de remplir plusieurs volumes d'énuméra-
tions fastidieuses et d'histoires extravagantes.
Quand on a visité la mosquée d'Omar, on se rend à
la mosquée d'El-Aksa, située, dit-on, sur l'emplacement de l'église de la Présentation de la Vierge,
qu'avait bâtie Justinien. Sans être aussi remarquable que la première, cette seconde mosquée, qui est
d'une belle architecture, contient quelques décorations élégantes. On y voit le tombeau des fils d'Aaron, une empreinte du pied de Jésus-Christ, deux
colonnes rapprochées à travers lesquelles il faut
passer, comme à la mosquée d'Amrou au Caire, si
l'on veut aller au paradis, le lieu de prière d'Omar,
etc. Tout à côté se trouve une belle salle d'armes

des templiers et une chambre souterraine où l'on montre le berceau de Jésus. Ce berceau n'est pas autre chose qu'une niche en pierre du pays, sculptée en forme de coquille à sa partie supérieure et couchée horizontalement sous un dais que supportent quatre colonnettes en marbre blanc. La légende raconte qu'après avoir pris l'Enfant divin dans ses bras et avoir chanté le *Nunc dimitte*, le vieillard Siméon, qui avait son habitation à l'angle sud-est du parvis du temple, invita la sainte famille à venir demeurer quelques jours chez lui, et que ce fut à cette occasion que Jésus coucha dans le berceau de pierre exposé aujourd'hui à la vénération des fidèles. De la chambre du berceau de Jésus, on passe dans un immense souterrain, qui est peut-être d'origine salomonienne, mais qui a été rebâti par Hérode et restauré par les croisés; les templiers y logeaient leurs chevaux; ils en avaient fait leur écurie. L'aspect singulièrement imposant de ce souterrain produit une vive impression. « *Stabulum miræ et tantæ capacitatis*, dit Jean de Wurzburg, *ut plusquam duo milia equorum aut mille et quinginta camelorum excipere possit.* » Il est en partie comblé aujourd'hui, et des éboulements de pierres et de terre en obstruent la plus grande partie; on est pourtant frappé de sa profondeur et de son étendue; quatre-vingt-huit colonnes carrées soutenant des voûtes en plein-cintre y forment des galeries d'une grande élévation; une obscurité humide et

triste enveloppe d'une mélancolie profonde cette
étrange construction. Un autre souterrain, situé
plus près de la mosquée d'El-Aksa, est évidemment
un ouvrage d'Hérode le Grand. Il se dirige du
nord au sud et se compose de deux nefs que recouvrent des voûtes en berceaux surbaissés soutenues par des piliers massifs. Les murs sont construits avec des pierres d'une prodigieuse dimension.
Presque au milieu de ce long couloir, on rencontre
une colonne monolithe d'une grandeur étonnante,
dont le chapiteau, qui ne forme qu'un tout avec
la colonne, est orné d'acanthes ressemblant à des
palmes. Le cheik qui conduit les voyageurs dans
ces souterrains répète à chaque pas : « Monolithe!
Monolithe! » c'est le seul mot de français qu'il
sache; c'est presque le seul qui lui soit nécessaire.
On est surpris que les pierres gigantesques que
l'on rencontre dans les constructions du mont Moriah puissent être en effet des monolithes. Pour
avoir soulevé de pareilles masses, il fallait que les
peuples qui ont tour à tour élevé des édifices sur
cet emplacement sacré fussent des architectes d'une
imagination puissante et d'une hardiesse de volonté que rien n'effrayait.

Après avoir parcouru les mosquées, les souterrains,
les ruines du Haram-esch-Chérif, si l'on peut se
débarrasser du cheik qui vous dirige, le mieux est
d'errer à l'aventure sur l'esplanade et le long des
murs qui la soutiennent. Au nord, du côté de la

vallée de Josaphat, on remarque une sorte de colonne placée horizontalement sur la muraille et s'avançant dans le vide au-dessus de la vallée. C'est la culée du fameux pont invisible qui communique avec le mont des Oliviers, lequel lui sert de seconde culée; les fidèles devront y passer le jour du jugement dernier pour arriver au paradis. Nul n'ignore qu'il est plus fin que le tranchant d'un rasoir et que toute personne chargée de péchés y trébuchera infailliblement. Un peu plus loin s'élève la Porte-Dorée, un des plus beaux spécimens de l'art hérodien. D'après la tradition musulmane, le vainqueur chrétien qui chassera un jour l'islamisme de Jérusalem, entrera dans la ville par la Porte-Dorée. Aussi l'a-t-on soigneusement fermée pour éviter une surprise; mais, par bonheur, on n'a point gâté ce monument remarquable, qu'on peut étudier et admirer à loisir. Deux énormes colonnes monolithes en pierre du pays le divisent en deux nefs : l'une est appelée Bab-el-Thophet (la porte du repentir), l'autre, Bab-el-Bahhmet (la porte de la miséricorde). Les deux colonnes sont un cadeau fait à Salomon par Nicaulis, reine de l'Égypte et de l'Éthiopie. La reine se proposait de lui en offrir un plus grand nombre, mais comme elle tenait à les transporter sur ses propres épaules, elle finit par se lasser d'un exercice aussi fatigant, même pour une Éthiopienne. Les parois des deux nefs sont ornées de pilastres au haut desquels court une frise

richement sculptée. Si l'on veut visiter tous les
monuments du mont Moriah, on doit s'arrêter
encore au Kursi-Soleiman, siège ou trône de Salomon,
où, d'après les musulmans, le saint roi fut trouvé
mort. Après quoi, on en est quitte avec les débris
du passé, et l'on a le droit de se livrer sans scrupules
aux réflexions qu'inspirent les plus grands souvenirs peut-être de l'histoire de l'humanité.

Chaque voyageur, touriste ou pèlerin, éprouve
des sentiments trop particuliers en présence des
ruines du temple de Jérusalem pour qu'il soit possible d'indiquer l'impression générale qu'elles
doivent provoquer dans les âmes. Quant à moi, je
l'avoue, ce qui me préoccupait en parcourant le
mont sacré où les Hébreux et les Arabes ont tour
à tour élevé d'imposantes constructions au culte
monothéiste, c'est la question de savoir si l'idée
d'un Dieu unique, solitaire, inaccessible, répond,
autant que nous sommes tentés de le croire, aux
conceptions de notre intelligence et aux aspirations
de notre cœur. Lorsque nous jetons un regard attentif sur le monde, pour chercher à débrouiller le
mystère des choses, nous rencontrons à l'origine
des phénomènes moraux et matériels, non une
seule cause qui les expliquerait tous, mais une
série de causes diverses, multiples, compliquées,
dont le jeu est aussi varié qu'incessant. On peut
imaginer des simplifications successives qui abou-
tiraient peu à peu à réduire les formules les

unes dans les autres jusqu'à ce qu'on atteignît une formule générale dans laquelle elles seraient toutes comprises; mais c'est là une pure conception de l'esprit que la réalité n'a pas confirmée jusqu'ici et que très probablement elle ne confirmera jamais. L'idée monothéiste n'a rien de scientifique, et il se pourrait que ce fût à elle que les peuples qui l'ont embrassée avec une ardeur trop exclusive dussent la stérilité intellectuelle qui semble les avoir frappés, dès qu'ils ont voulu sortir de la poésie et de la morale, pour aborder les sciences véritables. Les Hébreux et les Arabes ont été les premiers poètes du monde; mais on ne trouverait pas chez eux un savant digne de ce nom. Leur philosophie est une pure philosophie de mots, roulant sur des arguties et des artifices de raisonnement; elle ne s'est jamais élevée jusqu'à la découverte de lois et de principes, car il aurait fallu pour le faire qu'elle consentît à reconnaître, sous la complexité des phénomènes, une complexité de causes qui aurait porté atteinte au dogme primordial du monothéisme. Dans l'étude même de Dieu, il ne lui a pas été possible de se livrer à une liberté d'inventions qui fait des spéculations métaphysiques les plus stériles en apparence un excellent exercice pour la raison. Comment aurait-elle touché à Dieu sans risquer de le dédoubler? Comment aurait-elle constaté en lui des attributs distincts sans ébranler son unité? Il est un, et c'est tout! Rien de moins varié que la prière musulmane ; elle se réduit en somme à un seul mot : *Allah !* répété à satiété sur tous les tons et dans tous les modes. Dieu est Dieu ; il n'est pas autre chose : ne cherchez pas à en savoir plus long sur sa nature, car vous vous heurteriez infailliblement à l'hérésie ! Chaque fois que les Arabes, entraînés par la vivacité de leur brillant esprit, ont essayé de briser le moule étroit de leurs conceptions philosophiques et scientifiques, d'implacables réactions religieuses sont venues immédiatement comprimer leur élan. C'est ce qui leur est arrivé en Espagne, par exemple, à une époque où ils semblaient sur le point de prendre la direction de l'humanité civilisée. Cette grande entreprise a fini par un avortement misérable. Aujourd'hui l'idée monothéiste a pour ainsi dire pétrifié les Arabes ; ils ne peuvent plus faire un mouvement de peur de la briser. Aussi est-elle la seule qui les préoccupe, et revient-elle incessamment, non seulement dans leurs réflexions et dans leurs prières, mais dans les actes ordinaires de leur vie privée. Les ouvriers qui transportent un poids considérable et qui cherchent à s'exciter par des cris, poussent sans cesse la même exclamation : *Allah! Allah!* Dans les villages, les gardiens nommés *gaffirs*, chargés de la police, se tiennent en éveil la nuit en répétant de quart d'heure en quart d'heure, chacun leur numéro d'ordre ; le premier dit : *un (oihède)* et par extension *l'unique,* le troisième dit :

trois, le quatrième *quatre,* et ainsi de suite; mais il ne faut pas croire que le second dise *deux (etnène);* non, il dit : *maloutchânia, il n'y en a pas d'autre,* tant il est vrai que l'idée absolue du Dieu unique doit absorber toutes les pensées et présider même aux actes les plus insignifiants de la vie!

Les seules grandes civilisations antiques ont été des civilisations polythéistes; l'Égypte, la Grèce, la Chaldée, ont trouvé dans le paganisme les éléments d'un prodigieux développement scientifique et politique. Sortie de la Chaldée, la race hébraïque aurait pu jouer un rôle historique aussi brillant que celui des nations auxquelles elle était liée par les origines et par la communauté des traditions; mais tout son effort s'étant porté sur une conception religieuse dont elle a eu la première la gloire de montrer la grandeur théorique et la stérilité pratique, c'est à peine si elle a joui de quelques jours d'éclat passager précédés et suivis d'une décadence irrémédiable. Les œuvres lyriques qu'elle a produites sont merveilleuses; mais il ne lui a pas été possible de produire autre chose. Il est permis à un peuple monothéiste d'exalter la grandeur inaccessible de Dieu; il ne saurait chercher à décomposer cette grandeur pour la comprendre et pour l'expliquer. De là l'étroitesse du milieu intellectuel dans lequel il reste enfermé. Si le christianisme n'avait été, comme l'islamisme, qu'une suite logique de la religion d'Israël, il est probable que ses destinées auraient été aussi malheureuses que celles des deux religions strictement monothéistes de l'humanité. Mais en sortant de la Judée pour pénétrer dans le monde occidental, il s'est imprégné d'hellénisme, il s'est chargé de dogmes et de conceptions métaphysiques, il s'est même couvert de légendes à demi païennes qui ont fait de lui une espèce de compromis et de trait d'union entre le polythéisme antique et le monothéisme juif. On a souvent remarqué qu'en art, en philosophie, en politique, la perfection résulte de l'accord des tendances opposées et des écoles diverses qui arrivent, en se réunissant tout à coup, à une harmonie supérieure dans laquelle se fondent les contraires. Il en est de même en religion. Si le christianisme est la forme supérieure des sentiments religieux de notre espèce, si le monde n'a jamais connu et ne connaîtra probablement jamais de conception divine plus admirable et plus complète, c'est qu'il résume et condense en lui les aspirations monothéistes du judaïsme et les besoins scientifiquement païens de l'hellénisme. Le mont Moriah n'est donc pas ce qu'il y a de plus grand à Jérusalem ; le Saint-Sépulcre, si l'on pouvait y croire, mériterait d'inspirer une émotion respectueuse à laquelle la mosquée d'Omar n'a pas droit, malgré sa charmante architecture et le souvenir de Jéhovah qui plane toujours sur elle.

VII

LES JUIFS

Ce serait, si on avait le temps et le courage de l'écrire, une triste et héroïque histoire que celle des Juifs à Jérusalem, depuis la destruction du temple et la dispersion du royaume d'Israël. La passion, réellement étrange, de cette race singulière pour un pays affreux où, depuis des siècles, elle n'a éprouvé que des persécutions, le rêve chimérique qu'elle y poursuit encore après tant de déceptions dont la cruauté aurait dû briser toutes ses espérances, l'obstination avec laquelle elle s'attache à quelques pierres qui lui rappellent de glorieux souvenirs et qui entretiennent en elle de folles espérances, sont assurément des phénomènes moraux qui seraient dignes d'être étudiés avec soin et décrits avec intérêt. La population juive de Jérusalem est peut-être un des plus déplorables spécimens de l'espèce humaine ; elle végète dans un état abject d'ignorance et de misère ; sa laideur, sa dépravation inspirent un dégoût profond ; ce n'est pas sans horreur qu'on parcourt le quartier sordide où elle vit dans la boue, les immondices, les vices et la pauvreté. Néanmoins, il est difficile de se défendre, je ne dirai pas seulement d'un sentiment de pitié, mais d'un sentiment d'admiration, lorsqu'on assiste, le vendredi, à la cérémonie des pleurs le long du mur du temple. J'ai vu des voyageurs auxquels toutes les pompes de la Jérusalem chrétienne n'avaient inspiré qu'une vive répulsion, involontairement émus par le spectacle des lamentations juives. Il serait, en effet, difficile de contempler une scène plus touchante. On sait que les Juifs achetaient autrefois l'autorisation de venir gémir sur les ruines du temple, et qu'ils s'exposaient à toutes les insultes pour user d'un droit aussi précieux. Depuis la construction de la mosquée d'Omar, ils sont chassés du Haram-esch-Chérif, où ils ne pourraient pénétrer qu'en s'exposant au péril qui les attendrait également au Saint-Sépulcre, c'est-à-dire à être massacrés. L'emplacement où s'élevait le tabernacle leur est interdit ; aucun d'eux ne saurait en franchir les limites ; aucun ne pourrait sans danger de mort y jeter un regard attendri ! Condamnés à ne jamais dépasser le mur d'enceinte du mont Moriah, c'est encore à prix d'argent qu'ils obtiennent l'autorisation de s'arrêter auprès d'une partie de ce mur qui remonte peut-être à Salomon. Proscrits de tous les lieux que leurs ancêtres ont rendus célèbres et d'où sont parties les croyances qui alimentent l'humanité civilisée, ils sont comme des étrangers dans un pays dont ils n'auraient jamais dû cesser d'être les maîtres, si l'injustice de l'histoire ne condamnait pas les peuples qui ont accompli des œuvres universelles à périr victimes de leur initiative et de leur dévoûment.

Le mur des Juifs est formé de pierres à refend de deux à trois mètres de longueur parfaitement travaillées ; à mesure que les assises s'élèvent au-dessus du sol, la dimension des blocs diminue, chaque assise étant en retrait de quelques milli-mètres sur l'assise inférieure ; les joints de cette construction cyclopéenne sont usés par les mains et par les lèvres des Israélites ; un couloir de quatre à cinq mètres de large, fermé du côté opposé par le mehkéméh (tribunal) et des maisons particulières, s'étend devant le mur. C'est là qu'on peut rencontrer, chaque jour, quelques groupes isolés gémissant sur les ruines du royaume de Dieu. Je me rappelle y avoir aperçu, un jour, un vieux juif aveugle, dont les mains tremblantes effleuraient faiblement les pierres de Salomon ; à côté de lui se trouvait

un jeune garçon d'une dizaine d'années ; le vieillard racontait à son compagnon la destruction du
peuple, et au souvenir de cette sanglante tragédie,
dont tant de siècles n'avaient pas affaibli pour eux
la cruelle émotion, ils pleuraient tous deux à
chaudes larmes, comme s'il se fût agi d'un malheur
dont ils auraient directement ressenti l'atteinte. Le
vieillard, privé de la vue, ne pouvait me remarquer; l'enfant avait trop de larmes dans les yeux
pour distinguer quelqu'un ou quelque chose ; ils
se croyaient seuls; ils étaient donc parfaitement
sincères dans leur douleur. Tous les vendredis de
l'année, excepté celui qui fait partie de la fête des
Tabernacles, une foule nombreuse se rend dans ce
lieu de désolation. Quand on parcourt le quartier
juif, on y rencontre un grand nombre de vieux
rabbins, de jeunes gens, de femmes, tous endimanchés, tous vêtus de robes aux couleurs brillantes,
tous munis d'un gros Pentateuque qu'ils portent
sous le bras; ils vont tous dans la même direction;
il suffit de les suivre pour arriver au rendez-vous
général. Là, le tableau est à la fois des plus pittoresques et des plus émouvants. Le couloir situé près
du mur est trop étroit pour contenir la masse des
pleureurs qui débordent de chaque côté ; rangés les
uns derrière les autres en face du mur sacré, ils
bourdonnent une sorte de lamentation monotone
en se dandinant en arrière et en avant selon la mé-
thode des Orientaux. Cet immense groupe mul-

ticolore et mouvant d'où s'échappe une mélodie triste produit un effet étrange. Les personnes les plus rapprochées du mur y collent quelquefois leurs visages avec des attitudes désespérées, les autres se pressent pour essayer d'en faire autant. Il n'y a néanmoins aucun désordre, car l'émotion est trop réelle pour se manifester par des querelles ou des conflits. Les hommes sont beaucoup plus nombreux que les femmes ; mais ces dernières poussent naturellement les sanglots les plus vibrants, les plaintes les plus aiguës et les plus stridentes.

La prière que récitent les Juifs dans cette cérémonie des pleurs est une sorte de litanie où la voix du rabbin alterne avec celle du peuple. En voici un fragment qui donnera l'idée du reste :

Le Rabbin. — A cause du palais qui est dévasté ;

Le Peuple. — Nous sommes assis solitairement et nous pleurons ;

Le Rabbin. — A cause du temple qui est détruit ;

Le Peuple. — Nous sommes assis, etc.

Le Rabbin. — A cause des murs qui sont abattus ;

Le Peuple. — Nous sommes assis, etc.

Le Rabbin. — A cause de notre majesté qui est passée ;

Le Peuple. — Nous sommes assis, etc.

Le Rabbin. — A cause de nos grands hommes qui ont péri ;

Le Peuple. — Nous sommes assis, etc.

Le Rabbin. — A cause des pierres précieuses qui sont brûlées ;

Le Peuple. — Nous sommes assis, etc.

Le Rabbin. — A cause de nos prêtres qui ont trébuché ;

Le Peuple. — Nous sommes assis, etc.

Le Rabbin. —A cause de nos rois qui les ont méprisés ;

Le Peuple. — Nous sommes assis, etc.

Ce chant est celui de la désolation et de la ruine ; mais il y a aussi les chants de l'espérance. En voici un exemple :

Le Rabbin. — Nous vous en supplions, ayez pitié de Sion !

Le Peuple. —Rassemblez les enfants de Jérusalem !

Le Rabbin. — Hâtez-vous, hâtez-vous sauveur de Sion !

Le Peuple. — Parlez en faveur de Jérusalem !

Le Rabbin. — Que la beauté et la majesté entourent Sion !

Le Peuple. — Tournez-vous avec clémence vers Jérusalem !

Le Rabbin. — Que bientôt la domination royale se rétablisse sur Sion !

Le Peuple. — Consolez ceux qui pleurent sur Jérusalem !

Le Rabbin. — Que la paix et la félicité entrent dans Sion !

Le Peuple. — Et que la verge de la puissance s'élève à Jérusalem !

Étrange illusion de ce peuple décimé, dispersé, mille fois vaincu, qui ne possède dans sa propre patrie que quelque pierres chèrement louées à sa douleur, et qui, cependant, en face de ces pierres rongées par ses larmes, invoque encore pour Sion la paix, la prospérité, la verge de la puissance ! Jamais les Juifs n'ont pu se décider à abandonner Jérusalem. Sous la première domination musulmane, ils y vivaient dans une paix relative, quoique bien souvent interrompue par de cruels accidents. Le régime des croisades les en chassa d'abord presque complètement ; ceux qui purent échapper au glaive, au feu et à la torture se réfugièrent en Syrie et en Égypte ; le siège de l'académie palestinienne fut transféré à Damas, dont les principaux docteurs furent appelés depuis *chefs de l'académie de la terre d'Israël*. Quand les premières fureurs des chrétiens furent calmées, un grand nombre de Juifs, bravant tous les périls, ne purent résister au désir de fouler de nouveau le sol sacré de la Palestine et de venir pleurer sur l'emplacement de l'ancien sanctuaire. Les poésies hébraïques de cette époque sont empreintes d'une mélancolie dont l'expression est tellement amère qu'on peut les comparer à ce que la littérature des Hébreux a produit de plus sombre. Je ne résiste pas au désir de citer une élégie de Rabbi Iehouda Halévi, l'un des plus illustres écrivains juifs de l'Espagne, qui fit le voyage de Palestine vers. 1140. Nulle part l'étonnante séduction que l'aride et lugubre Judée exerce sur l'imagination juive n'a été exprimée avec plus de force, plus de charme et plus d'émotion :

« As-tu oublié, ô Sion, tes enfants captifs ? Es-tu insensible au salut que le reste de ton troupeau t'envoie de tous les coins de la terre ? De l'est, de l'ouest, du nord et du sud, l'esclave dirige vers toi un regard plein d'espoir et te porte le tribut de ses larmes ; elles tombent comme la rosée du Hermon ; hélas ! que ne peuvent-elles arroser tes collines désertes ! Quand je pleure ta chute, c'est le cri lugubre du chacal ; mais quand je rêve le retour de la captivité, ce sont les accents de la harpe qui jadis accompagnaient tes chants divins. Mon cœur se transporte dans la maison de Dieu ; là, il s'épanche devant le Créateur. N'est-ce pas là que s'ouvraient les portes du ciel, que la majesté de Jéhova obscurcissait la lune, le soleil et les astres ? Ah ! que ne puis-je verser mon âme là où l'esprit de Dieu descendait sur tes élus ? Tu étais la résidence du roi éternel, et je vois des esclaves assis sur le trône de tes princes.

» Pourquoi mon âme ne peut-elle planer sur les lieux où la Divinité se révélait à tes prophètes ? Donne-moi des ailes, et je porterai sur tes ruines les débris de mon cœur ; j'embrasserai tes pierres muettes, et mon front touchera ta sainte poussière. Mon pied foulera le tombeau de nos ancêtres ; je contemplerai à Hébron la sainte sépulture ; je contemplerai le mont Abarîm, le mont Hor, qui couvrent les cendres de tes divins maîtres, les deux lumières d'Israël. Dans ton vin je respirerai le souffle de la vie ; dans ta poussière, le parfum de la myrrhe ; dans l'eau de tes fleuves je savourerai le miel.

» Qu'il me serait doux de marcher nu-pieds sur les ruines de ton sanctuaire, à l'endroit où la terre s'ouvrit pour recevoir l'arche d'alliance et ses chérubins ! J'arracherais de ma tête cette vaine parure et je maudirais le destin qui a jeté tes pieux adorateurs sur une terre profane. Comment pourrais-je m'abandonner aux jouissances de cette vie, quand je vois des chiens enchaîner tes lionceaux ? Mes yeux fuient la lumière du jour, qui me fait voir des corbeaux enlevant dans les airs les cadavres de tes aigles. Arrête-toi, coupe de souffrance ! Laisse-moi un seul moment de repos ; car déjà toutes mes veines sont remplies de tes amertumes. Un seul moment que je pense à Ohola (Samarie), et puis j'achèverai ton amer breuvage ; encore un court souvenir d'Oholiba (Jérusalem), et puis je te viderai jusqu'à la lie.

» Sion, couronne de la beauté, rappelle-toi le tendre amour des tiens, que ton bonheur transportait de joie et que tes revers ont plongés dans le deuil ; du fond de leur exil, ils t'ouvrent leurs cœurs, et dans leurs prières ils s'inclinent vers tes portes. Tes troupeaux dispersés sur les montagnes n'ont pas oublié la chère patrie ; ils se sentent encore entraînés vers tes hauteurs, sous l'ombre de tes palmiers. Sinéar et Pathros, dans leur vaine grandeur, peuvent-elles se comparer à toi ? Que sont leurs oracles mensongers auprès de tes Ourîm et Thummîm ? Où est le mortel qui pourrait se mesurer avec tes princes, tes prophètes, tes lévites, tes chantres célestes ? Tous ces empires rentreront dans le néant ; toi seule tu resteras à la fin des siècles car le Seigneur fixera sur toi sa résidence éternelle. Heureux le mortel qui demeurera sous l'abri de tes murs ! Heureux le mortel qui verra poindre ta nouvelle aurore ! Il verra le bonheur de tes élus, il assistera à tes fêtes, et tu seras belle comme au jour de ta jeunesse ! »

Comment expliquer l'aberration de tout un peuple s'obstinant, depuis tant de siècles, à choisir, au milieu d'une contrée généralement belle comme la Syrie, la partie la plus stérile, la plus désolée, la plus desséchée, pour en faire une sorte de paradis où l'air a le souffle de la vie, où la poussière répand le parfum de la myrrhe, où l'eau des fleuves n'est pas moins savoureuse que le miel ? Quand on a rempli sa mémoire des élans poétiques que Jéru-salem a provoqués, quand on s'est habitué à prendre Sion pour le type de toutes les splendeurs et de toutes les merveilles et qu'on arrive subitement en Judée, au milieu d'une nature morte et d'une ville odieuse, il est impossible de ne pas éprouver la plus amère déception. Les Juifs pourtant conservent, en face de la réalité, toutes les illusions de leurs rêves. L'auteur de la belle élégie que je viens de citer, parvenu à Jérusalem, s'arrêta, s'il faut en croire une tradition dont l'authenticité d'ailleurs est assez douteuse, aux portes de la cité sainte, déchira ses vêtements, se prosterna et prononça l'admirable plainte poétique où il exhalait sa douleur et son espoir ; bientôt un cavalier, passant par hasard sur la route, insulta le pauvre Juif et l'écrasa sous les pieds de son cheval. Cette légende est sans doute peu vraisemblable ; elle n'en exprime pas moins fort bien et l'espèce de mirage qui entraîne tant d'Israélites vers Jérusalem et la triste destinée qui les y attend. S'ils n'y sont plus écrasés sous les pas d'un cheval furieux, à chaque instant ils y sont soumis à la misère, aux insultes, aux souffrances de toutes sortes. Qu'importe ! en dépit du sort qui les y frappe, ils viennent en foule, de Pologne, d'Allemagne, de Russie, s'établir à Jérusalem et choisir, comme la folle dont je racontais l'histoire, une place dans la vallée de Josaphat. Tout un revers de la montagne de Sion sert de cimetière aux Juifs, cimetière banal, sans arbre, sans verdure, composé d'une série de dalles dépourvues de toute inscription, qui semblent tombées dans le torrent du Cédron comme un immense éboulement de pierres. C'est pour avoir un tombeau dans la vallée de Josaphat que les Juifs s'expatrient. Ils tiennent à reposer à l'ombre des murs de Jérusalem, à laisser leur dépouille mortelle sur le sol sacré qu'ils n'ont foulé durant leur vie qu'en exilés ou en captifs.

J'ai déjà dit que le quartier juif suait la misère et la malpropreté. Cependant *l'Alliance universelle* fait de grands et généreux efforts pour relever le niveau matériel et moral de la population israélite. Elle construit des hôpitaux et des asiles; elle fonde des logements où les arrivants sont reçus pour une petite somme et dont ils peuvent devenir propriétaires au moyen d'un très faible revenu annuel; elle essaie de créer des écoles capables de rivaliser avec les écoles chrétiennes. Mais elle rencontre de la part des vieux Juifs une opposition déclarée. Pour les rabbins orthodoxes, *l'Alliance universelle* est une institution révolutionnaire dont les œuvres ne sauraient être trop ardemment combattues; ils se défient de son enseignement presque autant que de l'enseignement chrétien, et, plutôt que de le voir se développer, ils aimeraient encore mieux consentir à envoyer la jeunesse israélite chez les frères ou chez les franciscains. Les écoles purement juives, les écoles talmudistes, sont encore plus méprisables que les écoles arabes. Leur installation matérielle fait pitié, l'instruction qu'on y donne inspire le dégoût. Il faut espérer qu'en dépit de toutes les résistances d'une caste sacerdotale, qui trouve dans l'ignorance du peuple un instrument de domination, *l'Alliance universelle* parviendra à créer des écoles et à y attirer un grand nombre d'élèves. Nous devons le désirer d'autant plus que les professeurs, élevés à Paris et formés aux méthodes françaises, enseigneront dans notre langue et en s'inspirant de nos idées. Il nous serait assez facile d'obtenir par leur entremise une clientèle juive qui viendrait se joindre à notre clientèle catholique de Palestine. L'œuvre d'ailleurs, ayant un caractère tout individuel, n'aurait besoin que d'être encouragée par notre gouvernement. *L'Alliance universelle* ne demanderait pas de grands secours matériels, il lui faudrait surtout le secours moral de notre protection. Mais on doit s'attendre, je le répète, à de vives résistances. Le vieux fonds juif de Jérusalem se laissera difficilement convertir aux idées modernes. Jérusalem, Tibériade, Safed, sont des centres d'études de casuistique qui dépassent en niaiseries, en sottes minuties, en arguties stérilisantes tout ce que la théologie a jamais inventé de plus mesquin. Le pharisaïsme y fleurit avec ses plus déplorables caractères. Pour vaincre l'opposition qu'on rencontrera de sa part, l'argent ne suffira pas, il sera nécessaire de déployer une énergie et un courage dont par bonheur les membres de *l'Alliance universelle* ne sont pas dépourvus.

Les Juifs de Palestine, venant de tous les points
d'Europe, ne ressemblent pas aux Juifs d'Orient,
lesquels sont d'ordinaire fort beaux. Rien, au contraire, n'est plus laid, plus répugnant même, que la
population juive qu'on rencontre à Jérusalem. Les
vieillards et les enfants ont parfois des types remarquables ; les jeunes gens, les hommes dans la force
de l'âge et toutes les femmes sont hideux. Ce qui
contribue à gâter ces dernières, dont le teint blême
et l'aspect scrofuleux produit sous le ciel oriental
un triste effet de contraste, c'est l'habitude qu'elles
ont prises, d'après un précepte du Talmud, de se
raser la tête dès qu'elles sont mariées, et de remplacer leurs cheveux soit par une perruque, soit
par une coiffure composée de rubans et de fleurs
du goût le plus hasardé. Les hommes ne sont pas
moins malheureux dans la manière d'arranger leur
chevelure. On sait que la loi défendait de la couper
comme les Arabes, qui se rasaient la tête tout
autour et ne gardaient de cheveux qu'au sommet.
Il fallait laisser les *coins* de la chevelure et de la
barbe, c'est-à-dire les cheveux qui couvrent les
tempes et la partie de la barbe qui s'y rattache
et qui couvre les joues. La défense du législateur
s'expliquait par la nécessité d'imposer au peuple
de Jéhovah une marque qui le distinguât des
Arabes, lesquels, d'après Hérodote, se rasaient la
tête en l'honneur d'une divinité qui ressemblait à
Bacchus. Le prophète Jérémie parle plusieurs fois

de ces Arabes, qu'il appelle par dérision hommes
aux coins coupés. L'épigramme n'est pas bien
dure. Quel que fût le motif qui décida jadis les
Arabes à couper leurs cheveux et qui les a décidés depuis à perpétuer cette mode si sage, aucune
coutume n'est plus conforme à la propreté dans
les pays orientaux ; les *coins non coupés* des Juifs
forment d'épouvantables papillottes habitées par
toutes sortes d'insectes et qui tombent quelquefois
jusqu'au menton. Ces papillottes se détachent d'affreux bonnets polonais, de casquettes invraisemblables, de hideux chapeaux européens, de toutes
sortes de couvre-chefs moins orientaux les uns que
les autres, que les Juifs ont le tort de conserver à
Jérusalem ; elles encadrent des figures pâles, aux
traits de cire, aux yeux rougis et lépreux, au teint
jaunâtre, qui font mal à voir. Est-ce donc là cette
race qui avait conquis la Palestine et qui s'y était
si fortement implantée? Non sans doute. Les Juifs
actuels de Jérusalem ont été débilités par l'Europe;
en revenant dans leur patrie, ils y produisent l'effet
d'étrangers. Comparés aux Juifs d'Orient, aux Juifs
de Damas, par exemple, on dirait une famille humaine toute différente. Peut-être cependant ne fau-
drait-il pas exagérer ces disparates, qui ne sont
point aussi profondes qu'il semblerait au premier
abord. Après tout, les Juifs n'étaient pas la race
autochtone en Palestine ; ils s'y étaient fixés en conquérants, et, bien qu'il leur ait plu de regarder la

terre promise comme leur propriété éternelle, ils y ont subi des influences de climat qui prouvent qu'ils n'en étaient pas les véritables maîtres. De même qu'en Égypte les fellahs seuls ont résisté aux influences naturelles ; de même en Palestine les Cananéens seuls ont eu les qualités nécessaires pour les supporter sans s'affaiblir. Les Juifs étaient des parasites qui ont souffert d'un milieu physique pour lequel ils n'étaient pas faits. Les plantes, les légumes, les fruits étrangers s'affaiblissent en Palestine comme en Égypte ; il faut en renouveler souvent la semence pour leur conserver toute leur vigueur. Il en est probablement de même des races humaines. Elles ne s'y maintiennent qu'à la condition de s'y retremper dans un sang plus jeune. On n'a peut-être pas assez tenu compte, en écrivant l'histoire de l'Orient, de l'action des causes matérielles sur les grands événements politiques. Si les empires s'y fondent si vite et y disparaissent si rapidement aussi, c'est que la nature y épuise bien vite les énergies humaines. Tout effort y est suivi d'une fatigue profonde et presque irrémédiable. Voilà pourquoi les seules races qui y subsistent constamment sont celles qui, dépourvues de toute volonté et de tout courage, s'y laissent ballotter par les événements et conduire par la fatalité avec l'indifférence ou la résignation des choses qui durent parce qu'elles sont insensibles..

VIII

BETHLÉEM. — VALLÉE DE JOSAPHAT. — MONT SION. — MONT SCOPOS. — TOMBEAU DES ROIS. — SAINT JEAN DANS LA MONTAGNE.

Aller de Jérusalem à Bethléem est une simple excursion ; on peut la faire à cheval en deux heures par une route pittoresque, quoique sévère et singulièrement mal entretenue. Il ne faut pas songer à user de voiture ; les essieux les plus solides se briseraient vingt fois sur les rochers qui obstruent le chemin. L'aride Judée, avec ses vallées pierreuses, ses montagnes dénudées, ses campagnes stériles, inspire une invincible tristesse. Jadis, les environs de Bethléem étaient renommés pour leur fertilité ; c'est à une heure de la ville environ que se trouvent les vasques de Salomon et l'emplacement des fameux jardins où le roi philosophe célébrait la vanité du monde et le charme du plaisir, au milieu des vignes, des vergers arrosés par les piscines, des parterres de lis, de safran et de cinnamone, des retraites mystérieuses et fleuries dont il avait fait, suivant l'expression du *Cantique des cantiques*, « un tapis d'amour pour les filles de Jérusalem. » Que reste-t-il aujourd'hui de ce tapis ? La roche nue dans la plus âpre des solitudes. Je ne sais quel vent de mort et de désolation a passé sur cette riante contrée où la poésie orientale s'est imprégnée de ses plus brillantes couleurs. Bethléem n'offre rien de remarquable aux regards des visiteurs. A part la basilique de la Nativité, elle ressemble à tous les villages de la Palestine, et si l'on n'était prévenu, on ne soupçonnerait pas un instant que cette grosse bourgade a renfermé le berceau d'un Dieu. Néanmoins sa population est intéressante à étudier. De tous les habitants de la Palestine, les Bethlémitains passent avec raison pour les plus intelligents, les plus actifs, les mieux doués moralement et physiquement. Ce sont eux surtout qui cultivent l'industrie des objets pieux, et l'on ne saurait trop louer l'habileté et parfois le goût avec lesquels ils taillent la nacre, la sculptent, la cisèlent, en composent des croix, des chapelets, des coquilles de pèlerins, etc. Ils émigrent avec une grande facilité, reviennent ensuite dans leur village porteurs d'une petite fortune, construisent des maisons confortables et vivent dans un luxe relatif qu'on ne rencontre pas au même degré dans le reste de la Palestine. Ils ont un grand désir de s'instruire. Ils sont très causeurs et tâchent de tirer parti des voyageurs qui passent chez eux pour recueillir de leur bouche quelques renseignements utiles, quelques notions précieuses sur les pays étrangers. Beaucoup savent notre langue; tous voudraient la savoir. Ils s'étaient cotisés, il y a peu de temps, pour faire venir un professeur de français; chose absolument inouïe en Orient, où l'on aime beaucoup l'instruction quand elle se présente d'elle-même et sans frais, mais où l'on est beaucoup moins disposé à l'acquérir à prix d'argent. Leurs mœurs sont celles d'un peuple qui aspire à se civiliser. Heureusement cette aspiration ne les a pas encore amenés à abandonner leurs costumes, les plus gracieux et les plus originaux de la Palestine. Les femmes de Bethléem sont généralement belles; j'en ai aperçu quelques-unes qui auraient inspiré partout une vive admiration. Elles portent des robes bleues largement échancrées sur la poitrine et brodées tout autour des seins de la manière la plus élégante, avec des couleurs d'une charmante variété. Mais la partie la plus curieuse de leur toilette est certainement l'espèce de casque couvert de médailles et de pièces d'argent qu'elles gardent nuit et jour sur la tête. On les habitue dès leur enfance à ce lourd fardeau. Il paraît d'ailleurs qu'elles finissent par le trouver léger, car on raconte qu'elles regardent leur casque comme un remède contre la migraine : lorsqu'elles éprouvent quelques pesanteurs de tête, elles augmentent le nombre des médailles et des pièces de monnaie dans l'espoir de se guérir plus rapidement. Le casque des femmes constitue proprement leur dot — dot peu utile au mari, qui ne saurait y toucher que dans les occasions les plus graves et en cas de ruine complète, mais qui cependant flatte sa vanité. C'est d'ailleurs un ornement qu'on expose rarement aux regards du public, car chaque fois que les Bethlémitaines sortent de leurs maisons, elles s'enveloppent d'un grand voile blanc qui les cache de la tête au pieds. Mais dans leur intérieur, le voile disparaît ; souvent les robes disparaissent aussi : le costume des femmes se compose alors du casque avec son encadrement métallique, d'une sorte de légère casaque et d'un gros pantalon qui, ne gênant en rien les mouvements, leur permet de prendre les postures les plus souples et les plus franchement orientales.

L'église de Sainte-Marie ou de la Nativité de Jésus, située à l'extrémité orientale de Bethléem, est entourée de plusieurs constructions qui en dissimulent la forme. On sait que l'intérieur est fort remarquable et qu'il le serait plus encore s'il n'avait été défiguré par des clôtures derrière lesquelles sont cachés le chœur, le transept et les absides. Il est formé de cinq nefs séparécs par quatre rangées de colonnes monolithes d'une teinte rouge veinée de blanc qui produit l'effet du marbre. En descendant un petit escalier, on se trouve dans la grotte de la Nativité, assez semblable aux chapelles du Saint-Sépulcre. Sa longueur est de douze mètres ; sa largeur, de trois à quatre mètres seulement. Elle est taillée dans le roc, mais le pavé et les parois en sont recouverts de marbre blanc. Une quantité de lampes l'éclairent et l'échauffent d'une manière peu agréable ; sous un petit autel, ou plutôt sous une sorte de table de médiocre apparence, un trou pratiqué dans une pierre de couleur bleuâtre est entouré d'une étoile en argent portant l'inscription :

HIC DE VIRGINE MARIA JESUS CHRISTUS NATUS EST.

La première fois que j'ai vu cet emplacement plus ou moins authentique de la naissance de Jésus, on y célébrait je ne sais quel office copte ou arménien. Il est difficile de s'habituer à la saleté de certains clergés orientaux, ainsi qu'à la tournure des fidèles de certaines communautés. Toute la poésie de l'Évangile disparaît en présence d'un prêtre revêtu d'ornements gluants qui exécute les plus étranges simagrées en présence de chantres nasillards, dont les costumes ne sont pas moins gluants que ses ornements. Je ne sais, d'ailleurs, pourquoi c'est dans une grotte qu'on montre le berceau de Jésus, car l'Évangile ne parle que d'une étable. Mais il faut bannir de son esprit toute velléité critique lorsqu'on se rend en Palestine. J'admets donc sur parole que Jésus est né à la place marquée par l'étoile d'argent qui porte l'inscription que je viens de transcrire ; j'admets également qu'il a été couché à quelques pas de là sur une plaque de marbre blanc qui représente la crèche. Pourquoi douter également qu'une ouverture pratiquée à quelque distance ait été jadis une source que le Père éternel fit jaillir du rocher à l'usage de la sainte famille et dont il arrêta le cours lorsque celle-ci partit pour l'Égypte?

Il ne suffit pas de croire aux miracles de l'Évangile, les légendes de la tradition s'imposent également à la foi des pèlerins. La grotte de la Nativité n'est pas la seule qui s'étende sous la basilique de Bethléem ; une série de couloirs taillés dans le roc conduit à différentes stations où s'élèvent de petites chapelles décorées de tableaux plus ou moins détestables : l'une représente l'emplacement où saint Joseph reçut d'un ange l'ordre de fuir en Égypte ; une autre est le tombeau des malheureux innocents massacrés par Hérode ; d'autres marquent les lieux où ont été enterrés saint Eusèbe, sainte Paule, sainte Eustochie, saint Jérôme et les pieux solitaires qui, les premiers, ont fait des grottes de Bethléem une sorte d'asile pour l'étude, la contemplation et la prière. A quelques minutes de marche, en sortant de Bethléem, on trouve encore une grotte nommée la grotte du lait, parce que Marie, en y allaitant son divin fils, y laissa tomber quelques gouttes de son sein virginal et maternel. Depuis lors, la pierre de cette grotte donne du lait aux mères et aux nourrices qui ont le malheur d'en être dépourvues. Aussi voit-on un grand nombre de femmes, catholiques, orthodoxes, turques et même bédouines, accourir à la grotte du lait, détacher quelques fragments de la pierre crayeuse qui la compose, les faire dissoudre dans de l'eau ou dans toute autre boisson, et attendre avec confiance l'effet miraculeux de cette opération. Il faudrait, pour décrire tous les lieux saints des environs de Jérusalem, s'arrêter encore aux ruines de la maison de saint Joseph, à la maison des pasteurs, à la citerne de Marie, à la citerne de David, au champ de Booz, etc. Je préfère aller tout droit à la grotte des pasteurs, espèce de chapelle souterraine bâtie au lieu même où les anges apprirent aux bergers la naissance du Messie. Cette chapelle est encore la plus sale de toutes celles que j'ai vues en Palestine, ce qui est beaucoup dire! Quand je l'ai visitée, elle était remplie de Russes qui chantaient en chœur des hymnes de leur pays, spectacle fort désagréable pour les yeux et pour l'odorat, mais tout à fait séduisant pour les oreilles. Il est impossible de ne pas être ému par les accents profondément mélancoliques de la musique religieuse russe, surtout lorsqu'ils s'élèvent au milieu d'une campagne aride, dans une grotte remplie de souvenirs, parmi des ruines et des décombres qui rappellent les plus nobles espérances de l'humanité. Malheureusement d'affreux popes mendiants, qui viennent vous réclamer quelque menue monnaie pour prix de leurs prières, vous arrachent bien vite à cette impression. Au sortir de la grotte des pasteurs, on rencontre sans cesse des groupes plus ou moins nombreux de pèlerins russes, marchant avec peine sur les pierres, se traînant dans les chemins, essayant de garantir contre l'ardeur du soleil, au moyen d'immenses parapluies, leurs traits pâles et leurs visages inondés de sueur. Ils ont l'air exténués ; néanmoins ils chantent tous d'une voix aiguë, plaintive, solennelle, et rien ne saurait rendre l'étrange effet de ces mélodies du Nord flottant çà et là sur un paysage d'Orient.

L'excursion de Bethléem n'est pas la seule, à beaucoup près, qu'on puisse faire avec un vif intérêt aux environs de Jérusalem. La plus facile, la plus courte de toutes est celle de la vallée de Josaphat, située au pied même de la ville, entre le mont Moriah et le mont Sion, entre l'emplacement du temple et celui de l'ascension de Jésus. L'aspect de cette vallée étroite et dévastée répond bien aux pensées que son nom seul inspire ; on n'y voit que des pierres et des tombeaux ; le lit du Cédron, qui la traverse de part en part comme un ruban grisâtre, ajoute encore à sa monotonie : c'est en vain qu'on y cherche quelques arbres ou quelques fleurs pour reposer les regards fatigués de tant d'aridité ; des touffes de verdure grillées par le soleil y surgissent à peine de loin en loin des fissures des pierres tumulaires ; tout y est jaune, blanc, couleur poussière. « A la tristesse de Jérusalem, dont il ne s'élève aucune fumée, dit Chateaubriand, dont il ne sort aucun bruit ; à la solitude des montagnes, où l'on n'aperçoit pas un être vivant ; au désordre de toutes ces tombes fracassées, brisées, demi-ouvertes, on dirait que la trompette du jugement s'est déjà fait entendre, et que les morts vont se lever dans la vallée de Josaphat ! » Je ne sais comment la solitude et le silence qui règnent dans la vallée de Josaphat peuvent donner la sensation du réveil bruyant de l'humanité au jour du jugement dernier. L'impression que m'a produite ce morne paysage est plutôt celle de l'immobilité éternelle de la mort. On a peine à croire que l'élan subit de la résurrection puisse animer ces montagnes solitaires et soulever ces pierres immobiles. J'ai déjà dit que les flancs du mon Sion étaient couverts de tombes juives ; quelques monuments, d'une architecture singulière, s'élèvent au milieu du champ de deuil : ce sont les tombeaux de Zacharie, de Josaphat, d'Absalon, la grotte de Saint-Jacques, etc., les uns en forme de pyramide, les autres composés de colonnes grecques taillées dans le roc, tous enfin offrant un mélange de styles du plus curieux effet. Les tombeaux des rois, qu'il faut aller visiter à une petite distance de Jérusalem, ne sont pas des monuments d'un art moins original. Complètement déblayés, grâce à la libéralité des Péreire, qui les ont achetés pour les préserver des outrages auxquels ils étaient exposés, on peut en étudier à loisir la disposition et la décoration. Ils forment une série de chambres creusées dans le roc. L'entrée principale est ornée d'une très belle frise, un peu lourde, mais d'une grande richesse d'ornementation. M. Renan a jugé l'architecture juive avec une telle justesse, qu'on ne peut que répéter ce qu'il a si bien exprimé. « Jusqu'aux Asmonéens, dit-il, les Juifs étaient restés étrangers à tous les arts ; Jean Hyrcan avait commencé à embellir Jérusalem, et Hérode le Grand en avait fait une des plus superbes villes de l'Orient. Les constructions hérodiennes le disputent aux plus achevées de l'antiquité par leur caractère grandiose, la perfection de l'exécution, la beauté des matériaux. Une foule de superbes tombeaux d'un goût original s'élevaient vers le même temps aux environs de Jérusalem. Le style de ces monuments était le style grec, mais approprié aux usages des Juifs et considérablement modifié selon leurs principes. Les ornements de sculpture vivants, que les Hérodes se permettaient, au grand mécontentement des rigoristes, en étaient bannis et étaient remplacés par une décoration végétale. Le goût des anciens habitants de la Phénicie et de la Palestine pour les monuments monolithes taillés sur la roche vive semblait revivre en ces singuliers tombeaux découpés dans le rocher et où les ordres grecs sont bizarrement appliqués à une architecture de troglodytes. »

Rien de plus exact que cette dernière phrase de M. Renan ; elle donne une idée très précise de ce mélange de souvenirs grecs,— j'ajouterais, et égyptiens, — et de traditions troglodytes qui constitue l'originalité des tombeaux de Jérusalem. Il ne faut pas s'étonner d'ailleurs du goût des anciens habitants de la Phénicie et de la Palestine pour les monuments monolithes taillés dans la roche vive ; c'est la nature même du pays qui le leur avait inspiré. On s'explique fort bien qu'il se soit développé dans une contrée où tout est rocher, où les pierres abondent avec une profusion extraordinaire, où, à l'origine, les grottes étaient certainement les seules habitations. L'art juif a subi l'influence du milieu dans lequel il s'est produit. Il n'a reculé devant aucune masse ; les énormes monolithes qu'il a entassés et qui ont donné à ses constructions l'apparence de véritables montagnes, ainsi que la hardiesse avec laquelle il a creusé la roche, provenaient d'une imitation instinctive de la réalité. Plus tard les ornements étrangers sont venus courir sur cette architecture énorme sans lui imprimer plus de légèreté. Qui sait si les mœurs mêmes des Juifs n'ont

pas subi le contre-coup du pays qu'ils habitaient
On s'explique sans peine, en parcourant la Palestine, que la lapidation ait été le principal supplice en usage chez eux. Lorsqu'un criminel ou un ennemi se présentait, le premier mouvement d'un peuple vivant au milieu d'un océan de pierres devait être de se baisser pour l'accabler sous des projectiles qui s'offraient par millions à ses mains vengeresses. Jamais armes naturelles n'ont été mises plus directement et plus abondamment à la portée de tous. Une certaine âpreté de manières ne pouvait manquer de résulter des habitudes de vie que la constitution physique de la Palestine faisait naître et entretenait chez les populations qui s'y étaient établies.

On peut gravir le mont des Oliviers, soit en revenant des tombeaux des rois, soit directement par le vallée de Josaphat. Le premier itinéraire est le plus agréable. Avant d'arriver au mont des Oliviers, on traverse le mont Scopos, d'où la vue est merveilleuse. On domine d'un côté Jérusalem, que l'on embrasse tout entière d'un coup d'œil et qui produit de là une impression qu'on n'éprouve pas lorsqu'on la voit de trop près. Toutes les disparates qui choquent quand on est dans la ville même s'effacent à cette hauteur. On est frappé de la beauté du mur d'enceinte, de la multitude de coupoles blanches et de minarets non moins blancs qui brillent au soleil; la grâce charmante de la mosquée d'Omar, qui se détache avec un vif relief parmi les constructions du mont Moriah, captive les regards. Derrière Jérusalem, des amphithéâtres de montagnes pierreuses s'étendent à l'infini. Quand on se tourne dans la direction opposée, le spectacle change complètement. On aperçoit à l'horizon les montagnes de Moab noyées dans une sorte de vapeur bleue; la Mer-Morte, dont les reflets sont plus bleus encore, vient mourir lourdement, en formant une courbe élégante, dans l'immense vallée du Jourdain; puis cette vallée elle-même se perd au loin dans une brume toujours bleue: la plus belle symphonie de bleus qu'on puisse rêver! Du mont Scopos au mont des Oliviers, il ne faut guère que quelques minutes. J'ai déjà dit qu'une petite mosquée s'élevait à l'emplacement de l'Ascension et qu'on y voyait sur une pierre l'empreinte du pied de Jésus. Le *Guide* ordinaire des pèlerins de Palestine, un livre excellent, plein de renseignements utiles, œuvre du frère Liévin de Hamme, le plus aimable, le plus modeste et le plus charmant des franciscains, contient deux réflexions intéressantes au sujet de cette empreinte. La première roule sur le côté où était tourné Jésus en montant au ciel. Le frère Liévin affirme, d'après saint Cyrille, qu'il regardait l'orient: « C'était, dit-il, comme s'il eût renié Jérusalem et la nation juive, pour s'adresser à des races nouvelles jusqu'alors inconnues aux Juifs. » Jésus tournait donc le dos à Jérusalem ; mais ce qu'on ne s'explique pas, c'est qu'au moment même où son corps devenait assez léger pour s'envoler dans l'espace, son pied fût encore assez lourd pour enfoncer des pierres. L'objection n'arrête pas le frère Liévin. « Quant à l'authenticité des empreintes sacrées que Notre-Seigneur a laissées sur le mont des Oliviers en montant au ciel, ajoute-t-il, on peut dire que celui qui, par sa propre vertu, peut monter au ciel, peut très bien aussi imprimer dans le roc le plus dur le vestige de ses pieds, même à travers une couche de terre. Saint Jérôme et plusieurs saints personnages y ont cru. Il ne nous est donc pas difficile, à la suite de tels hommes, d'ajouter foi à la vérité de ces empreintes et de les visiter avec une pieuse vénération. » On ne saurait mieux raisonner, et il n'y a rien à rétorquer à de pareils arguments. Non loin du lieu de l'Ascension s'élève un couvent de carmélites et un élégant petit monument bâti sur le modèle du *Campo Santo* de Pise : c'est ce qu'on appelle le *Pater*, sous prétexte que ce monument marque le lieu où Jésus a enseigné à ses disciples la prière chrétienne. Les constructions actuelles sont l'œuvre de la princesse de La Tour d'Auvergne, une femme pleine de hardiesse et d'initiative, mais à laquelle la modestie me semble avoir manqué. Dans l'intérieur même du cloître du *Pater*, elle a élevé, en effet, le tombeau de son père avec toute sorte d'inscriptions peu flatteuses pour la démocratie, — qu'on ne s'attendait guère à voir injurier sur le mont Sion, — et son propre tombeau. Ce dernier se compose d'une statue de marbre couchée sur un sacorphage. Un très mauvais plaisant lui a enlevé le bout du nez. Cette mutilation est d'autant plus inexplicable que madame de La Tour d'Auvergne avait eu soin de faire placer au-dessus de sa statue une plaque de marbre racontant tout ce qu'elle a fait pour le service céleste et se terminant par ses mots : « Que Dieu la comble de toutes ses bénédictions! » Hélas! cette invocation dépourvue d'humilité n'a même pas préservé le tombeau futur de madame de La Tour d'Auvergne des humiliations d'un sacrilège inconnu. Le long des murs du monument du *Pater*, on peut lire l'Oraison dominicale traduite dans toutes les langues et gravée avec toutes les écritures, comme pour indiquer que la prière qui a été prononcée pour la première fois à cette place s'élève aujourd'hui de tous les points du globe, et que partout où il y a des hommes, le nom du Père qui est aux cieux est murmuré avec confiance et avec amour.

Parmi les promenades que j'ai faites autour de Jérusalem, celle de Saint-Jean-dans-la-montagne m'a laissé peut-être le meilleur souvenir. Il ne faut pas songer à l'entreprendre à cheval, car les chemins sont beaucoup trop mauvais; la seule monture avec laquelle il n'y ait pas de péril à se hasarder au milieu des rochers invraisemblables qu'on doit traverser est l'âne, l'excellent âne de Syrie, dont le pied ne bronche pas au milieu des pierres et dans les sentiers les plus abrupts. L'âne de Syrie est bien loin d'avoir l'allure dégagée, le gracieux port de tête, l'élégance, l'ardeur et la souplesse de l'âne d'Égypte ; mais, si lourd qu'il soit d'apparence, c'est une admirable petite bête, d'une solidité à toute épreuve, sur laquelle on peut s'aventurer partout avec confiance. Au premier abord, je ne lui rendais pas justice ; l'usage m'a fait apprécier ses bonnes et solides qualités. Il serait trop long d'énumérer tous les lieux saints que l'on rencontre sur le chemin de Saint-Jean-dans-la-montagne. Je me contenterai de dire que l'on passe devant la place où a été coupé l'arbre de la vraie croix. Saint Antonin prétend que cet arbre devait être un noyer ; mais le *Guide* du frère Liévin raconte une « pieuse légende » qui prouve que c'était un cyprès. Voici cette légende ; je cite textuellement le *Guide* vu l'importance du sujet : « Loth s'étant sauvé de Sodome avec sa famille, se réfugia près d'Hébron, dans une grotte où il se rendit coupable d'une grande faute, et pour se soustraire aux remords de sa conscience, il vint habiter le lieu où se trouve aujourd'hui l'église de la vraie croix. Comme il avait constamment son crime devant les yeux et qu'il priait Dieu sans cesse de lui pardonner, l'ange du Seigneur lui apparut et lui présentant trois boutures de cyprès, lui dit : Plante et arrose ces boutures avec de l'eau que tu iras puiser chaque jour au Jourdain. Si elles prennent racine, ce sera le signe du pardon que le Seigneur t'aura accordé; si, au contraire, elles ne poussent pas, ce sera un signe de réprobation. Loth, plein d'espoir, fit ainsi que l'ange lui avait dit, et vit bientôt que ses boutures commençaient à croître. Or, un jour qu'il retournait les arroser vers le soir, étant chargé de son outre remplie d'eau, un démon, sous la forme d'un pauvre, lui demanda à boire, et Loth s'empressa de le satisfaire. Mais voici que plus loin d'autres démons, sous la même forme, lui demandèrent aussi à boire, de sorte que, quand Loth voulut arroser ses boutures, il trouva son outre vide. Comme il était trop tard pour retourner au Jourdain, il voyait ses espérances anéanties et craignait la mort de ses plantes; mais tout à coup l'ange lui apparut une seconde fois et lui dit : « Ta charité a trouvé grâce devant Dieu. Les boutures croîtront dorénavant sans être arrosées, et sois bien assuré du pardon. » En effet, ces boutures devinrent des arbres, et c'est l'un d'eux qui a fourni le bois de la croix du Sauveur. » Loth était bon marcheur, car il faudrait plus d'un jour à un homme ordinaire pour aller de l'emplacement de la vraie croix au Jourdain, et il faisait le trajet, aller et retour, dans une journée. Mais ayant commis, comme s'exprime le frère Liévin, une « grande faute » pour avoir bu trop de vin, il était juste qu'il fît beaucoup de chemin à la recherche d'un peu d'eau.

Saint-Jean-dans-la-montagne est le lieu où l'on prétend que le précurseur de Jésus est né. Le site est assez âpre et assez triste pour avoir servi de berceau à un mystique sombre dont l'œuvre ressemblait si peu à celle du fondateur du christianisme. On se figure sans peine le jeune saint Jean errant parmi les rochers des tristes vallées ou la légende raconte que son enfance s'est déroulée. Son esprit a pris l'empreinte d'une nature aussi sauvage ; c'est là qu'il s'est habitué à ce rôle de sectaire et de solitaire qui offre un si parfait contraste avec la mission populaire de Jésus. Les pères franciscains possèdent une fort belle église à Saint-Jean-dans-la-montagne, une église simple, élégante, décorée de bonnes copies des maîtres espagnols et recouverte de faïences du meilleur goût. On est surpris de l'ornementation discrète de ce sanctuaire lorsqu'on vient de contempler les affreux décors de ceux de Jérusalem. C'est que les franciscains sont seuls maîtres ici et que, n'ayant à lutter ni avec les Grecs ni avec les Arméniens, ils peuvent se dispenser de se soumettre aux modes orientales. Au reste, ce n'était pas pour voir la grotte où est né saint Jean et l'église des franciscains que j'étais allé à Saint-Jean-dans-la montagne ; c'était pour visiter un asile de jeunes filles construit par le père Ratisbonne à quelque distance de cette

église. Cet asile est un des meilleurs établissements de Palestine. Une cinquantaine de jeunes
filles de tout âge, de toutes conditions et de toutes
religions y reçoivent une instruction saine et solide, y apprennent le français, l'arabe et un métier quelconque. Elles y entrent de fort bonne
heure, et c'est néanmoins quelquefois bien tard!
Des fillettes de huit ans qui se présentent pour passer quelques mois dans l'asile du père Ratisbonne
sont déjà fiancées. On comprend quels résultats
déplorables amènent des unions si hâtives; le
moindre de tous est la dégénérescence d'une race
qui se reproduit à un âge où le corps est à peine
formé. Les pères et les sœurs de Sion s'appliquent
de leur mieux à retarder ces mariages trop préco-
ces. Heureusement leur influence est grande et
leur voix est souvent écoutée. L'asile du père Ratisbonne est une véritable oasis au milieu d'un désert. Il est entouré de cultures qui servent de modèle aux paysans des environs et qui sont dirigées
avec tant de soin que leurs produits suffisent à
l'entretien du couvent. L'eau n'y manque pas,
grâce aux grands bassins où on la recueille avec
soin; on la distribue ensuite aux jardins et aux
plantations d'oliviers, qui sont disposés par étages et
par gradins pour faciliter l'arrosage. Les pères de
Sion sont d'excellents agriculteurs : leur propriété
constitue une sorte de ferme-école pour la population de Saint-Jean. Quant aux sœurs, j'ai pu con-

stater que l'éducation qu'elles donnent aux jeunes filles était excellente et surtout très pratique : elles leur apprennent, outre notre langue, l'ordre, la propreté, l'art de diriger un ménage, choses parfaitement inconnues en Palestine. C'est un plaisir de voir, dans une contrée où règne une saleté si sordide, un charmant troupeau de jeunes personnes décemment vêtues, la figure souriante, chantant en chœur des cantiques français et s'habituant à regarder la France comme l'espoir et le modèle de leur pays.

Les bonnes sœurs de Sion ne s'interdisent pas d'innocentes plaisanteries. Elles ont trouvé dans leur jardin un petit sarcophage qui contenait des ossements énormes ; comme on est tout près du Térébinthe, où David ramassa les cailloux dont il frappa Goliath au front, elles se sont empressées de déclarer qu'elles avaient mis la main sur le tombeau du géant. Elles rient de leur invention, je ne sais trop pourquoi, car les trois quarts et demi des lieux saints de Jérusalem ne sont pas à coup sûr beaucoup plus authentiques que le tombeau de Goliath. Pour mon compte, il m'inspire autant de confiance que le lieu de la Visitation qu'on va voir dans les environs de Saint-Jean-dans-la-montagne. La route est charmante. Elle traverse une sorte de monument en ruine transformé en fontaine. Au premier étage, deux arceaux élégants soutiennent une plate-forme qui sert de mosquée aux musulmans ; rangés en longues files, ils s'élèvent et s'abaissent en cadence, tandis que des jeunes filles, des femmes et des enfants barbotent au-dessous d'eux dans l'eau de la fontaine que retient une sorte de réservoir formé de colonnes brisées. Les femmes remplissent leurs cruches, lavent du linge, prennent des poses inconsciemment gracieuses; les enfants grouillent dans la vase. Quelques arbres ombragent ce joli tableau. De l'église de la Visitation je ne dirai rien, sauf qu'on y remarque des ruines de chapelle gothique qui datent probablement des croisades. Pour changer de route en revenant à Jérusalem, on descend dans la vallée du Térébinthe, et si c'est au printemps, rien n'est gracieux comme les myriades d'anémones, de tulipes et de pâquerettes qui recouvrent de toutes parts les flancs des collines. La vallée du Térébinthe est fort cultivée; elle est remplie de champs de blé et de plantations d'oliviers qui s'étendent à perte de vue. Arrivé sur la route pierreuse de Jérusalem, toute cette verdure disparaît; on reprend ce triste chemin qui conduit à la plus triste des villes. Je dois avouer cependant qu'il était moins triste que de coutume le jour où je suis revenu de Saint-Jean-dans-la-montagne. C'était à l'époque de la Pâque juive, et des centaines d'israélites endimanchés animaient la campagne de couleurs étincelantes. Les femmes portaient des robes à grands ramages et des châles multicolores, les hommes avaient revêtu aussi leurs plus belles robes. De près, toute cette population était affreuse : de loin, elle enlevait au paysage sa monotonie ordinaire. Assise le long du chemin, répandue parmi les rochers et les pierres, elle se détachait sur le fond grisâtre du pays avec une vivacité de relief qui aurait charmé le regard d'un coloriste et auquel personne ne pouvait rester insensible.

IX

SAINT-SABA. — MER-MORTE. — JÉRICHO

C'est, je l'avoue, avec un vif sentiment de délivrance que j'ai quitté Jérusalem pour me rendre en Galilée. Je devinais que j'allais enfin trouver l'Évangile, vainement désiré et cherché dans ce qu'on appelle, par une sorte d'ironie, la ville sainte. Jérusalem ressemble à la Rome du xvie siècle, où l'on ne pouvait rester ou devenir chrétien qu'à la condition de se dire, comme le juif de Boccace, qu'il fallait que le christianisme fût bien réellement divin pour résister aux superstitions, aux scandales, aux pratiques païennes dont il était assailli de tous côtés. A peine à cheval pour la Mer-Morte, on éprouve l'impression d'un cauchemar qui s'efface.

J'ai fait le voyage de Palestine seul, avec un drogman et un moukre pour toute escorte, en dépit des remontrances que l'on m'avait adressées sur le prétendu danger de m'aventurer autrement qu'en caravane dans les régions fréquentées par les Bédouins. Mon drogman n'était pas d'un courage au-dessus de l'ordinaire ; mais c'était un parfait honnête homme qui avait jugé inutile de me causer des terreurs factices afin d'exploiter ma crédulité. En conséquence, il m'avait avoué franchement que, depuis quinze ans qu'il exerçait son métier, il ne s'était trouvé exposé à aucune aventure, et qu'aucun de ses confrères n'avait été plus maltraité que lui. Quand je l'avais consulté sur la nécessité de porter des armes, il m'avait offert généreusement de m'en prêter de fort belles, attendu que pour son compte il n'avait jamais jugé nécessaire de se servir de celles qu'il avait héritées de ses ancêtres et qui étaient, paraît-il, de vrais bijoux de famille. Naturellement j'avais refusé son offre et nous sommes partis, lui et moi, armés de notre scepticisme, qui nous a mieux servis contre les Bédouins que n'auraient pu le faire des revolvers et des carabines. La veille du jour où je me suis mis en route, des pèlerins revenus de la Mer-Morte m'avaient prévenu qu'une grande bataille se livrait sur ses bords entre différentes tribus. Je m'attendais pour le moins à relever les morts. Ma déception a été grande en trouvant le prétendu champ de bataille absolument dépourvu de cadavres.

Il faut se méfier beaucoup des histoires de brigands que l'on raconte à Jérusalem et que les voyageurs grossissent ensuite dans leurs récits. La seule précaution à prendre pour aller à la Mer-Morte est de se faire accompagner par un homme d'une des tribus du Jourdain. C'est une redevance qu'on est obligé de payer sous peine de désagrément. On trouve à Jérusalem un certain nombre de ces guides. On en loue un pour la modique somme de vingt francs, au maximum, et l'on a le plaisir d'être précédé pendant deux jours par un Bédouin élégant, aimable, bon enfant, qui caracole devant vous, qui vous ramasse des fleurs et des pierres, qui vous fait un excellent café et qui vous donne des poignées de main avec la désinvolture et la grâce charmantes des Arabes du désert.

Je suis donc parti de Jérusalem précédé d'un Bédouin et accompagné de mon drogman, Francis Marroum, un syrien chrétien qui a fait ses études au collège de Beyrouth. Aussi peut-il causer au besoin littérature et philosophie; de plus, il porte d'admirables moustaches d'une dimension étonnante: c'est à tous égards un excellent homme et un parfait drogman. On sort par la porte de Jaffa, on descend une vallée rocailleuse, puis on suit le torrent de Cedron, dont le lit desséché s'enfonce dans des vallons tortueux où l'on s'enfonce avec lui. A mesure qu'on s'éloigne, Jérusalem s'élève sur les hauteurs ou elle est placée; de distance en distance, on se retourne pour l'apercevoir une dernière fois; on distingue assez longtemps la mosquée d'Omar, puis la tour de David; enfin tout s'efface, et l'on se perd dans des gorges profondes, au milieu de montagnes arides que ne recouvre aucune verdure. Après deux heures de marche, la vallée prend tout à coup un aspect nouveau : le Cédron, qui n'était jusque-là qu'un petit torrent, se creuse tout à coup un lit d'une profondeur effrayante et d'une grande largeur, à travers d'immenses murailles de rochers, composées d'immenses couches horizontales que coupent de distance en distance des grottes et des crevasses qui ont jadis servi d'asile à des anachorètes, formant un gigantesque monastère naturel rempli des cellules les plus pittoresques, pareilles à des nids d'aigles suspendus sur l'abîme. C'est dans un paysage semblable que devait se réaliser l'idéal de la vie du désert telle qu'elle était comprise et pratiquée dans les premiers siècles du christianisme. Assurément ce n'était pas un idéal de solitude, puisque l'on vivait à côté les uns des autres, mais c'était un idéal d'existence mystique consacrée tout entière à la prière et à la contemplation. Impossible de penser à autre chose qu'à Dieu dans cette gorge terrible où rien ne saurait distraire le regard ! Saint Jérôme nous apprend cependant que les anachorètes de Palestine pensaient souvent à leurs voisines, car les femmes se condamnaient à la même règle et aux mêmes habitudes que les hommes, tant il est vrai que l'humanité est toujours la même, et que s'il nous est facile de renoncer au monde, nous n'arriverons jamais à renoncer complètement à nos cœurs ! Il y aurait un livre charmant à écrire sur la vie cénobitique aux premiers siècles de l'Église, et si l'on voulait l'écrire avec un sentiment juste de ce passé si lointain, c'est à Saint-Saba qu'il faudrait venir en retrouver l'impression. Au premier abord, on distingue à peine le monastère des rochers au milieu desquels il s'élève. Je n'ai jamais rencontré de construction plus étrange. Qu'on se figure, sur l'un des côtés de la gorge rocheuse que je viens de décrire, de longues murailles de forteresse avec des tours, des créneaux, tout l'appareil des enceintes du moyen âge ; à l'intérieur de ces murailles, des plates-formes, des dômes, des séries de chambres disposées en étage du haut en bas des rochers, depuis le lit du torrent du Cédron jusqu'au sommet de la montagne. Parfois, les bâtiments sont interrompus, la roche redevient nue, mais elle est alors percée de cellules comme dans les environs du monastère, et des religieux y vivent à la manière des anachorètes d'autrefois. Le couvent appartient aux Grecs, gens peu braves de leur naturel, qui ont une terreur abominable des Arabes au milieu desquels ils demeurent. Ce n'est donc pas par amour des vieux usages, mais par peur de leurs voisins qu'ils conservent à leur habitation l'aspect d'une forteresse.

On n'entre chez eux qu'au moyen de précautions
qui vous reportent au temps où les chevaliers de
Walter Scott avaient tant de peine à se faire ouvrir,
le soir, à la tombée de la nuit, les portes fantastiques des monastères. Pour pénétrer à Saint-Saba,
il faut avoir une permission du patriarche grec.
Dès que les moines vous aperçoivent, ils font glisser un panier du sommet de leurs murailles ; vous
mettez votre permission dans ce panier, et, après
mûr examen, si elle est jugée authentique, on vient
enfin vous ouvrir un léger guichet qu'on referme
aussitôt que vous êtes passé. Même avec ces précautions, les femmes ne peuvent être admises dans le
couvent. Plus prudents ou moins courageux que
les anachorètes de saint Jérôme, qui s'exposaient
aux tentations les plus délicates, qui partageaient
non seulement leurs cellules, mais même leurs
couchettes avec leurs compagnes de vie religieuse,
afin de prouver un courage au-dessus de toutes les
tentations, les moines actuels de Saint-Saba excluent
absolument les femmes de leur résidence. Toutefois,
comme ils sont hospitaliers, ils leur offrent l'asile
d'une tour située en dehors de l'enceinte du monastère, et, comme ils sont prévoyants, la porte de
cette tour est située si haut que les Bédouins ne
pourraient y arriver sans escalade et que personne
ne peut y monter sans échelle.

J'avais rencontré sur ma route, en allant à Saint-
Saba, un moine grec nommé Constantin Vrissis,

qui m'avait mis tout de suite au courant des usages de son couvent. C'était un homme instruit ; il avait fait de bonnes études à Athènes et il ne manquait pas de conversation. Il avait commencé par être catholique ; il était même allé à Rome pour accompagner je ne sais quel évêque ; mais la vue de Pie IX l'avait médiocrement touché. A son avis, le pape n'était qu'un patriarche ordinaire, et c'était par un fol orgueil qu'il avait voulu se mettre au-dessus de ses confrères. Ayant reconnu cela à Rome, ayant trouvé en outre que la ville éternelle n'avait rien d'édifiant, il s'était converti au rite grec. C'est du moins ainsi qu'il me contait son histoire ; mon drogman, catholique fervent, ajoutait qu'il avait trouvé son intérêt dans sa conversion : le patriarche grec lui avait donné une bonne place dans les bureaux du patriarcat, et, comme il avait l'humeur voyageuse, il avait plusieurs fois escorté de hauts dignitaires de sa nouvelle Église en Italie, en France et en Allemagne. Sa dernière excursion l'avait conduit à Paris, durant l'exposition. Il fallait l'entendre parler de Paris ! On croit généralement qu'en Orient les catholiques seuls admirent la France ; c'est une erreur : à quelque race, à quelque communauté qu'ils appartiennent, notre pays est pour tous les Syriens le plus grand, le plus beau, le plus puissant des pays. Paris exerce sur leur imagination une fascination extraordinaire. Je n'en ai pas ren-

contré un seul qui ne m'en parlât avec l'enthousiasme
des Juifs célébrant Jérusalem. Son nom fait briller
tous les yeux, éclater des exclamations d'enthousiasme sur toutes les bouches. On ne saurait croire
quelle impression étrange et charmante à la fois on
ressent tout à coup lorsque, perdu dans un désert
affreux, comme je l'étais en allant à Saint-Saba, on
est abordé par un Oriental au costume pittoresque
qui vous dit, comme m'a dit Constantin Vrissis :
« Êtes-vous Français ? Venez-vous de Paris ? » et
qu'à votre réponse affirmative, il s'écrie aussitôt :
« Et moi aussi j'ai été à Paris ! » Constantin Vrissis
aimait-il réellement la France ? Je ne sais, car avec
les Grecs il faut toujours se méfier un peu. Néanmoins, il était sincère, je le crois, quand il me
parlait de la reconnaissance de son pays pour ce
que nous venions de faire en sa faveur au congrès
de Berlin : « Ah ! Waddington ! Grévy ! Gambetta !
quels hommes ! » s'écriait-il à tout propos. Je ne
m'attendais pas à trouver, dans un site du ve siècle, au milieu de tous les souvenirs des premiers
âges du christianisme, l'écho du nom de M. Waddington. Tout philhellène qu'il fût, Constantin
Vrissis parlait avec autant de plaisir de son couvent que de la Grèce. Ce n'est pas que son couvent lui plût ; d'abord il m'avouait franchement
que les Bédouins qui l'entouraient lui faisaient une
peur horrible ; et puis, s'il fallait tout dire, un
esprit cultivé comme le sien s'accommodait mal de

la grossièreté des moines ses confrères, de même que son estomac délicat répugnait aux olives qui faisaient leur nourriture. Il avait des goûts plus raffinés. Sachant l'histoire, il regrettait le passé : au ve siècle, quand saint Saba bâtit le couvent, quatre mille anachorètes s'y réfugièrent et dix mille autres vivaient aux alentours, dans les antres des rochers. Parmi cette immense population, il eût été étrange de ne pas rencontrer quelques hommes d'un commerce agréable. Mais il n'y a plus aujourd'hui, à Saint-Saba, que cinquante religieux assez crasseux. Jadis, de Jérusalem au Mont-Sinaï, on ne comptait pas moins de trois cent soixante-cinq couvents, un par jour de l'année, dont les cloches se répondaient dans un carillon perpétuel. Il valait la peine alors d'être moine; on sentait qu'on appartenait à une corporation ouissante, occupant tout un pays. Mais la décadence est venue, elle est complète. Naguère encore, le couvent de Saint-Saba jouissait du revenu de terres en Russie ; on le lui a confisqué après la guerre avec la Turquie. Il ne vit donc plus que des aumônes des pèlerins, maigre pitance que Constantin Vrissis, dans la finesse de ses goûts, trouvait bien insuffisante, sinon pour les autres, du moins pour lui.

J'ai visité le couvent de Saint-Saba, avec Constantin Vrissis pour guide. Il ne contient rien de remarquable. On y montre surtout une source miraculeusement découverte par saint Saba, qui a planté tout à côté un palmier dont les dattes ont la propriété de rendre les femmes grosses. Je ne sais comment ces dernières s'y prennent pour en manger, puisque l'accès du couvent leur est interdit ; mais la grossesse des femmes est une préoccupation perpétuelle pour le clergé grec, lequel est toujours prêt à la produire par miracle lorsqu'elle ne se produit pas autrement. Plusieurs des grottes du monastère sont curieuses : l'une d'elles contient un ossuaire formé des crânes des anachorètes martyrisés par les bandes de Chosroès au commencement du VIIe siècle ; une autre servait de cellule à saint Saba. Un jour que le saint était sorti, un lion vint s'y coucher ; mais le saint, confiant en Dieu, y entra comme à son ordinaire et se mit à réciter l'office. Le sommeil le gagna dans ce pieux exercice. Le lion le prit alors par la manche et le tira hors de la grotte. Le saint, s'éveillant, rentra et recommença son office. L'office n'étant pas devenu plus amusant, il s'endormit de nouveau et fut traîné une seconde fois dehors. Alors le saint s'adressa à l'animal et lui dit d'un ton sévère : « N'y a-t-il pas ici assez de place pour deux ? » Et en même temps il lui désigna un coin. Le lion s'y installa en silence et continua d'y demeurer avec lui. A mon avis, il eut raison de ne rien dire ; mais s'il avait reproché au saint de dormir pendant l'office, il n'aurait pas dépassé les bornes d'une critique permise. On montre le coin occupé par le lion ; le frottement du corps de l'animal l'a usé. Les moines actuels, suivant les traditions de leur fondateur, vivent en bonne intelligence avec les animaux ; on peut voir des oiseaux sauvages, planant au-dessus des rochers, descendre et venir manger familièrement dans leurs mains. C'est le soir surtout que se produisent ces spectacles. Au déclin du jour, dans le silence profond qui enveloppe la nature déserte, le monastère de Saint-Saba prend des aspects fantastiques. La cour est remplie de pèlerins russes chuchotant à voix basse ou fredonnant sourdement leurs hymnes mélancoliques ; sur les terrasses, des moines vêtus de robes sombres où s'étalent de longues barbes grises, se livrent à la contemplation ; les murs s'élèvent à de si grandes hauteurs qu'on ne distingue les fragments du ciel brillant d'étoiles que comme on le ferait du fond d'un puits. Peu à peu l'ombre descend et s'épaissit de plus en plus, les dernières rumeurs s'apaisent, et la mystérieuse émotion que devaient éprouver les anachorètes des premiers siècles, quand la nuit tombait sur leurs grottes, envahit jusqu'aux voyageurs modernes égarés dans ce site et dans ce milieu d'autrefois.

La chambre qu'on m'avait donnée était située sur la cour principale ; le lit ne manquait pas d'originalité ; il se composait d'une sorte de niche

creusée dans le mur ; on y avait posé un matelas
à peine plus épais qu'une couverture. Il eût été
difficile d'y dormir. J'apercevais d'ailleurs, en
face de moi, à travers une fenêtre mal fermée,
une petite rotonde qui recouvre le tombeau du
saint et qui restait illuminée toute la nuit. Des
moines s'y succédaient d'heure en heure pour
entretenir à la fois la prière et l'illumination. Je
ne me suis jamais si complètement arraché à la
vie moderne et plongé dans le passé. Ce qui fait
le charme de l'Orient, c'est d'y retrouver les
mœurs, les civilisations, les idées de tous les
siècles qui nous ont précédés, et dont on peut, en
quelque sorte, reconstruire l'histoire à l'aide de la
réalité présente. Rien, par exemple, ne ressemblait plus à la cour des Valois, que la cour de
l'ancien khédive d'Égypte : même désordre absolu
dans l'administration et dans la politique ; mêmes
fantaisies souveraines de la part du maître ; même
mélange extraordinaire du comique et du tragi-
que, de farces dignes de la foire et de drames
dignes de Shakespeare dans la vie des courtisans ; et
à travers tout ce désordre, même sentiment d'une
certaine grandeur qui semblait promettre un avenir fécond. A Saint-Saba, ce n'étaient plus les
souvenirs des Valois qui s'éveillaient en moi, c'était
ceux de saint Jérôme et des saintes femmes venues
avec lui en Palestine pour y mener cette existence
étrange, pleine de repentirs et de séductions, qui

était à la fois le dernier des romans mondains et
la meilleure des préparations au ciel. Il me semblait que je voyais leurs ombres s'agiter dans ma
chambre, et que la petite lumière qui brillait sur
le tombeau de saint Saba était la lampe de saint
Jérôme éclairant ses travaux nocturnes. Que nous sommes loin cependant de ces vieux anachorètes ! Entre
l'existence paresseuse et crasseuse des moines grecs
et les occupations délicates, les fortes études, les
violentes et prochaines espérances de saint Jérôme
et de ses compagnes, quelle distance ! La poésie des
premiers siècles du christianisme a disparu pour
toujours ; la vie cénobitique ne peut plus être une
noble et grande vie ; il y a encore un bel avenir
pour les ordres religieux qui se consacrent à la
propagande, à l'enseignement, qui vont porter sur
tous les points du globe, avec la foi chrétienne, la
civilisation moderne qui en est sortie ; mais l'homme
distingué ne saurait plus se retirer dans des ravins
et des grottes inaccessibles pour y attendre la venue d'un règne de Dieu dont l'espoir immédiat ne
serait désormais qu'une folie. Quant à la science,
ce n'est plus dans la solitude qu'elle peut se créer
et se développer ; il lui faut des moyens nouveaux
que le désert serait impuissant à lui procurer. Les
anciens anachorètes laissaient couler leurs jours
dans l'immobilité de la contemplation, les yeux
fixés vers le ciel, où il leur semblait que la Jérusalem nouvelle, parée comme une épouse, allait se

montrer tout à coup ; l'aurore de cette apparition merveilleuse colorait les rochers les plus arides d'une lumière idéale ; si triste que fût la nature autour d'eux, ils ne s'en apercevaient pas, ils ne voyaient que leur rêve. Aujourd'hui ce rêve est dissipé, et si les grottes de Saint-Saba s'emplissaient de nouveau d'âmes généreuses et d'esprits élevés, ne se sentiraient-ils pas envahis bientôt par le mépris de la réalité, le dégoût du présent, le doute de l'éternité ?

La dureté de mon lit, qui m'empêchait de dormir, donnait un libre essor à mes réflexions. Fatigué cependant d'avoir les os moulus, je finis par me lever, par ouvrir ma porte et par errer à l'aventure. Il était près de trois heures du matin. La lune, sur son déclin, s'était levée ; elle illuminait le couvent de sa faible clarté. La gorge de Saint-Saba restait plongée dans une obscurité profonde, mais le sommet des rochers et les murs du monastère, doucement éclairés, se dressaient comme des fantômes blancs sur ces profondeurs sombres. Quelques Arabes erraient dans les cours, quelques anachorètes priaient à la porte de leurs cellules. Dans les chambres voisines de la mienne, des Anglais, couchés sur des divans, dormaient à la lueur tremblante d'une veilleuse, comme des voyageurs consciencieux qui redoutent la poésie de la nuit parce qu'elle empêche de prendre des forces pour supporter la fatigue du jour. A des intervalles réguliers, la cloche de l'église faisait entendre un glas triste et monotone. Je devais partir à cinq heures; il était trop tard pour me recoucher. Rien d'ailleurs de plus intéressant que de parcourir un couvent dont les couloirs sont des sentiers creusés dans le roc et suspendus sur l'abîme, à la lueur indistincte d'un dernier croissant de lune qui, donnant aux objets les formes les plus étranges, permet à l'imagination de se livrer à tous ses caprices sans la ramener brusquement à la vue nette de la réalité. J'oublierai difficilement les dernières heures de la nuit que j'ai passée ainsi à Saint-Saba, perdu dans la solitude, entre un ciel muet et une terre obscure, roulant dans mon esprit l'éternel problème que les anachorètes chrétiens croyaient avoir résolu et que nous cherchons encore à résoudre à la place même où ils se réjouissaient d'en avoir trouvé la solution.

A cinq heures du matin, le jour commençait à poindre. Je remontai à cheval, je quittai le monastère de Saint-Saba, disant adieu aux souvenirs de la vie cénobitique qui m'avaient occupé toute la nuit. Pendant quelques moments encore, la vue des grottes dans le rocher, quelques débris de constructions qui rappelaient d'anciens ermitages, me ramenaient à l'objet de mes réflexions nocturnes; mais bientôt, le pays changeant tout à fait d'aspect, mes pensées prirent une autre direction. J'étais en plein désert, au milieu de montagnes sauvages sur lesquelles des

gazelles fuyaient avec rapidité mon approche; la
route s'élevait sans cesse. Parvenu au sommet d'une
chaîne qui dominait toutes les autres, un superbe
spectacle se déroula sous mes yeux. C'était une
série de plaines et de monticules qui, à la hauteur
où j'étais, produisaient l'effet d'une carte en relief.
On ne distinguait aucun village, aucune construction dans cet immense paysage : seulement, de
loin en loin, au flanc de quelques collines, une légère fumée indiquait un campement bédouin. Il
est impossible de remarquer à une certaine distance
un campement bédouin : les tentes rasent de trop
près la terre, leur couleur brune se confond trop
avec la teinte du sol, pour que l'œil les discerne
des objets qui les entourent et y voie autre chose
qu'un simple accident naturel. La fumée seule,
quand quelque feu y est allumé, révèle des habitations humaines. En descendant des hauteurs pour
gagner les plaines et les vallons, je côtoyais de très
près plusieurs de ces campements; des Bédouins à
mine sauvage, armés de grandes carabines, conduisaient leurs troupeaux aux pâturages; d'affreuses
Bédouines, d'une noirceur et d'une saleté repous-
santes, écrasaient du blé sous des meules de pierre;
quelques chiens aboyaient aux passants. Parfois
aussi, des chameaux dessinaient leur étrange profil au sommet d'une colline. Rien n'est plus fan-
tasque que le profil de chameaux se détachant sur le
ciel d'Orient; ce singulier animal est, comme le pal-

mier, dont la forme pittoresque s'harmonise parfaitement avec le reste de la nature, ce qui donne aux
paysages orientaux le plus grand cachet d'originalité. J'étais en plein pays bédouin. A peine
sorti de la vie cénobitique, je me trouvais
transporté dans une vie non moins éloignée de nos
idées et de nos mœurs, dans une vie également
solitaire, mais où les entraînements aventureux
remplacent la contemplation, le mysticisme et la
prière. Malgré moi, les histoires de brigands que
j'avais entendues à Jérusalem me revenaient à la
mémoire, et, sans m'inspirer aucune crainte, elles
m'aidaient à comprendre les habitudes des populations clairsemées que je rencontrais sur ma route.
Le Bédouin a une manière de comprendre la
grandeur morale et l'héroïsme religieux, qui ne
ressemble guère à celle des anachorètes chrétiens.
Ce n'est pas lui qui songerait à s'installer dans le
creux d'un rocher, à y rester jusqu'à sa mort
plongé dans la méditation : il lui faut une demeure
légère, difficile à apercevoir, pour éviter les surprises de l'ennemi, facile à transporter pour pré-
venir ses attaques, nomade comme lui-même, sans
consistance comme lui. Son idéal moral est approprié à son existence de camp volant. Tomber sur
des caravanes quand elles ne sont pas alliées à sa
tribu, enlever leurs troupeaux, s'emparer de
leurs biens, massacrer ceux qui les défendent,
surtout si ce sont des habitants de villes, tels

sont les actes vertueux qu'il prise le plus. Nous
enverrions aux galères, comme voleurs de grands
chemins, les plus nobles personnages des légendes
bédouines. Lorsque nous lisons la fidèle et drama-
tique description de la vie du désert que nous offre
le délicieux roman d'Antar, ce n'est pas sans surprise qu'au moment où notre cœur est près de se
soulever au récit des abominations, des vols, des
meurtres et des cruautés commises par les héros
de cette épopée du brigandage, nous voyons
éclater tout à coup des kasidas enthousiastes où
sont célébrés comme des hauts faits ce qui nous
paraît d'abominables crimes. Une sorte de vénération religieuse s'attache, chez les Bédouins, aux
hardis aventuriers qui ont pratiqué les maximes
du roman d'Antar sur la confusion du tien et du
mien, ainsi que sur la conduite à tenir envers les
bourgeois et les membres des tribus non alliées.
Ce sont les saints de leur calendrier, et, parmi les
tombeaux qu'ils révèrent, aucun n'excite plus de
dévotion que ceux de bandits canonisés par le
sentiment populaire. Personne n'ignore l'histoire
d'Abû-Ghôsh, le terrible chef de bande, terreur
des pèlerins de toutes les confessions, qui, durant
de si nombreuses années, a mis au pillage les
caravanes de Jérusalem. Traqué, pris et exécuté
par Ibrahim-Pacha, son tombeau est l'objet d'un
culte de la part des Bédouins qui campent autour
du vieux nid de brigands de Kiriath-al-'Inab. C'est

le tombeau d'un martyr du bédouinisme, espèce toute particulière de religion dont les adeptes ne sont ni moins fervents, ni surtout moins pratiquants que ceux des religions plus pacifiques. Ibrahim-Pacha ne se contenta pas de débarrasser la route de Jérusalem des embuscades d'Abû-Ghôsh, il voulut aussi purger la vallée du Jourdain, qui était, pour des héros de même nature, le théâtre d'exploits du même genre. On m'a montré aux environs de Saint-Saba « la vallée sainte » où les brigands de la tribu d'Abu-Nuseïr, mis à mort par Ibrahim-Pacha, ont reçu la sépulture. Quand un Arabe passe par la sainte vallée, il ne manque pas de prononcer avec respect les paroles : *Destûr jâ mubârakin*, c'est-à-dire : « Avec votre permission, aux bénis! » et, s'approchant davantage, il baise successivement les monuments qui désignent les tombeaux. Comme nous restions à une certaine distance de la vallée, le Bédouin qui me servait d'escorte ne put accomplir la seconde partie de la cérémonie, mais il n'eut garde d'oublier la première. N'était-il pas tout à fait rassurant de voir un homme qui jouait auprès de moi le rôle de gendarme rendre aux voleurs un hommage aussi pieux? Un peu plus loin, près de la Mer-Morte, aux abords d'Engaddi, on rencontre les tombes des héros de la tribu Rushdijja, saints tout pareils aux autres et qui sont l'objet d'un culte tout pareil. Cette contrée est le centre même

de la vie bédouine, et lorsqu'on sort du christianisme, lorsque surtout on vient d'en étudier les
côtés doux, tristes, détachés du monde, il est bien
curieux de se trouver aussi vite en présence d'un
panthéon bédouin peuplé d'escrocs et d'assassins qui
ne manquent pourtant ni de poésie, ni de grâce,
et qui excitent chez ceux qui les vénèrent une
admiration non moins profonde que celle de nos
chrétiens les plus fervents pour les anachorètes
du temps passé.

A mesure que l'on s'avance vers la Mer-Morte, la
nature devient plus sévère, sans perdre de sa
grandeur. Les montagnes sont d'une blancheur qui
fatigue et éblouit les yeux; mais la verdure et les
fleurs des vallées consolent un peu de cette tristesse des sommets. On aperçoit au loin, sur une
élévation, le tombeau de Moïse, non moins vénéré
par les Arabes que celui d'Abû–Ghôsh. Comme il
est situé à une trop grande distance de la route
pour qu'ils puissent aller le visiter, chacun d'eux
se contente de déposer une pierre sur de grands
amas de cailloux placés en face de lui et qui jouent
le rôle de prières perpétuelles. Les musulmans
racontent que Moïse avait atteint cent vingt ans,
mais qu'il ne se pressait pas de mourir, car il pensait encore être nécessaire à son peuple et, comme
tous les hommes qui ont longtemps dirigé les
autres, il n'était pas éloigné de se croire indispensable. Or Dieu, avec lequel il avait, on le sait,

d'intimes relations, lui avait promis de ne le rappeler de ce monde que lorsqu'il serait volontairement descendu dans son sépulcre. Fort de cette promesse, Moïse faisait traîner les choses en longueur. Un jour cependant qu'il se promenait dans les montagnes, il aperçut sur une colline blanche comme la neige quatre hommes qui creusaient, avec de grands efforts, une salle dans les flancs du rocher. Ces hommes étaient des anges revêtus par Dieu d'un déguisement humain destiné à tromper le prophète. « Que faites-vous dans ces lieux solitaires ? » demanda Moïse aux travailleurs. Ils répondirent : « Nous préparons une retraite où notre roi veut enfermer le plus précieux de ses trésors ; c'est pour cela que nous nous sommes écartés dans le désert. Notre tâche est à peu près finie et nous allons attendre ici l'arrivée du précieux dépôt qui ne peut pas tarder beaucoup. » Le soleil était ardent ; aucun abri aux alentours ne garantissait de ses rayons ; la caverne seule offrait de l'ombre et de la fraîcheur. Accablé de chaleur, Moïse entre pour se reposer un instant sur un banc de pierre qui semblait l'inviter au sommeil. Dès qu'il y est assis, un des quatre ouvriers s'approche de lui et lui offre, avec le plus grand respect, une pomme d'une couleur appétissante et d'un parfum rafraîchissant. Le prophète altéré l'accepte avidement. Mais à peine en a-t-il respiré l'odeur qu'il tombe dans le sommeil de l'éternité.

Son âme, recueillie par les anges, est portée sur leurs ailes devant le trône de Dieu; son corps reste étendu dans la grotte, où il repose encore aujourd'hui. Depuis lors, cette roche qui trompa la prudence de Moïse a conservé à l'extérieur sa blancheur apparente; mais dès qu'on la fouille on la trouve plus noire, sous cette couche superficielle, que ne le sont les anges de la mort. — Je crois aisément à la vérité de ce dernier détail. Tout près du tombeau de Moïse se trouve, en effet, une vallée dont les pierres, très blanches à la surface, sont absolument noires dès qu'on les casse et répandent une odeur de bitume fort désagréable. Si on en approche une flamme, elles brûlent en dégageant une odeur plus désagréable encore. Les pas des chevaux qui les brisent suffisent pour fatiguer quelquefois l'odorat des voyageurs. Le tombeau de Moïse n'a donc rien de miraculeux: il inspire seulement quelques doutes sur la sincérité des engagements de Dieu et fait craindre qu'Escobar n'ait fait école jusqu'au ciel. Moïse a été à la lettre mis dedans. Les musulmans trouvent la chose toute simple, attendu qu'Allah, souverain maître des choses, peut changer le mal en bien et réciproquement; mais je ne saurais partager leur manière de voir; aussi, en passant en face du tombeau de Moïse, me suis-je bien gardé d'ajouter ma pierre au tas de cailloux formé par les fidèles. Il ne faut pas permettre à Dieu de se moquer de nous impunément!

Quand on a traversé les derniers contreforts des montagnes de Judée et qu'on se retourne un instant vers elles, l'aridité blanchâtre de cette chaîne désolée brûle les yeux. « Elles présentent, a dit Chateaubriand, de grands monceaux de craie et de sable qui imitent la forme de faisceaux d'armes, de drapeaux déployés, ou de tentes d'un camp assis au bord d'une plaine. » La comparaison est juste, mais à la condition d'admettre que ce camp est un camp de géants. La vallée du Jourdain et la Mer-Morte sont serrées entre la ligne des montagnes de Judée et la ligne des monts d'Arabie qui courent parallèlement de l'autre côté ; pour ces derniers, la description de Chateaubriand manque tout à fait d'exactitude. « Ce sont, dit-il, de noirs rochers à pic qui répandent au loin leur ombre sur les eaux de la Mer-Morte. Le plus petit oiseau du ciel ne trouverait pas dans ces rochers un brin d'herbe pour se nourrir ; tout y annonce la patrie d'un peuple réprouvé ; tout semble y respirer l'horreur et l'inceste d'où sortirent Ammon et Moab. » La phrase est belle, mais elle n'est pas juste. Les monts de la Moabitide et de l'Ammonitide sont loin de présenter cet aspect sombre et noirâtre. J'avais été frappé, en les apercevant de Jérusalem, où ils servent en quelque sorte de fond de toile à la ville qui semble s'en détacher, de la charmante teinte bleue dont ils étaient sans cesse revêtus. Ils ne projettent pas d'ombre sur la Mer-Morte, c'est la

Mer-Morte qui projette sur eux des reflets d'azur admirablement nuancés; Chateaubriand les accuse à tort d'être inhospitaliers aux oiseaux du ciel. Leurs replis renferment des vallons d'une fertilité merveilleuse, où viennent toutes les moissons, où poussent tous les fruits. En général, les voyageurs exagèrent beaucoup la désolation de la Mer-Morte; elle n'est réellement funèbre que dans leurs descriptions. Sans doute, les abords en sont incultes à une assez grande distance. De Jéricho à la Mer-Morte, c'est-à-dire dans un espace qu'on met deux heures à traverser au pas d'un cheval, la terre est absolument nue, blanche, crevassée. J'ai cru y distinguer des effets de mirage, comme dans le vrai désert; une végétation d'arbustes rabougris, recouverts de soufre et de sel, est trop maigre pour changer la teinte générale d'un sol terne et brûlé par le soleil. Mais si cette partie de la vallée de la Mer-Morte jusqu'au Jourdain mérite sa mauvaise réputation, la Mer-Morte elle-même a été calomniée. C'est un lac éblouissant dont les eaux sont trop lourdes pour que le vent puisse les soulever; elle offre donc une surface unie, calme, immobile, qui réfléchit l'azur du ciel comme un miroir. Elle est morte par son absence de mouvement; elle est vivante par sa brillante couleur et par la beauté de ses contours d'une ampleur et d'une grâce saisissantes. On l'a comparée à une mer en pétrification. Ses flots, en effet,

retombent pesamment et mollement sur la grève
sans jouer avec les cailloux, sans produire aucun
bruit. Leur agitation est imperceptible; c'est à
peine une ondulation légère. Personne n'ignore
que ces eaux ont un goût affreux et qu'elles sont
si denses que presque tous les objets y flottent
sans s'enfoncer. Le Jourdain charrie des arbres
et des arbustes dont les débris desséchés, répandus le long de ses rives, ressemblent aux os
d'immenses squelettes prêts à tomber en poussière.
On a beaucoup dit que l'air y était malsain:
malsain pour les plantes, c'est certain; pour les
hommes, c'est différent. Les personnes dont les
bronches sont délicates y respirent avec une facilité remarquable. Je ne serais pas étonné que la
Mer-Morte, qui renferme tant de richesses indus-
trielles qu'on exploitera tôt ou tard, ne devînt
un jour une station médicale fort recherchée des
poitrinaires ou de ceux qui sont menacés de le
devenir.

Presque tous les voyageurs se baignent dans la
Mer-Morte; les pèlerins regardent même cet exercice comme un devoir pieux. Pour y nager sans
inconvénient, il faut garder la position oblique;
car, dans la position ordinaire, les jambes s'élèvent
et, le buste enfonçant toujours, la bouche plonge
forcément dans l'eau, dont le goût est exécrable.
Si l'on ne sait pas nager, on peut très bien se tenir
debout et se promener en agitant les mains pour

ne pas perdre l'équilibre; l'eau vous porte sans le moindre effort. Quand on s'est baigné dans la Mer-Morte, il faut aller se baigner dans le Jourdain pour faire tomber les efflorescences de sel dont on est couvert. On remonte donc à cheval et l'on s'enfonce dans la région stérile qui justifie le nom funèbre donné à la Mer-Morte. Tout est blanc autour de soi; seulement, à une certaine distance, on aperçoit une ligne d'un vert sombre dans la direction de laquelle on se dirige avec impatience. C'est le Jourdain. Tout à coup, entre des rochers crayeux et déchiquetés, s'ouvre une profonde ravine chargée d'arbres de toutes sortes et remplie de murmures d'oiseaux; au milieu de ce berceau de feuillage coule un fleuve étrange que Chateaubriand a très fidèlement comparé à une route de sable en mouvement sur l'immobilité du sol. Ce mouvement est très rapide; sans cela on se croirait presque en face d'un simple ruban de boue. Il y a deux cent quarante mètres de différence de niveau entre le lac de Tibériade et la Mer-Morte, et comme la distance est d'environ trente lieues, cela fait huit mètres de pente par lieue; on s'explique donc que le Jourdain ait presque la rapidité d'un torrent, Il semble se précipiter vers la Mer-Morte, comme s'il était pressé d'aller se reposer de sa course emportée dans le calme mortel qui y règne toujours. Autour du fleuve la végétation est courte, mais singulièrement puissante; les arbres manquent d'élévation, mais ils sont surchargés de branches et de feuilles; ils forment des taillis presque impénétrables qui servent de refuge à d'innombrables oiseaux dont les brillantes couleurs et les chants délicieux ajoutent encore au charme du paysage. Malheureusement les moucherons sont plus nombreux encore que les oiseaux ; on en est littéralement dévoré, surtout si, comme c'est l'habitude, on déjeune au bord du Jourdain. La fumée des cigarettes les éloigne quelque peu; mais ils reviennent sans cesse, et c'est presque un supplice de les chasser perpétuellement de la main.

J'ai passé néanmoins des heures inoubliables auprès du Jourdain, sous un berceau de feuillage qui me procurait un peu d'ombre et de fraîcheur. La campagne d'alentour semblait grillée par le soleil; l'on entendait au loin cette sorte de bruissement vague que produit l'air surchauffé. Mais là où j'étais, la température, plus douce, était parfaitement supportable. Je m'étais assis sur un tronc d'arbre, les jambes pendantes sur le fleuve, à un endroit où il faisait une sorte de large coude qui me permettait de l'embrasser d'un regard. Des branches vertes venaient se baigner dans ses eaux troubles; un rocher rouge, d'une forme élégante, fermait l'horizon sur la rive située en face de moi. La solitude était complète ; le silence n'était troublé que par le murmure léger du flot et par des oiseaux, je ne sais lesquels, qui faisaient entendre un chant monotone composé de notes traînantes et plaintives qu'interrompaient de temps à autre des espèces de soupirs. Mon drogman, mon moukre et mon Bédouin s'étaient endormis, de sorte qu'aucune distraction ne troublait ma rêverie. Je n'avais guère pu me recueillir depuis le commencement de mon voyage, les objets si divers qui s'étaient présentés à moi ayant continuellement excité ma pensée et mon imagination. Mais je me trouvais enfin dans un site tranquille, presque européen à bien des égards, quoique à beaucoup d'autres il fût impossible d'en rencontrer un qui transportât à une aussi grande distance de l'Europe et qui éveillât dans l'âme de plus grands souvenirs humains et divins. La vue de ce fleuve noirâtre sur lequel ont flotté tant de choses saintes m'inspirait des réflexions assez tristes. Les flots bourbeux que j'avais sous les yeux avaient servi au baptême du Christ, et c'est dans cette onde impure que le christianisme naissant avait été trempé. Malgré moi, je ne pouvais m'empêcher de me dire qu'il lui était resté quelque chose de cette origine. Hélas! ne se mêle-t-il pas un peu de boue aux plus belles croyances, aux plus nobles créations? Il n'y a pas d'idée qui n'ait son revers, pas d'institution qui n'ait ses faiblesses! Je venais de voir à Jérusalem des effets admirables de la foi chrétienne; mais, à côté, que de petitesses! quel paganisme! quelles discordes! quelle étroitesse d'esprit! quels scandales et quelles misères ! Rien n'est donc parfait sur la terre ; rien de ce que crée l'homme ne satisfait l'idéal qu'il porte dans son cœur. La réalité n'est jamais au niveau du rêve ; lorsqu'elle semble l'égaler, ce n'est que pour un temps bien court. Les premiers chrétiens ont pu croire que le règne de Dieu allait enfin commencer ; ils se sont bercés de cette charmante illusion ; elle les a nourris et soutenus ; puis tout s'est évanoui comme dans un mirage. Les révolutions humaines, religieuses et politiques, obéissent toutes à la même loi. Ce qu'elles ont en elles de divin se montre d'abord dans une aurore rapide ; le monde séduit espère que la justice, ce bien suprême vers lequel il aspire sans repos, va descendre tout à coup des hauteurs inaccessibles de la spéculation dans le domaine de la pratique ; mais, peu à peu, le vieux limon qui est au fond de toutes choses remonte à la surface ; aux abus détruits succèdent d'autres abus non moins odieux ; en sorte qu'un régime fondé par des mains pures est renversé plus tard par des mains dont la pureté n'est pas moins grande. Les plus nobles esprits s'épuisent ainsi ou à fonder des œuvres éphémères, ou à ébranler les œuvres que d'autres nobles esprits ont fondées, mais que le temps a flétries depuis. Nous ne bâtissons que pour donner à ceux qui nous suivent l'occasion de détruire ce que nous avons bâti. La vie de l'humanité se consume dans ces constructions et ces destructions incessantes qui amènent, après les mêmes espérances, les mêmes dégoûts. Et ce n'est pas seulement le spectacle du monde et les jeux de l'histoire qui nous frappent par leurs lacunes et par leurs misères. Ce qui est en nous ressemble à ce qui est hors de nous. Quand nous descendons en nous-mêmes, quand nous cherchons à nous rendre compte de ce qui s'agite au fond de nos âmes, ne sommes-nous pas en présence du spectacle d'une aussi douloureuse impuissance? En vain, ne trouvant nulle part ni dans les idées ni dans les choses la perfection dont le désir nous poursuit, cherchons-nous à la réaliser du moins dans nos sentiments, nous ne sommes pas plus maîtres de notre cœur que de notre intelligence et de notre volonté; il nous échappe également pour retomber dans les tristes conditions de sa nature incomplète. Parfois la passion nous élève au-dessus de nos instincts ordinaires; nous croyons qu'elle va nous transformer. Nouvelle illusion! Il se mêle bientôt à ses plus purs élans mille faiblesses qui l'avilissent. Quel est celui qui, sondant ses plus chers souvenirs, n'y retrouve aucune impression dont il ait à rougir? Rien n'est immaculé: tout est disparate et relatif. Et pourtant l'esprit de l'homme est possédé d'un besoin insatiable d'absolu! Ce n'est pas en Judée qu'il serait possible de l'oublier. Voilà la terre des affirmations les plus énergiques, des affirmations soutenues jusqu'au sang. Eh bien! pour être sincère, moi qui la foule en ce moment, suis-je bien sûr d'une seule de mes croyances, d'une seule de mes émotions ? Que sais-je? Peut-être n'y a-t-il de vrai que le murmure des flots, le chant des oiseaux, le vague du désert et l'éternelle surprise de la nature. Nous passons avec nos doctrines d'un jour, avec nos amours d'une heure, avec nos illusions d'un instant; mais les objets extérieurs demeurent et ils imposent aux générations successives les mêmes rê-ves, les mêmes aspirations, les mêmes chutes, les mêmes angoisses, les mêmes espérances et les mê-mes déceptions. La moisson d'hier fait place à la moisson de demain, sans que les tristes fruits que porte l'humanité aient jamais varié. Depuis qu'il vit sur notre globe, rien ne s'est modifié autour de l'homme, et le trouble de son cœur n'a jamais changé.

Il y a longtemps que je n'avais vu de papillons; je n'en avais pas rencontré au milieu de toutes les fleurs de la Judée; c'est au bord du Jourdain que j'en ai trouvé pour la première fois dans mon voyage en Syrie. Ils se posaient sur les branches des arbres, tandis que des oiseaux minuscules et des hirondelles rasaient l'eau de leurs ailes. Des joncs, des tamaris poussaient sur les deux rives du fleuve; des trem-bles aux feuilles toujours frémissantes s'agitaient près de moi. J'avais eu une matinée très chaude pour la marche, surtout près de la Mer-Morte, dont la surface unie réfléchit la chaleur aussi vi-

vement que la lumière. Mais une légère brise souf-
flait le long du Jourdain, et, tout en me rafraîchissant, elle me donnait l'agréable sensation du bruit
du vent dans les arbres que je n'avais également
pas éprouvée depuis bien des mois. En Égypte, le
vent ne manque pas: mais il ne joue guère qu'avec
les palmiers, dont les feuilles presque métalliques
rendent un son strident qui diffère beaucoup du
délicieux murmure des feuillages européens. Le
Jourdain n'a aucun point de ressemblance avec le
Nil. Celui-ci est un fleuve d'une majesté sereine,
l'autre est une sorte de torrent qui rappelle nos ri-
vières de France lorsqu'un orage a gonflé et noirci
leurs eaux. Je ne sais comment il se fait cependant
que le bruit vif et cristallin des flots du Jourdain
a réveillé en moi le souvenir du murmure que font
les petites vagues du Nil lorsqu'elles viennent se
briser sur les fondements du palais de Choubra,
dans les environs du Caire. Le Nil décrit une immense
courbe au palais de Choubra, de même que le Jourdain à l'endroit d'où je le contemplais; mais la si-
militude s'arrête là. Si charmant que soit le paysage
du Jourdain, il est impossible de le comparer
à la campagne d'Égypte. C'est donc par un pur
caprice de ma mémoire ou de mon imagination que,
oubliant tout à coup la Judée et la solitude où j'étais
plongé, je me suis cru subitement transporté sur
la terrasse du palais de Choubra, avec quelques
amis touchés comme moi de ce merveilleux spec-

tacle, à l'heure de la chute lente et superbe du soleil derrière l'horizon enflammé du désert libyque. D'un côté, la chaîne du Mokatam, illuminée des lueurs du couchant, semblait être un massif de laves en fusion; de l'autre les dernières franges du ciel s'éclairaient de ces teintes rouges, vertes, violettes, dorées, multicolores que le soleil d'Orient laisse derrière lui en disparaissant. L'immense plaine d'Égypte était noyée dans une poussière lumineuse d'une douceur infinie. A nos pieds, le Nil réfléchissait avec une justesse exquise toutes les couleurs du ciel. Le silence n'était pas moins complet que sur les bords du Jourdain; il l'était davantage encore, car on n'entendait pas un seul cri d'oiseau; il n'y avait que le bruissement de l'eau qui arrivât à nos oreilles; nous n'avions garde de troubler, même par une exclamation d'enthousiasme, la mystérieuse émotion dont nous étions saisis; nos cœurs seuls parlaient, et ils n'avaient besoin d'aucun mot pour se répondre, tant l'admiration se communique vite, tant elle crée de secrètes intimités entre les âmes capables de la ressentir au même degré et dans les mêmes circonstances!

Mais j'étais bien loin du Nil, et mes rêveries seules pouvaient m'y transporter; or, les plus belles rêveries ont une fin. La journée s'avançait; il fallait partir. Du Jourdain à Jéricho, la distance est peu considérable; en deux heures environ, on l'a franchie. Je ne crois pas qu'il y ait dans toute la Pa-

lestine un site plus riche que celui de Jéricho; on
comprend sans peine que la manne ait cessé de
tomber pour les Hébreux au moment où ils arrivèrent à cette admirable oasis; ils n'en avaient
plus besoin; ils étaient dans un des pays les plus
fertiles du monde. Trois sources et une rivière
assez importante coulent le long de la vallée, où elles
répandent une fraîcheur qui tempère le climat brû-
lant des environs de la Mer-Morte. J'étais descendu
à Jéricho dans un hôpital russe d'une propreté
parfaite, dont les chambres sont installées avec tout
le confort qu'on peut souhaiter. Autour de la
maison s'étendait un jardin comme on n'en voit
point en Europe, un jardin rempli de citronniers
en fleurs, d'oliviers gigantesques, de cerisiers et de
vignes énormes, d'arbustes et de plantes de toutes
sortes. Il a été créé tout récemment; mais des
arbres qui comptent à peine deux ou trois années
d'existence ont à Jéricho la taille et les développements qu'ils n'atteindraient chez nous qu'en
vingt ans. Les champs d'orge et de blé sont tellement drus, tellement forts, que lorsqu'on y passe
à cheval, les épis vous arrivent jusqu'à la ceinture.
Par malheur, les ronces poussent aussi puissamment que les moissons dans cette plaine de Jéricho,
non moins fertile pour le mal que pour le bien,
patrie de Rahab, de Zachée et de tant d'autres
héros et héroïnes dans des genres fort divers. Il
faut les extirper sans cesse, mais, en dépit des plus

grands efforts, elles gagnent sans cesse du terrain. Il ne reste à Jéricho aucun vestige du passé, sauf une vieille tour en ruines qui sert de caserne à quelques zaptiés. Cette ville fameuse est aujourd'hui le plus sordide des villages arabes ; on l'appelait jadis la ville des Palmiers, et sa richesse était proverbiale ; on n'y trouverait pas aujourd'hui un seul palmier, et sa misère est effrayante. Il faudrait peu de chose cependant pour rendre à la terre son ancienne splendeur : quelques travaux d'irrigation permettraient d'y cultiver le riz, le safran, la canne à sucre, l'indigo, le mûrier, le lin, le chanvre, toutes les fleurs et tous les fruits. Malheureusement il ne suffirait pas d'y faire pousser d'abondantes récoltes, on devrait encore les défendre contre les Bédouins des environs qui font sans cesse des razzias dans une contrée largement ouverte à leurs incursions. Quoiqu'ils ensemencent une très faible partie de leur territoire, quoiqu'ils se contentent d'y recueillir quelque peu de froment, de doura et d'orge, les habitants de Jéricho ont besoin d'être armés sans cesse pour garantir contre les voleurs ces maigres moissons. On les voit le soir se poster auprès de leurs champs, des pistolets à la ceinture, des massues à la main, afin de passer la nuit en embuscade et d'éloigner à la fois les Bédouins et les animaux. La figure et l'allure de ces gardiens de récolte n'ont rien de rassurant, mais elles sont fort pittoresques à l'heure où l'obscurité qui s'avance en fait ressortir la puissante originalité.

J'étais destiné à contempler une série de beaux spectacles dans la même journée. Le coucher du soleil à Jéricho m'a laissé un profond souvenir. J'étais allé m'asseoir à l'extrémité du jardin de l'hôpital russe, sous un massif de citronniers en fleurs, en face d'un ravin au fond duquel coule une rivière entourée d'arbustes verdoyants. A ma droite, les derniers contreforts des montagnes de la Judée, d'un vert velouté et nuancé d'or, venaient mourir lentement dans la plaine ; à ma gauche, la longue chaîne des monts de la Moabitide et de l'Ammonitide, d'un bleu intense, dessinait sur le bleu pâle du ciel ses formes élégantes. Entre les deux lignes de montagnes s'étendait une immense plaine grise, toute semblable à un désert. Plus près de moi commençait l'oasis de Jéricho, et la rivière qui coulait à mes pieds sur les cailloux et parmi des touffes de verdure ressemblait à un de ces ruisseaux d'Europe dont on se déshabitue en Égypte, où il n'y a qu'un grand fleuve et des canaux. Des femmes y puisaient leur provision d'eau, qu'elles emportaient dans des outres en peau de bouc; des troupeaux de bœufs et de buffles venaient y boire avec lenteur; quelques Bédouins faisaient leurs prières sur la rive opposée à celle où je me trouvais. Des oiseaux et des grenouilles poussaient des notes discordantes; un pâtre chantant presque à pleine voix, chose bien rare dans un

pays où tout le monde chante du nez, faisait entendre une mélodie douce et grave qui se mêlait
pour moi à tous les souvenirs historiques du lieu
où je me trouvais. Le soir, les habitants du village
m'offrirent d'exécuter une danse bédouine aux
flambeaux. Je suis trop amoureux de couleur locale
pour refuser cette proposition. La danse bédouine
de Jéricho est célèbre dans toute la Palestine; j'a-
vouerai cependant qu'elle ne vaut pas sa réputation.
Les hommes s'avancent d'abord, en formant un
grand cercle où chacun frappe des mains pour
accompagner une sorte de refrain. Je ne compre-
nais rien à ce refrain, mais mon drogman se chargea de me le traduire. Les Bédouins, s'adressant
à moi, me disaient : « Vive monsieur ! Dieu le protége et lui donne de longs jours ! » Puis, en gens
pratiques et qui ne perdent pas de vue l'essentiel
de la vie, ils se tournaient vers mon drogman
en disant : « Dieu protége Francis, pour qu'il nous
fasse donner un bon bakchich ! » Ces paroles, qui
n'avaient rien de bien triste, étaient prononcées
sur le ton de la douleur la plus vive, tandis que
les Bédouins, les pieds à peu près immobiles, cour-
baient tous à la fois leurs corps à droite et à gauche comme des épis de blé que des vents contraires pousseraient dans toutes les directions. Tout à
coup, l'un d'eux, armé d'un cimeterre, se place au
milieu de la ronde mouvante, qu'il fait semblant
de vouloir traverser ; mais chacun le repousse, se

précipite à sa rencontre pour arrêter sa fuite; il est maintenu de force au milieu du cercle ennemi, qui se resserre de plus en plus autour de lui. Enfermé dans cette prison humaine, il pousse des cris de désespoir et fait le geste de se trancher la tête avec son cimeterre. A chaque reprise, la scène recommence; le Bédouin prisonnier se courbe pour essayer de passer entre les jambes de ses adversaires, se relève brusquement pour leur échapper par une attaque soudaine et, voyant ses efforts impuissants, gémit ses lamentations étranges et porte à son cou son arme inoffensive. De temps en temps, il s'avance vers moi en poussant une sorte de cri aigu, strident, métallique, qui sert de cri de guerre aux femmes lorsqu'elles assistent à une bataille pour encourager les combattants.

A l'extrémité du cercle des danseurs, de beaux vieillards accroupis et appuyés sur de longs bâtons font un admirable fond de toile; leur visage est noir comme du charbon, et, dans l'obscurité de la nuit, on ne distingue bien que l'éclat de leurs yeux, la blancheur de leurs dents et de leurs barbes, la grâce majestueuse de leur tournure. Des jeunes gens d'une dizaine d'années placés à côté d'eux ressemblent beaucoup plus, avec leurs longues robes ouvertes sur la poitrine, leur figure délicate, leur physionomie douce et étonnée, à des femmes qu'à des hommes. Je parle de vraies femmes, non des hideuses mégères qui exécutent le

second acte de la danse bédouine. Rien n'égale
la laideur repoussante de ce troupeau féminin,
qu'une vie de privations et de labeurs a transformé
en bétail humain. Toutes ces danseuses se ressemblent : jeunes ou vieilles, elles sont complètement
ridées, fanées, flétries. L'une d'elles, d'un aspect
ignoble, prend le cimeterre, le brandit sur sa tête,
le tourne et le retourne avec fureur dans ses mains
crispées. Les autres ne bougent pas, elles forment
un chœur immobile qui répète à satiété en frappant des mains : « Ta renommée, Monsieur, est
arrivée jusqu'à nous. C'est toi qui nous a protégées. Tu as tiré ton glaive et tu nous as défen-
dues. » Dieu m'en garde ! si le visage de ces femmes ne m'avait pas inspiré une prudente terreur,
j'aurais protesté avec indignation. J'affirme ne les
avoir protégées d'aucun risque; encore moins leur
en ai-je fait courir ! Celle qui dansait s'avançait
sans cesse vers moi en bondissant et en brandis-
sant son sabre; puis, lorsque sa bouche touchait
presque mon visage, elle faisait entendre un glous-
sement guerrier qu'elle prolongeait plusieurs minutes avec une force de respiration extraordinaire.
Il y avait de quoi reculer de dégoût ! J'avais les
oreilles brisées par tout ce vacarme et je ne son-
geais plus qu'à me défendre moi-même contre une
scène qui ressemblait beaucoup plus à une hallu-
cination qu'à une réalité. Mais, par bonheur, la représentation était finie ; hommes et femmes se re-

tirèrent en disant à qui mieux mieux : « Bakchich ! bakchich ! » C'est ainsi que tout se termine en Orient, les danses aussi bien que le reste, et dans les rêves de ma nuit, mêlant et transformant tous les souvenirs de la journée, j'ai revu à la fois le Jourdain, le Nil, la Mer-Morte et des têtes coupées dont les lèvres mourantes murmuraient une dernière fois : « Bakchich ! bakchich ! »

X

DE JÉRICHO A NAZARETH.

C'est en quittant Jéricho pour se rendre à la fontaine d'Élisée qu'on remarque surtout la grande fertilité de la contrée ; on y est littéralement enfoui sous les moissons ; les fleurs se montrent partout ; il y en a de toutes sortes ; la seule qu'on ne trouve pas aux environs de Jéricho, est précisément la rose fameuse qui porte le nom de cette ville et qui a, comme on sait, la propriété de refleurir dans l'eau lorsqu'elle est desséchée. On s'en console d'autant plus aisément que cette prétendue rose est une plante assez vilaine et de très petite taille. « Je me suis élevé, dit l'*Ecclésiaste*, comme le palmier de Cadès et comme le rosier de Jéricho. » J'ignore si le palmier de Cadès porte bien haut sa tête ; mais s'élever comme le rosier de Jéricho c'est presque ramper à terre. Si l'*Ecclésiaste* avait dit : « Je me suis élevé comme le blé de Jéricho, » la comparaison eût été plus saisissante pour les voyageurs qui s'avancent péniblement au milieu des superbes moissons de cette admirable oasis. La fontaine d'Élisée, une des plus belles sources de la Palestine, où il y en a pourtant de si belles, contribue beaucoup à fertiliser le pays qui s'étend autour d'elle. Jadis ses eaux étaient amères, au grand désespoir des habitants de Jéricho. Ils vinrent s'en plaindre au prophète Élisée, qui leur demanda un vase neuf rempli de sel. Lorsqu'ils l'eurent apporté, Élisée se plaça au bord de la source et y jeta le sel en disant : « J'ai purifié cette eau, et la mort et la stérilité ne sortiront plus d'elle. » C'est, en effet, depuis cette opération fort simple, une source de vie et de fécondité. Presque en face de la fontaine d'Élisée s'élève la montagne de la quarantaine, Djebel-Qorontoul, où Jésus, après avoir jeûné quarante jours, fut tenté par le démon. L'ascension en est difficile ; j'avoue que pour mon compte je ne l'ai point tentée. Je tenais médiocrement à voir la grotte où Jésus serait resté plongé dans le jeûne et dans la pénitence. Le lieu de la tentation m'aurait séduit davantage, quoique les royaumes qu'on aperçoit de là ne soient guère remarquables et ne puissent plus exercer sur l'imagination le prestige qu'ils exerçaient au temps de Jésus. Mais la chaleur était torride, encore que nous ne fussions qu'au 4 avril, et j'avais tant de chemin à faire que je ne voulais pas m'attarder en route. Un grand nombre d'anachorètes, imitant l'exemple de Jésus, ont habité la montagne de la quarantaine. Comme les rochers de Saint-Saba, elle est percée d'une multitude de grottes qui la font ressembler à une cité troglodyte ou à une nécropole égyptienne. Saint Antonin raconte que, dans une de ces nombreuses cavernes, vivaient sept vierges qui y avaient été amenées dès leur enfance ; chacune avait sa cellule séparée. Lorsqu'une d'elles mourait, cette cellule lui servait de tombeau, et l'on en creusait une nouvelle pour une autre vierge. Ainsi la vie et la mort étaient confondues sur la montagne sainte ; le ciel y touchait la terre ; l'espoir du royaume de Dieu décidait des vierges à renoncer à toutes séductions de l'existence pour aller y attendre, près du tombeau de leurs compagnes, l'aurore de ce jour qui devait d'un moment à l'autre luire sur le monde et dont nous cherchons encore à l'horizon les signes précurseurs.

D'ordinaire on revient de Jéricho à Jérusalem, et l'excursion de la Mer-Morte se fait séparément ; mais, voulant aller à Nazareth par la route la plus directe, je refusai de retourner sur mes pas. Je me dirigeai donc en ligne droite vers Bethel en gravissant les montagnes les plus abruptes, les sentiers les plus arides que j'eusse rencontrés jusqu'ici. Mon drogman n'avait jamais eu l'occasion de suivre cette voie ; il marchait à l'aventure, uniquement guidé par son instinct. Dans un de ses romans, M. Octave Feuillet fait gravir un escalier de marbre par un cheval que les lecteurs parisiens ont trouvé légèrement fantastique. Les voyageurs en Palestine trouveraient, au contraire, qu'il ressemble à tous les chevaux et que le tour de force qu'il exécute n'a rien que de naturel. Les chevaux qui les portent en font bien d'autres ! Ce ne sont pas des escaliers de marbre qu'ils escaladent, ce sont de véritables échelles de pierres roulantes et croulantes. A chaque instant, leur pied glisse, on croit qu'ils vont tomber. Soyez tranquilles ! il n'y a pas l'ombre d'un danger. Une seule fois mon cheval s'est abattu sur un rocher aigu, mais il l'a fait avec tant d'habileté que je me suis senti à peine secoué. A mesure qu'on s'élève au-dessus de Jéricho, la vue devient de plus en plus belle ; par les jours clairs, — et presque tous les jours sont clairs au mois d'avril, — on distingue toute l'étendue de la Mer-Morte et les sommets des montagnes qui en bornent l'extrémité. On domine presque à pic l'oasis étincelante de Jéricho. L'immense vallée grise du Jourdain, au milieu de laquelle le fleuve, entouré d'arbres et de fleurs, ressemble à un ruban de verdure, se déroule à vos pieds. Mais quand on a franchi la crête des montagnes et qu'on arrive sur l'autre versant, on entre dans une région triste et sévère qui doit être affreuse en été, car la sécheresse y a détruit toute végétation. Au printemps, elle est couverte de tant de fleurs que ses sites les plus sombres en sont égayés. D'immenses tapis verts, bleus, jaunes, rouges, étendus dans toutes les directions, forment des dessins et présentent des couleurs auprès desquelles les fantaisies les plus heureuses de l'art arabe ne sont que de misérables inventions. Les lits des ruisseaux, ensevelis sous des fleurs plus brillantes les unes que les autres, ont l'apparence de serpents multicolores couchés sur des tapis merveilleux. La campagne est presque déserte. Quelques cigognes solitaires, quelques pâtres conduisant un maigre troupeau l'animent à peine de loin en loin. Dans les grottes et les excavations des rochers habitent néanmoins des familles de bergers qui viennent passer quelques mois sur les sommets pour profiter de la végétation rapide, mais admirable, qui les recouvre avant l'excessive chaleur. Ces pauvres gens vivent dans un état de misère sordide; cela n'empêche point les femmes et les enfants de porter la coiffure nationale, c'est-à-dire des espèces de guirlandes de pièces d'argent placées sur le sommet et les côtés de la tête comme la mentonnière relevée d'un casque. J'ai vu des bébés à la mamelle, qui n'avaient point de chemises et qui étaient destinés à ne pas avoir de pain, ornés d'un objet de toilette, plus nécessaire

que tout le reste, paraît-il. Ces singulières populations ont besoin par-dessus tout de luxe, d'ostentation. Pour ce qui est des moyens d'existence,
elles se contentent de bien peu. On rencontre sur les
montagnes de la Judée de véritables troupeaux de
femmes occupées à chercher parmi les herbes celles
que peuvent brouter des êtres humains. Ce spectacle rappelle la célèbre description des paysans du
xviie siècle qu'a faite La Bruyère. Les fellahs syriens ressemblent d'une manière frappante à ces
sortes d'animaux maigres, rachitiques, souffreteux,
que le grand écrivain nous représente accroupis
dans la campagne, se nourrissant de quelques plantes
arrachées péniblement à la terre, — à ces sortes
d'animaux dont l'existence passée semblerait toujours douteuse, si l'on n'en rencontrait de pareils
dans certaines contrées du monde moderne qui
sont en retard non seulement sur le xviie siècle,
mais même sur le xve.

En général, la population de la Judée m'a sem-
blé laide et misérable. A part les Bédouins, qui
sont superbes, toutes les autres races ont quelque chose de maladif, d'étiolé. Les bêtes ne sont
pas plus vigoureuses que les gens. En Samarie et
en Galilée, on trouve çà et là de beaux bestiaux;
en Judée, les bœufs ont tout au plus la taille de
nos veaux d'Europe. Ils sont dépourvus de cornes
comme en Égypte. On dirait que la dégénérescence que produit le climat oriental se manifeste

d'abord chez les bestiaux par la perte de cet attribut important. Les bœufs de l'ancienne Égypte avaient, ainsi qu'on peut s'en convaincre dans les peintures antiques, des cornes magnifiques; ils n'en ont plus aujourd'hui que des tronçons. Les moutons et les chèvres paraissent beaucoup plus forts. On sait que les moutons syriens sont affublés de queues énormes formées d'une matière graisseuse qui se développe de la manière la plus exubérante; il faut parfois soutenir au moyen de petites brouettes ces pesants appendices. La culture des terres se fait de la façon la plus sommaire; les charrues ne sont, bien souvent, comme au temps des Hébreux, que des branches recourbées. Mais la végétation est si puissante au printemps, qu'en dépit de ces procédés agricoles renouvelés des vieux âges, on récolte encore d'abondantes moissons. *Syria quoque tenui sulco arat,* disait Pline, et malgré cela la Syrie était d'une fertilité merveilleuse. Quoique la Judée en fût peut-être la partie la moins féconde, les Hébreux trouvèrent le moyen d'y faire produire à la terre des récoltes abondantes. Il est vrai que l'ardeur laborieuse qu'ils portent aujourd'hui dans le commerce et la banque était dans l'antiquité concentrée tout entière sur l'agriculture. L'esprit commercial des Juifs modernes n'est pas un héritage de leurs pères; la loi avait tout fait pour l'empêcher de naître chez ceux-ci; elle avait défendu à l'Hébreu d'exiger de son concitoyen des intérêts en argent ou en nature. Suivant les prescriptions de Moïse, les prêts ne devaient être que des aumônes. Aussi les Juifs d'autrefois professaient-ils pour l'usure une horreur profonde. Leur grand amour des biens de ce monde ne pouvait se satisfaire que par la culture. « Pour nous, dit l'historien Josèphe, nous habitons une contrée qui n'est pas maritime; nous ne pratiquons pas les affaires commerciales, ni les relations qu'elles servent à établir entre les étrangers. Mais nos villes sont situées loin de la mer, et ayant en partage une bonne terre, nous la cultivons avec soin. Plus que tous les autres, nous aimons à nous occuper de l'éducation des enfants, de l'observation des lois, et nous faisons de la piété qu'elles inspirent la tâche la plus nécessaire de toute notre vie. De plus, notre manière de vivre étant toute particulière, rien dans les temps anciens ne pouvait nous faire contracter avec les Grecs des rapports tels qu'en avaient les Égyptiens, par l'échange avec eux d'objets exportés ou importés. Ceux qui habitent le littoral de la Phénicie s'appliquent par cupidité au trafic et aux affaires commerciales, etc. » Quel contraste entre ce tableau d'une population pastorale, repliée sur elle-même, uniquement occupée du culte de son Dieu et de l'éducation de ses enfants, laissant aux Phéniciens et aux Égyptiens le commerce du monde, ne se mêlant point aux étrangers qu'elle méprise sans les envier, et les mœurs actuelles de la race juive? Elle ne s'est pourtant point modifiée aussi profondément qu'on serait tenté de le croire; ne pouvant dépenser son inépuisable activité dans l'usure ou dans le commerce, interdits l'un et l'autre par la loi, c'est à l'exploitation du sol qu'elle la consacrait. Les pierres elles-mêmes finissaient par suer des richesses entre les mains d'une race si puissamment douée pour l'acquisition de la fortune. Mais les révolutions religieuses et politiques ayant arraché les Juifs à la terre dont ils tiraient des trésors, il a bien fallu qu'ils cherchassent un autre moyen de satisfaire leur soif inextinguible de profits matériels. Avec la souplesse d'une race merveilleusement constituée pour la vie, ils se sont lancés à corps perdu dans les opérations financières et commerciales, que leur loi leur interdisait jadis, et ces anciens agriculteurs qui ne connaissaient que leurs charrues sont devenus les premiers banquiers, les premiers industriels, les premiers marchands de l'univers. Leur activité a changé d'objet, non de caractère.

Ont-ils gagné à ce changement? La question vaudrait la peine d'être examinée. Ce qu'il y a de sûr, c'est que les pauvres seuls reviennent aujourd'hui en Palestine; ainsi s'explique même que la population juive y soit si misérable. On comprendrait néanmoins qu'en dépit des richesses de l'Occident, quelques-uns des Juifs modernes regrettassent la terre où leurs aïeux récoltaient si péniblement de si belles moissons. A mesure qu'on quitte la Judée pour entrer dans la Samarie, le pays change d'aspect ; l'aridité du sol disparaît ; les montagnes s'abaissent et deviennent des collines aux formes gracieuses ; les vallons verdoyants et remplis de plantations de figuiers, d'oliviers, d'arbres fruitiers de toutes sortes donnent l'idée d'une contrée qui pourrait être des plus riantes, si les abus d'une administration odieuse ne la rendaient pas stérile. Bethel est à la limite de la région des pierres. Il ne reste aucun vestige de cette ville où se sont passés tant de miracles. « Ne cherchez point Bethel, disait le prophète Amos ; n'allez point à Galgala et ne passez pas à Betsabée, parce que Galgala sera emmenée captive, et Bethel réduite à rien ! » La prophétie s'est réalisée à la lettre. La seule ruine qu'on rencontre à Bethel est celle d'une église qui, d'après saint Jérôme, avait été élevée à la place où Jacob eut le songe de l'échelle mystérieuse. Les croisés, après l'avoir restaurée, la dédièrent, je ne sais pourquoi, à saint Joseph. Le prophète a eu raison de dire : « Ne cherchez point Bethel ! » Comment reconnaître dans ce site sauvage, triste, nu, le lieu béni où le patriarche vit une communication s'établir entre le ciel et la terre, et les anges servir d'intermédiaires entre l'homme et Dieu ! Hélas ! l'échelle mystérieuse est brisée depuis longtemps, les degrés en sont dispersés aux quatre coins du monde ; lorsque l'humanité s'efforce de gravir de nouveau l'espace qui la sépare de l'inconnu, elle ne trouve plus, comme Jacob, des marches pour poser ses pieds et des anges pour la soutenir dans son ascension. De Bethel, on descend à Djifnéh, gros village situé au fond d'une agréable vallée. C'est là qu'on peut coucher, soit sous des tentes, soit chez le curé du village, qui vous reçoit très bien. Les environs de Djifnéh n'ont rien de remarquable ; on y montre un arbre sous lequel la vierge Marie se reposait dans ses voyages à Jérusalem et une montagne nommée la montagne du Coq, à cause de la légende que voici. Un habitant de Gophna (nom antique de Djifnéh) qui se trouvait à Jérusalem pendant la Passion de Jésus, étant de retour dans son pays, en racontait à ses compatriotes, devant sa femme qui plumait un coq, les circonstances miraculeuses. Tous crurent d'abord à sa parole, mais lorsqu'il en arriva au récit de la résurrection, sa femme lui répondit: « Ce que vous dites là est si peu croyable, qu'alors même que le coq que je plume en ce moment reviendrait à la vie, je n'y croirais pas. » Aussitôt l'animal s'échappa de ses mains. La femme incrédule dut courir jusque sur le sommet d'une montagne pour le rattraper. C'est ce qui a fait nommer cette montagne la montagne du Coq. Je doute que les coqs actuels de Djifnéh échappent tout plumés aux mains des ménagères, mais ils chantent à tue-tête durant la nuit pour égayer les voyageurs fatigués. Au lever du jour, ils chantent encore : c'est le moment de partir ! La vallée de Djifnéh est plongée dans une légère vapeur gris-perle, d'une transparence exquise, qui estompe mollement tous les objets. En la quittant, on grimpe sur des collines dont la pente est très raide, puis on passe par une série de vallées, plus riantes les unes que les autres, où de beaux fellahs labourent lentement la terre. Je me rappelle, en particulier, la plus charmante d'entre elles, une sorte de cirque gracieusement entouré de coteaux chargés d'oliviers. La terre, retournée par les charrues, était d'une couleur jaune foncé qui faisait ressortir, d'une manière admirable, les costumes bleus et blancs des laboureurs, de leurs femmes et de leurs enfants. Tous ces groupes pittoresques se détachaient vivement sur ce fond un peu sombre. Les Orientaux travaillent avec moins de hâte encore que nos paysans d'Europe ; la solennité de leur démarche, la majesté naturelle de leur allure, la grâce simple de leurs mouvements, transforment les scènes d'agriculture en tableaux pleins d'élégance et de force. On se serait cru transporté en pleine Bible, sur le théâtre d'une de ces adorables idylles de Rébecca, du jeune Tobie ou de Ruth, auprès desquelles pâlissent tous les romans champêtres. La terre ne produit qu'une récolte en Samarie, mais elle est à peine écorchée par la charrue, et jamais elle n'est fumée. Un grain y donne une dizaine de pousses d'orge ou de blé. Quant aux fèves, une des richesses du pays, elles rendent cent pour un. Je n'ai jamais vu, même en Égypte, de cultures plus belles que celles de l'immense vallée qui conduit au mont Garizim. A l'époque où je l'ai traversée, c'est-à-dire dans les premiers jours d'avril, les moissons y avaient atteint déjà une hauteur considérable. Les champs de fèves surtout étaient en plein développement. Ils couvraient toute la vallée. De nombreuses femmes et des quantités d'enfants, occupés à la cueillette, rompaient la monotonie de leur verdure sombre par les vives couleurs des costumes les plus variés.

Quand on arrive au pied du mont Garizim, une nouvelle vallée s'ouvre à gauche, entre le mont Garizim et le mont Hébal. C'est là que se trouve Naplouse, l'ancienne Sichem, la capitale religieuse de la Samarie, le centre véritable du royaume juif du Nord. L'aspect de Naplouse est singulièrement pittoresque. On aperçoit d'abord, au milieu d'oliviers gigantesques, de grandes casernes où des soldats turcs font dévotement leur prière ; puis, plus loin, un champ de pierres blanchâtres qui brille d'un vif éclat au soleil ; c'est le cimetière de la ville ; il est adossé au mont Hébal, lequel est couvert, depuis le sommet jusqu'à la base, de plantations de cactus, qu'on prendrait à distance pour des vignes, mais qui, de près, sont bien plus puissantes et bien

plus touffues que les vignes les plus vigoureuses.
La ville, en face, est adossée au mont Garizim.
Elle est surmontée de terrasses et de rochers qui
s'allient fort bien avec le style de ses grandes maisons, d'une solidité massive, assez semblables à
des prisons ou à des citadelles. Quelques dômes,
quelques minarets, enfin quelques cimes de palmiers,
bien rares dans ces régions, dominent ses constructions un peu lourdes. Un mur d'enceinte l'enveloppe
de toutes parts. Quand on a traversé ce mur, on se
trouve dans des rues étroites, sombres, qui seraient
sordides si elles n'étaient arrosées par de superbes
fontaines et des ruisseaux qui coulent en abondance de tous côtés. Naplouse n'aurait rien de remarquable sans la synagogue des Samaritains et
le fameux Pentateuque qu'ils y conservent avec un
pieux respect. Le bazar y ressemble à tous les bazars
d'Orient, les mosquées sont fort ordinaires ; d'ailleurs on ne les visite pas très facilement, la population de Naplouse étant assez fanatique. Une petite
communauté catholique, composée de soixante personnes environ, toutes étrangères, est desservie
par un curé dont la maison s'ouvre aux voyageurs.
Le jour où j'y ai cherché l'hospitalité, le curé était
fort préoccupé d'une aventure malheureuse arrivée
une jeune fille chrétienne du fait de quelque
musulman peu scrupuleux. Malgré tous mes efforts
pour le faire parler d'autre chose, il en revenait
toujours à l'histoire de sa jeune fille et aux dan-

gers que ce mauvais exemple, s'il restait impuni, risquait de faire courir au reste de ses brebis. J'essayai, pour le consoler, de lui rappeler qu'une des premières fois où il est question de Sichem dans la Bible, c'est à propos d'un incident de la nature de celui qu'il me racontait. Je n'oserais reproduire ici tous les termes du récit biblique, mais je n'hésitai pas à le faire auprès du curé de Naplouse. Jacob avait acheté de la main des enfants d'Hémor, père de Sichem, un champ où il avait établi un autel et son campement. Tandis qu'il était occupé à prier Dieu, sa fille Dina, entraînée par une imprudente curiosité, était allée se promener dans les environs à la recherche des jeunes filles du pays. Or, à la place de jeunes filles, elle rencontra Sichem, fils d'Hemor, qui, séduit par ses attraits, la vit, la revit et se comporta avec elle d'une manière que la Bible exprime très crument. Mais c'était pour le bon motif; car, sa passion à peine assouvie, il fut trouver son propre père, et le pria de demander Dina en mariage à Jacob. On ne pouvait donc lui reprocher qu'un peu de précipitation. Néanmoins, Jacob et ses fils se vengèrent cruellement de l'insulte qu'ils croyaient avoir reçue de lui. « Jacob, dit la Genèse (xxxiv), apprit qu'il avait violé Dina, sa fille, et ses fils étaient aux champs avec son bétail. Ainsi, Jacob se tut jusqu'à ce qu'ils fussent arrivés. — Alors Hemor, père de Sichem, vint pour parler à Jacob. — Et aussitôt que les enfants de Jacob eurent appris ce qui était arrivé, ils revinrent des champs et furent extrêmement fâchés et fort irrités à cause de l'action infâme que cet homme avait commise contre Israël en couchant avec la fille de Jacob, ce qui ne se devait point faire. — Et Hémor leur parla et leur dit : « Sichem, mon fils, a beaucoup d'affection pour votre fille ; donnez-la-lui, je vous prie, pour femme. — Et alliez-vous avec nous : donnez-nous vos filles et prenez les nôtres pour vous. — Et habitez avec nous et le pays sera à votre disposition ; demeurez-y et y trafiquez et le possédez. » Sichem avait dit au père et aux frères de la fille : « Que je trouve grâce devant vous, et je donnerai tout ce que vous me direz. — Imposez-moi un grand domaine et de grands présents, et je les donnerai comme vous me direz, et donnez-moi la jeune fille pour femme. » Alors les enfants de Jacob répondirent à Sichem et à Hémor, son père, et, parlant à dessein de les tromper, parce qu'ils avaient violé Dina, leur sœur, — ils lui dirent : « Nous ne pouvons faire cela, ni donner notre sœur à un homme incirconcis, car ce nous serait un reproche. — Mais nous consentirons à ce que vous voulez, sous cette condition : si vous devenez semblable à nous en circoncisant tous les mâles qui sont parmi vous. — Alors nous vous donnerons nos filles, et nous prendrons les vôtres pour nous, et nous habiterons avec vous, et nous ne serons plus qu'un peuple. — Mais si vous ne voulez pas écouter la demande que nous vous faisons d'être circoncis, nous prendrons notre fille et nous nous en irons. » Et leurs discours plurent à Hémor et à Sichem, fils d'Hémor. — Et le jeune homme ne différa point à faire ce qu'on lui avait proposé, car la fille de Jacob lui agréait beaucoup, et il était le plus considéré de tous ceux de la maison de son père. — Hémor donc et Sichem, son fils, vinrent à la porte de leur ville et parlèrent aux gens de leur ville et leur dirent : « Ces gens-ci sont fort paisibles; ils sont avec nous ; qu'ils habitent au pays et qu'ils y trafiquent. Et voici, le pays est d'une assez grande étendue pour eux ; nous prendrons pour nos femmes leurs filles, et nous leur donnerons les nôtres. » — Mais ils ne consentiront à habiter avec nous pour n'être qu'un seul peuple, qu'à cette condition que tout mâle qui est parmi nous soit circoncis comme ils sont circoncis. — Leur bétail et leurs biens et toutes leurs bêtes ne seront-ils pas à nous? Donnons-leur seulement cette satisfaction et qu'ils demeurent avec nous. — Et tous ceux qui sortaient par la porte de leur ville obéirent à Hémor et à Sichem, son fils, et tout mâle qui sortait par la porte de leur ville fut circoncis. — Et il arriva au troisième jour, lorsqu'ils étaient dans la douleur, que deux des enfants de Jacob, Siméon et Lévi, frères de Dina, ayant pris leur épée, entrèrent dans la ville et tuèrent tous les mâles. —

Ils tuèrent aussi au tranchant de l'épée Hémor et Sichem, son fils, et ils prirent Dina de la maison de Sichem, et ils sortirent. — Et les enfants de Jacob se jetèrent sur ceux qui avaient été tués et pillèrent la ville, parce qu'ils avaient violé leur sœur. — Et ils prirent leurs troupeaux, leurs bœufs, leurs ânes et ce qui était dans la ville et aux champs, — et tous leurs biens et tous leurs petits enfants, et ils emmenèrent prisonnières leurs femmes, et ils les pillèrent, et ils prirent tout ce qui était dans les maisons. » — Voilà de quelle manière Naplouse a fait son apparition sur la scène de l'histoire. En arrivant dans cette ville, je venais de relire la Genèse, j'étais tout plein de l'aventure de Dina ; on comprend donc que celle de la jeune fille du curé catholique ne m'émut pas outre mesure. Aussi galant que Sichem, l'auteur du crime proposait également d'épouser sa victime ; mais c'était là ce qui causait le plus grand scandale dans la petite colonie catholique de Naplouse. Que les musulmans pussent violer les chrétiennes, passe encore ! mais les épouser, quel scandale ! Le curé ne supportait pas cette idée, et je crois qu'il aurait eu volontiers recours, pour se venger, au stratagème des fils de Jacob, si le ravisseur n'eût pas été circoncis ; malheureusement il ne l'était que trop, et il ne fallait pas songer à le mettre et à le surprendre dans une situation languissante pour le tuer au tranchant de l'épée.

Naplouse ne rappelle pas seulement les souvenirs héroï-comiques dont je viens de parler ; elle a été la rivale de Jérusalem, la capitale de ce royaume du Nord que la prépondérance tardive de la tribu de Juda finit par rejeter dans l'ombre, mais dont les destinées avaient longtemps balancé celles de sa rivale. Religieusement aussi bien que politiquement, la Samarie a lutté non sans succès avec la Judée, et quoiqu'elle ait été définitivement vaincue, ce serait exagérer la portée de sa défaite que de la croire aussi complète qu'on le dit généralement. A la distance où nous sommes de l'histoire du judaïsme, il semble que l'unité du sanctuaire, conséquence ou plutôt cause et garantie de l'unité divine, ait été le dogme fondamental et constant de la religion juive. De là, l'importance non seulement capitale, mais unique, attribuée à Jérusalem ; de là l'effacement des autres villes devant la ville sainte, devenue le symbole de la foi hébraïque au détriment de tous les lieux qui lui avaient disputé l'honneur de servir d'asile à Dieu. Mais, lorsqu'on lit avec attention l'Ancien-Testament, on s'aperçoit sans trop de peine que cette sorte de centralisation religieuse, qui a porté à la fois sur la divinité et sur le sanctuaire, ne s'est opérée qu'avec une grande lenteur et qu'elle a été le résultat de la centralisation politique qui l'a précédée et déterminée. Avec sa montagne de Garizim, rivale de Sion, avec sa ville sainte de Bethel, avec ses nombreux souvenirs de l'âge patriarcal, la Samarie était la plus considérable des puissances qui résistaient à l'action prépondérante de Jérusalem, et peu s'en fallut qu'à diverses époques le succès ne couronnât ses efforts. En remontant aux plus vieilles traditions de l'histoire commune, il lui était facile d'appuyer ses prétentions sur de très solides fondements. Lorsque les Hébreux arrivèrent sur la terre de Canaan, ils y trouvèrent établi l'usage des hauts lieux ou hauteurs auquel ils se conformèrent d'abord avec une parfaite bonne foi, en se bornant, suivant la loi constante de ce genre de transformations, à célébrer le culte de Jéhovah là où l'on adorait les divinités locales que celui-ci venait détrôner. C'est ainsi que se formèrent les autels de Sichem, de Bethel, de Bersaba et bien d'autres, aux premières époques de l'émigration, avant que l'idée d'unité absolue eût détruit les diversités locales qui marquent toujours les débuts d'une civilisation. Sur les points mêmes où des sanctuaires n'existaient pas, les Hébreux ne se firent aucun scrupule d'en créer; Guilbal, Siloh, Ophra, Rama, etc., devinrent de cette façon des centres religieux où l'on se rendait de tous côtés. Ce n'était pas tout. Outre ces lieux consacrés d'une manière permanente, dès que le besoin s'en faisait sentir, on élevait à la hâte des autels passagers qui servaient à des fêtes ou à des cérémonies de circonstance et qui disparaissaient avec l'événement qui en avait provoqué l'érection. A ces époques reculées, le sacrifice n'avait pas encore le caractère qu'il revêtit plus tard; il n'était point astreint aux règles d'un rituel déterminé; il consistait en repas et en réjouissances dont on offrait les prémices à Jéhovah et qui ressemblaient beaucoup plus à des agapes païennes qu'aux cérémonies strictement monothéistes des siècles suivants. Ézéchiel appelle le culte des hauteurs : « manger » sur les montagnes. Ce culte, qui rassemblait autour d'un même festin, sous l'œil de Jéhovah, à chaque période importante de la vie, — au moment des moissons, à la veille des expéditions militaires, à l'arrivée d'un hôte distingué, — tous les membres de la même famille ou de la même corporation, avait pour but de consacrer à la fois des relations entre la terre et le ciel et entre les divers membres d'un groupe terrestre. Jéhovah s'unissait à ses hôtes, et sa présence augmentait l'union mutuelle de ceux-ci. On allait donc à Siloh ou à Bethel « manger et boire devant Jéhovah, » sans se douter un instant qu'un jour viendrait où ces démonstrations fraternelles seraient flétries comme des crimes et taxées par une orthodoxie sévère de coupable idolâtrie. L'*Exode* ne connaissait pas encore le dogme de l'unité du sanctuaire : « Tu me feras, fait-il dire à Jéhovah, un autel de terre et tu y offriras tes victimes... *En quelque lieu où ie veuille faire honorer mon nom*, je viendrai à toi et je te bénirai. Si cependant tu veux me construire un autel en pierres, tu n'y introduiras point les pierres taillées. Car ces pierres que le fer aurait touchées seraient impures. Tu n'établiras pas mon autel sur les gradins, ce qui pourrait découvrir ta nudité. »

Nous sommes loin, on le voit, non seulement du temple de Salomon, mais encore du tabernacle ! En quelque lieu qu'il lui plût, Jéhovah se présentait à l'adoration ; ce qui prouve que la multiplicité des sanctuaires était alors non seulement la pratique constante, mais la règle légale. Aussi les patriarches élevaient-ils des autels, dressaient-ils des pierres commémoratives, plantaient-ils des arbres, creusaient-ils des puits dans toutes les régions où ils habitaient, ne fût-ce qu'en passant. Et ce n'est pas au hasard qu'ils choisissaient l'emplacement de ces sanctuaires plus ou moins permanents. Dieu lui-même désignait l'endroit où il voulait communiquer avec ses adorateurs. Abraham bâtit un autel à Sichem où Dieu lui était apparu. Quant à Jacob, on sait pourquoi il en construisit un à Bethel. « Il rêva d'une échelle dont le pied reposait sur le sol et dont le sommet atteignait le ciel ; sur elle montaient et descendaient les anges de Dieu. Il eut peur et dit : Que cet endroit est redoutable ! c'est en vérité une résidence de Dieu, c'est la porte du ciel ! » Combien de lieux jouissaient du même privilège ! Le ciel avait alors de nombreuses portes : on pouvait y pénétrer de tous côtés.

« Autant de villes, autant d'autels ! » s'écrie avec douleur Jérémie. Cette exclamation n'aurait pas été comprise au temps, je ne dis pas des patriarches, mais même de Salomon. La suprématie absolue de Jérusalem n'est devenue un véritable dogme religieux qu'à la suite des réactions sacerdotales et des réformes monothéistes que provoqua le retour de la captivité de Babylone. La plupart des souvenirs du passé s'étaient affaiblis dans l'exil ; le sentiment national, vivement excité par de cruelles catastrophes, faisait naître un immense besoin d'unité qui n'avait pas été ressenti jusque-là. Les différences de caractère, de civilisation, de mythes, de physionomie intellectuelle et morale qui existaient entre les divers cantons de la Palestine avaient été effacées, ou du moins atténuées sous le joug étranger. Chacun comprenait la nécessité d'un centre religieux et politique où les espérances patriotiques pussent trouver un solide fondement. Jéhovah lui-même, fatigué des fêtes particulières qui resserraient les liens des corporations locales aux dépens de la cohésion de la patrie commune, réclamait par la voix de ses prophètes un culte unique qui ne fût plus une cérémonie de famille, une simple commémoration des souvenirs de la tribu, mais le sacrifice du peuple tout entier offrant des victimes en expiation des fautes dont il avait été si cruellement puni et dont le retour le menaçait des mêmes infortunes. Toutes ces circonstances favorisaient la prépondérance de Juda. Cependant il ne fut jamais possible de faire triompher complètement l'unité du culte. Une résistance d'abord faible, plus tard énergique, se forma au milieu des populations mélangées du pays de Samarie, populations qui, tout en adorant Jéhovah, avaient conservé les rites idolâtres des premiers âges et prétendaient pouvoir les allier sans inconvénient à la foi hébraïque. Lorsque Cyrus autorisa la reconstruction du temple de Jérusalem, elles réclamèrent leur admission dans la communauté juive. Leur demande ayant été repoussée, elles en conçurent une telle colère qu'elles résolurent d'employer tous les moyens pour empêcher la restauration de ce temple d'où on les bannissait.

Il ne fallait pas songer à obtenir le retrait de l'édit de Cyrus qui permettait de le réédifier; mais en usant de voies de fait, en attaquant sans cesse les ouvriers, en opposant mille entraves aux travailleurs, on pouvait peut-être arrêter l'ouvrage ou du moins le suspendre pour longtemps. Cette manœuvre réussit. A la mort de Cyrus, les administrateurs du pays de Samarie envoyèrent une supplique à son successeur pour accuser les Juifs de rétablir les fortifications de Jérusalem, cité rebelle, affirmaient-ils, dans laquelle de tous temps on avait tramé des conspirations, ce qui avait rendu sa destruction nécessaire à la paix générale. Cambyse pourrait s'en convaincre en faisant faire des recherches dans les archives. « Nous informons le roi, disaient-ils en terminant, que, si cette ville est rebâtie et ses murailles rétablies, il n'aura plus de part à ces contrées en deçà du fleuve de l'Euphrate. » Cette dénonciation fut écoutée : Cambyse ordonna la suspension des travaux du temple. Telle fut l'origine de la haine violente des Juifs contre les Samaritains. Mais il ne suffisait pas à ces derniers de combattre le culte de leurs voisins, ils voulaient aussi en avoir un qui leur fût propre, et voici en quelles circonstances ils réalisèrent leur désir. Manassé, frère du pontife Jaddus, avait épousé Nicaso, fille du Samaritain Sanaballète, satrape du dernier Darius dans le pays de Samarie. Le grand prêtre et le peuple, également indignés de ce mariage, mirent Manassé dans l'alternative de quitter sa femme ou le sacerdoce. Plus ambitieux qu'amoureux, Manassé, tout en protestant de son attachement pour Nicaso, manifesta à son père l'intention de la répudier, afin de n'être pas privé des droits sacerdotaux qu'il plaçait au-dessus de tout. Désirant retenir son gendre auprès de lui, Sanaballète promit à Manassé d'obtenir du roi Darius la permission d'élever sur le mont Garizim, près de Sichem, un temple rival de celui de Jérusalem, dans lequel il exercerait à son gré les fonctions de grand prêtre. Ce projet combla les vœux de Manassé, qui devint le fondateur du culte samaritain. Comme Sichem était, ainsi que je viens de le dire, le rendez-vous d'une population mixte composée de colons assyriens, d'anciens Éphraïmistes, de Juifs exclus de la communauté de Jérusalem, beaucoup d'éléments étrangers se mêlèrent à la nouvelle secte ; les pratiques idolâtres dont on accusait celle-ci et qui n'étaient peut-être que d'anciennes traditions locales, rendirent la fusion plus facile ; les Samaritains grandirent en importance morale et numérique, et pendant longtemps Garizim continua à soutenir contre Jérusalem une concurrence passionnée. Deux cents ans plus tard, Jean Hyrcan devait détruire le temple de Garizim sans parvenir à rétablir l'unité de la foi. Tandis que tous les autres sanctuaires étaient tombés peu à peu sous la malédiction des prophètes, tandis que le culte s'était centralisé vigoureusement à Jérusalem, une fraction dissidente subsista donc jusqu'au bout à Sichem. Elle y subsiste encore au pied même du mont Garizim, sur lequel on ne voit plus que quelques ruines de l'ancien temple. Si faible qu'il soit, ce débris d'une antique hérésie a résisté à toutes les aventures. En 1202, Naplouse fut renversée par un tremblement de terre; le quartier des Samaritains resta seul debout : image exacte de la persistance avec laquelle ce reste infime d'une race perdue a survécu aux plus grandes catastrophes.

L'heure cependant semble prochaine où cette branche persistante de la famille sémitique dispa-

raîtra complètement. Les persécutions, la misère,
le prosélytisme des sectes plus puissantes menacent
à chaque instant sa frêle existence. En 1820, les
Samaritains étaient encore au nombre d'environ cinq
cents. Robinson, qui visita Naplouse en 1838, n'en
trouva plus que cent cinquante, et ce nombre a
certainement diminué depuis. Les renseignements
que j'ai pris sont trop contradictoires pour que je
me permette de les donner avec assurance. Les
uns m'ont dit que les Samaritains étaient encore au
nombre de deux cents, les autres au nombre de
quatre-vingt-quinze seulement. Dans la supplique
qu'ils adressèrent en 1842 au gouvernement français,
ils avouaient qu'ils étaient réduits à quarante familles. Une légende populaire, que m'a racontée
mon drogman et que plusieurs autres personnes
m'ont confirmée, prétend même qu'ils ne sont que
quarante; dès que l'un d'eux naîtrait, un ancien
mourrait pour que le nombre fatidique ne fût pas
dépassé. Singulière académie où la vue d'une femme
grosse produirait sur chacun des membres qui la
composeraient l'effet d'un : « Frère, il faut mourir !»
J'imagine que, si la légende était vraie, des règle-
ments sévères interdiraient de mettre des enfants au
monde et qu'en renonçant aux plaisirs de la famille, les quarante Samaritains s'assureraient à eux-
mêmes une immortalité plus réelle que celle que
donnent les académies. Malheureusement les Samaritains n'ont pas mieux découvert que nous tous

le secret d'échapper à la mort. Le quartier qu'ils habitent à Naplouse est l'un des plus écartés de la ville. On s'y rend à travers une série de ruelles noires et malpropres que l'on ne traverse pas sans dégoût. En arrivant, on est payé de sa peine par la vue du fameux Pentateuque qui est, dit-on, l'œuvre d'Abischa, fils de Phinéas, fils d'Eléazar, qui fut fils d'Aaron, ce qui le ferait remonter à quinze cents ans avant Jésus-Christ. Non content de cette haute et problématique antiquité, le Samaritain qui me montrait le Pentateuque m'a affirmé qu'il datait de trois mille quatre cent cinquante ans avant Jésus-Christ, et la boîte qui le contient de onze mille ans. Le Pentateuque est écrit, on le sait, en caractères samaritains, sur une bande de parchemin longue de plusieurs mètres, disposée autour de deux baguettes en argent, de telle façon qu'une partie s'enroule lorsque l'autre se déroule. La vénération dont les Samaritains l'entourent serait touchante s'ils n'en faisaient pas un objet de commerce en l'exhibant aux étrangers pour de l'argent. Ce qui m'a frappé beaucoup plus que le Pentateuque, c'est la beauté de la race à laquelle appartient le sacristain qui me le montrait ; la population juive de Palestine est si laide, qu'on est reconnaissant aux Samaritains d'avoir conservé, outre leur vieux parchemin, la finesse et l'élégance primitive de leur nation. Au lieu du teint blême et huileux de leurs compatriotes de Jérusalem et de Tibériade, ils ont une fermeté de carnation tout orientale ; leur taille est élevée, leurs yeux noirs ont un éclat perçant, leurs mains sont longues et fines ; ils s'habillent avec goût et n'ont garde de porter les hideuses papillotes qui ajoutent au caractère répugnant de la figure des Juifs de Palestine. Je me rappelle qu'en sortant de la synagogue samaritaine, je fus suivi longtemps par une jeune fille de quinze ans environ, qui m'offrait une rose que je n'acceptai, moyennant bakchich, qu'à la dernière extrémité, et lorsque je vis bien que la jeune fille allait partir si je continuais à la refuser. Je me plaisais à prolonger le spectacle que m'offrait cette gracieuse enfant, aux yeux d'une profondeur admirable, aux cheveux d'un noir de jais, à la taille souple, vêtue d'un costume pittoresque qui laissait nues ses jambes nerveuses. Elle marchait en se balançant avec une nonchalance charmante, et le geste avec lequel elle me tendait sa fleur était à la fois d'une retenue et d'une hardiesse délicieuses. J'avais rencontré des Juives tellement horribles, que la vue de cette jeune fille si différente m'a enchanté. Peu s'en est fallu que je me prononçasse contre le mont Sion et que j'allasse sacrifier sur le mont Garizim !

Malheureusement le mont Garizim n'est pas moins souillé que le mont Sion. Les Samaritains d'aujourd'hui ont presque complètement oublié les traditions de leurs pères ; leur lente décrépitude morale est déshonorée par le charlatanisme et la fourberie, conséquences fatales d'un abaissement séculaire. De tous les hauts lieux où Jéhovah se manifestait jadis aux hommes, de toutes ces portes ouvertes sur le ciel, il ne reste rien aujourd'hui. Ne nous en plaignons pas néanmoins. C'est Jésus qui a porté les coups les plus terribles à Sion et à Garizim, à Jérusalem et à Sichem, et les malédictions tombées de sa bouche sur tous ces sanctuaires plus ou moins idolâtres, quoiqu'elles n'aient pas réussi à détourner l'humanité des superstitions locales, ont créé, pour une minorité d'élite, un culte général, universel, désintéressé, dégagé de toute forme exclusive, détaché de tout lieu spécial, sans lien avec les rites conventionnels, un culte d'une originalité telle que ni Juda, ni Éphraïm, ni la Judée, ni la Samarie n'en avaient eu un instant la vision, et qu'aujourd'hui encore presque tous ceux qui se croient chrétiens sont incapables de le comprendre et de le pratiquer. Chose curieuse ! ce n'est pas dans le pays de Génézareth, au bord de ce lac de Tibériade où se sont déroulées les scènes les plus charmantes de sa vie, où se sont manifestées ses inspirations les plus sublimes, que Jésus a posé les fondements du culte nouveau ; c'est en Samarie, c'est à quelques pas de Sichem, c'est-à-dire au centre même des ennemis de sa race et des croyances des siens.

Et l'interlocuteur qu'il a choisi pour lui révéler l'œuvre qu'il venait accomplir n'a pas été moins étrange que le lieu où il la lui a révélée. On connaît l'admirable épisode de la Samaritaine; mais il faut le relire à Naplouse, près du puits qu'on vous montre comme étant celui où Jésus a eu avec la pécheresse le colloque dans lequel il lui a exposé, avec une précision inusitée, le but et la portée de sa mission divine. Se mettant tout de suite au-dessus des préjugés religieux de son pays, il demande à boire à la Samaritaine; étonnée d'une telle familiarité, celle-ci lui répond : « Comment! vous qui êtes Juif, me demandez-vous à boire, à moi qui suis une femme samaritaine? car les Juifs n'ont point de commerce avec les Samaritains. » La suite de la conversation amène la Samaritaine, de plus en plus surprise et émerveillée, à s'écrier : « Seigneur, je vois que vous êtes prophète ! Nos pères ont adoré sur cette montagne, et vous dites, vous, que Jérusalem est le lieu où il faut adorer ! » Elle ne comprend pas encore la pensée divine. Jésus lui dit : « Femme, croyez-moi, voici l'heure où vous n'adorerez le Père ni sur cette montagne, ni à Jérusalem. Vous adorez, vous, ce que vous ne connaissez point : nous, nous adorons ce que nous connaissons, parce que le salut vient des Juifs. Mais vient une heure, et elle est déjà venue, où les vrais adorateurs adoreront le Père en esprit et en vérité; car ce sont de tels adorateurs que le Père cherche. Dieu est esprit, et ceux qui l'adorent doivent l'adorer en esprit et en vérité. » Hélas! l'heure dont Jésus parlait était-elle venue? Est-elle venue aujourd'hui même? C'est ce qu'on ne saurait croire lorsqu'on parcourt la Palestine et qu'à chaque pas on y rencontre des sanctuaires, non moins profanes et tout aussi apocryphes que celui de Garizim, des sanctuaires où le Père est adoré avec une idolâtrie non moins grossière que celle des Samaritains. L'idée d'un culte tout spirituel rendu à la vérité ne sera peut-être jamais pour la masse de l'humanité qu'un rêve irréalisable, qu'une illusion aussi vaine que sublime; mais il suffit qu'elle ait pénétré dans quelques âmes et qu'elle les console des tristesses de ce monde pour que les paroles de Jésus n'aient point été perdues, pour que l'eau qu'il a fait surgir du puits de la Samaritaine devienne, suivant son expression, « une fontaine jaillissant jusque dans la vie éternelle. »

Peu de spectacles sont plus charmants que celui dont on jouit en quittant Naplouse de bonne heure pour se rendre à Nazareth en passant par Sébaste et Djénine. On traverse d'abord une jolie vallée remplie de cognassiers ombrageant de leurs feuilles et de leurs fleurs des milliers de sources qui jaillissent de tous côtés. Les ruisseaux, les torrents, les cascades bruissent et rafraîchissent ce paysage humide et lumineux qui semble avoir combiné tous les avantages de l'Orient et de l'Occident. Lorsqu'on s'élève au sortir de la vallée de Naplouse, on ne peut s'empêcher de se retourner sans cesse pour admirer le panorama de la ville enfouie dans les arbres. Cependant on avance toujours dans une région plus montagneuse et partant plus stérile, mais qui ne ressemble en rien à l'aride Judée. Après quelques heures de marche, on arrive à Sébâstieh, l'ancienne Sébaste, ville jadis splendide, quoique le site où elle est située soit assez triste. C'est Hérode le Grand qui la nomma Sébaste (Auguste) en l'honneur de l'empereur romain qui la lui avait donnée. Il l'embellit, suivant sa coutume, d'édifices magnifiques, dont le principal était un temple dédié à l'empereur, devant lequel s'étendait une place de trois stades et demi. On y trouve encore des colonnes qui sont probablement les débris du temple d'Auguste et du théâtre de la ville. Mais la seule ruine importante de Sébaste est celle de l'église de Saint-Jean-Baptiste, bâtie par les croisés entre 1150 et 1180, monument remarquable que M. de Vogüé regarde comme la plus belle des basiliques chrétiennes de la Palestine après celle du Saint-Sépulcre. Les musulmans y vénèrent une chambre sépulcrale qu'ils prétendent renfermer les tombeaux de Saint-Jean-Baptiste, du prophète Abdias et du prophète Élisée. De Sébaste à Djenine, la dernière station avant d'arriver à Nazareth, la route présente des aspects très variés.

Tantôt elle passe par des gorges arides, tantôt elle se déroule à travers des plaines et des vallées d'une grande fertilité, tantôt elle grimpe sur les montagnes dont la vue s'étend au loin sur la Samarie et sur la Galilée. Ce qui m'a le plus frappé dans cette longue étape, c'est une fontaine ou plutôt une source remplie de femmes qui puisaient de l'eau et qui lavaient du linge. Toutes avaient une tournure d'une souplesse et d'une élégance rares, et le type de quelques-unes était remarquable. Groupées autour des rochers qui avoisinaient la source, elles formaient une sorte de pyramide féminine, pyramide bruyante et aux mille couleurs. On rencontre sans cesse en Orient des tableaux de ce genre ; partout où il y a de l'eau, on est sûr de voir des réunions pittoresques. On va à la fontaine, non seulement pour y boire, mais pour s'y reposer, pour y faire la conversation, pour y fumer des narguilés. Les fontaines sont les véritables places publiques de ces chaudes contrées où l'on recherche par-dessus tout l'ombre et la fraîcheur. Ce n'est pas seulement à la fontaine d'ailleurs que je rencontrais des femmes d'un aspect intéressant, j'en trouvais sans cesse sur ma route. La plupart d'entre elles étaient simplement vêtues d'un lourd pantalon, d'une sorte de veste ouverte sur la poitrine et de cette coiffure étrange dont j'ai parlé, espèce de bourrelet en fer à cheval, recouvert de pièces d'argent, qui encadre la figure d'une façon peu gracieuse. Parmi tous les vallons de la Samarie, celui qui m'a paru le plus charmant est le vallon de Béthulie, patrie de Judith. C'est une sorte de petite plaine circulaire entourée de mamelons dont les courbes molles sont d'une élégance ravissante. La ville s'élève sur l'un de ces mamelons. J'ignore si l'on y conserve la moindre relique de Judith, n'y étant point entré, mais j'ai peine à m'expliquer qu'une femme d'un caractère aussi résolu ait pu naître dans un pays où la nature est d'une douceur efféminée. Quand on a passé Béthulie, on s'engage dans une série de petites gorges étroites où les fleurs printanières débordent de tous côtés. Je n'y ai guère remarqué qu'un homme qui semblait y vivre en solitaire dans le costume peu compliqué du père Adam. J'ai cru d'abord à un grand singe, d'autant mieux qu'il ouvrait la bouche et me montrait ses dents, pour m'indiquer qu'il avait faim, avec un geste d'orang-outang. Mais c'était bien un homme renouvelant, en plein xixe siècle, l'existence primitive des plus vieux anachorètes.

A l'extrémité de cette suite de gorges fleuries s'ouvre la plaine d'Esdrelon. On s'arrête à la petite ville de Djenine, qui la domine tout entière. La situation de Djenine est des plus heureuses. La ville n'a rien de remarquable en elle-même, mais elle est environnée de cactus et de palmiers qui lui font une délicieuse ceinture de verdure. Une grande mosquée, au pied de laquelle s'étend un jardin

dont les arbres sont magnifiques, domine le paysage
de sa large coupole. Presque en face de la ville,
sur une colline élevée, est placé le cimetière.
C'est là que les bourgeois vont se promener le
soir, pour contempler le coucher du soleil et admirer
l'un des plus beaux panoramas qu'on puisse voir.
Derrière eux, les monts de la Samarie prolongent
leurs ondulations puissantes jusqu'au Carmel, qui
s'avance majestueusement dans la mer; à l'autre
extrémité de la plaine, une série de montagnes
moins élevées, mais dont les formes sont agréables
à l'œil et qui toutes rappellent de grands souvenirs
historiques, arrêtent le regard. Voici le mont
Gelboë, où Saül, vaincu par les Philistins, périt
avec trois de ses fils; plus loin, c'est le petit
Hermon, sur lequel brille, comme un point blanc,
je ne sais quelle mosquée ou tombeau de santon ;
en se rapprochant, on aperçoit les collines de la
Galilée. L'immense plaine d'Esdrelon s'étend au
milieu de ces montagnes. La lumière du soir couvre
ce tableau majestueux et charmant d'une teinte
dorée d'une délicatesse inimaginable. Les jardins
de la ville sont remplis d'oiseaux dont on entend
les derniers chants. Sur les arbres les plus élevés
viennent s'abattre des vols de cigognes qui se
perchent sur leurs branches pour passer la nuit.
Par les soirées très claires, on distingue Nazareth.
On y sera demain!

Djénine est la seule étape de mon voyage en

Palestine où je n'aie pas couché dans un presbytère ou dans un couvent. Il n'y a pas de mission catholique dans cette ville ; par conséquent, il n'y a pas non plus d'asile ouvert aux voyageurs chrétiens. J'ai profité de l'occasion pour m'introduire dans une maison arabe et contempler d'un peu plus près l'existence qu'on y mène. Cette maison se composait d'une cour où logeaient les animaux, d'une salle inférieure où toute la famille s'était entassée pour me laisser la libre disposition de la chambre principale, sorte de pièce élevée où se tenaient d'ordinaire hommes, femmes, enfants, animaux, mobilier, etc. On l'avait démeublée à mon usage ; mais il y restait encore dans les coins de grandes outres remplies d'huile, tandis que le long des murs étaient suspendus des linges, de vieilles robes et autres guenilles d'où sortaient des parfums peu agréables et des puces moins agréables encore. La porte était la seule ouverture, aucune fenêtre n'étant pratiquée dans la muraille. Une natte était étendue sur le plancher ; les indigènes n'y marchaient qu'après s'être déchaussés. Je m'amusai longtemps à contempler, dans la salle inférieure, le spectacle de la famille réunie autour d'une sorte de brasero où se faisait la cuisine commune. L'éclat de la braise se réfléchissait sur les visages et sur les costumes en teintes rouges du plus bel effet. Les femmes parlaient beaucoup, les hommes restaient immobiles, les enfants dormaient. La nuit arrivée, le brasero presque éteint, chacun s'étendit sans changer de place et commença à ronfler. Je n'avais pas envie d'en faire autant. Ma chambre ne me tentait guère. En revanche, j'étais séduit par une petite terrasse située tout à côté et d'où je regardais avec admiration le ciel s'illuminer au feu des étoiles, et la campagne autour de moi s'envelopper de grandes ombres. Assurément cette terrasse était fort étroite, fort sale, fort mal disposée, et néanmoins c'est elle qui m'a fait comprendre un des plus grands charmes de la vie orientale. Elle était environnée de murs peu élevés sur lesquels les propriétaires cultivaient des rosiers et des fleurs diverses. C'est le seul luxe des habitants de la Palestine. Ils ont la passion des fleurs ; les terrasses de leurs maisons sont de véritables jardins. Mon drogman, un médiocre bourgeois, me racontait qu'il possédait à Jérusalem plus de cent trente vases de fleurs ; les plus grandes dépenses qu'il se permît étaient l'achat d'une nouvelle espèce de lis ou de roses ; il en avait de toutes provenances ; chaque jour il en acquérait de nouvelles. Ces sortes de parterres élevés, couverts de plantes variées, avec des tonnelles pour s'abriter le jour contre les ardeurs du soleil, et de grands espaces vides pour apercevoir le soir le ciel étincelant d'étoiles, servent aux Orientaux de salon, de chambre à coucher, de lieu de résidence durant l'été. Mollement étendus au milieu des fleurs dont

les parfums les enivrent, tandis que la tiédeur de
l'atmosphère les pénètre de toutes parts, ils se livrent à ces rêveries sans fin, à cette douce somno-
lence qui endorment toutes les sensations et qui
ne laissent plus subsister qu'un vague sentiment
de bien-être, de bonheur et de paix. La nature
entière, engourdie comme eux, ne leur apporte que
des bruits indistincts, que des murmures confus.
Parmi tous les prestiges de l'Orient, il est certaines
heures où celui de nuits pareilles semble le premier
de tous. Endormir son esprit dans l'oubli et l'absence de tout désir, paralyser son âme, non
sous des émotions trop fortes, mais par l'absence
de toute émotion, étouffer en soi l'activité sensible
pour ne laisser subsister que je ne sais quelle sensation végétative, n'est-ce pas pour ceux qui ont
beaucoup souffert une sorte d'idéal, trompeur peut-
être, mais dont le rêve est rempli de séductions ?

Au reste, à l'époque où je me trouvais à Djénine,
la saison n'était pas encore assez avancée pour me
permettre de passer la nuit sur une terrasse. Vers
minuit, l'air devenant plus frais, il fallut rentrer
dans ma chambre et faire connaissance avec un
autre côté, celui-là absolument dépourvu de
poésie, de la vie orientale. Mon lit se composait
d'un simple tapis posé sur une natte. Au bout de
quelques minutes, je me sentis en proie à des
milliers d'insectes. Mon drogman et mon hôte, qui
étaient restés dans la même chambre que moi,

ronflaient à qui mieux mieux ; cependant, ce dernier s'étant mis à tousser, mon drogman l'invita à aller dormir sur la terrasse, afin de ne pas nous incommoder. Si son rhume s'en trouva bien, je ne sais ; mais il aurait pu rester dans la chambre et y tousser tant qu'il aurait voulu sans risquer de m'éveiller, attendu qu'il m'était absolument impossible de fermer l'œil. Les chiens aboyaient dans la campagne, nos bêtes piaffaient dans la cour, mais il me semblait que les puces qui se promenaient sur moi faisaient plus de bruit encore. Le lendemain matin, j'avais les bras rongés par les piqûres. Qu'importe ! une nuit sans sommeil est un médiocre inconvénient dans un long voyage. A l'entrée de la Galilée, il faudrait être bien amolli pour y faire quelque attention.

XI

NAZARETH. — LE MONT THABOR.

Autant la Judée est sombre est désolée, autant la
Galilée est gaie, aimable, souriante. Ce qu'en ont
dit les voyageurs passés et présents est presque au-
dessous de la vérité. Malgré le déplorable appau-
vrissement produit par l'islamisme, cette charmante
contrée a conservé tous les caractères d'une sorte
de paradis terrestre merveilleusement approprié au
rêve de bonheur absolu dont Jésus charmait ses
disciples dans les longs entretiens où il leur parlait
des félicités prochaines du royaume de Dieu. A
peine quitte-t-on Djénine pour traverser la plaine
d'Esdrelon qu'on se sent dans un milieu nouveau.
Cette plaine serait ravissante si elle n'avait pas été

odieusement déboisée. Mais, en dépit des outrages qu'elle a subis, il en est peu d'aussi dignes d'admiration. Nulle part, peut-être, les montagnes n'ont des formes plus exquises, des teintes plus fines, des pentes plus adoucies. M. Renan en a fait une description qui a paru quelque peu molle à ceux qui n'avaient pas vu la délicieuse région dont elle cherche à rendre le charme délicat. « Pendant les deux mois de mars et d'avril, dit M. Renan, la campagne est un tapis de fleurs d'une franchise de couleurs incomparable. Les animaux y sont petits, mais d'une douceur extrême. Des tourterelles sveltes et vives, des merles bleus si légers qu'ils posent sur une herbe sans la faire plier, des alouettes huppées, qui viennent presque se mettre sous les pieds des voyageurs, de petites tortues de ruisseaux, dont l'œil est vif et doux, des cigognes à l'air pudique et grave, dépouillant toute timidité, se laissent approcher de très près par l'homme et semblent l'appeler. En aucun pays du monde les montagnes ne se déploient avec plus d'harmonie et n'inspirent de plus hautes pensées. » Tout cela est vrai à la lettre, sans aucune exagération de douceur ou de naïveté. Que de fois n'ai-je point remarqué, sous les pieds de mon cheval, ces alouettes huppées qui ne songeaient même pas à fuir et qui se bornaient à me saluer au passage d'un chant perlé ! Que de fois n'ai-je point rencontré ces petites tortues d'eau douce, à l'œil vif et doux, ces cigognes à l'air pudique, ces merles bleus si légers qu'ils se posent sur une herbe ou sur une fleur sans la faire plier! Quant aux montagnes de la Galilée, rien ne saurait en rendre la grâce exquise; il y a beaucoup de montagnes plus élevées, plus pittoresques, plus puissantes; il n'y en a pas dont les lignes soient plus pures, les contours plus délicats. En s'avançant dans la plaine d'Esdrelon, on aperçoit tout à coup le mont Thabor; l'antiquité le comparait à un sein, et nulle comparaison ne donne une idée plus exacte de l'extrême souplesse de ses contours arrondis. Antonin Martyr, à la fin du vi^e siècle, fait un tableau enchanteur de la fertilité de la Galilée, qu'il compare à l'Égypte pour l'abondance des fruits et la richesse des moissons. A cette époque, elle était encore couverte d'ombrages qui ont tous disparu. Y a-t-elle autant perdu qu'on serait tenté de le croire? Peut-être sa nudité, que recouvre sans la cacher le tissu de fleurs le plus varié que l'œil puisse contempler, fait-elle encore mieux ressortir sa souveraine et irrésistible beauté.

Quand on a traversé de part en part la plaine d'Esdrelon, on arrive au pied d'une chaîne de collines au sommet desquelles est construit Nazareth, dans un large pli de terrain dont la forme est celle d'un immense entonnoir. Il faut une bonne heure pour gravir cette chaîne, mais le spectacle qu'on garde sous les yeux durant toute l'ascension est tel-

lcment agréable qu'on n'éprouve aucune fatigue à
la faire. Quoique le sentier soit détestable, on peut
se fier à son cheval, lui laisser la bride sur le cou,
concentrer toute son attention sur le merveilleux
tableau qui se déroule devant soi et qui devient de
plus en plus séduisant à mesure qu'on l'embrasse
plus complètement du regard. Enfin, la plaine
d'Esdrelon disparaît derrière les rochers, et l'on se
trouve en face de Nazareth, un gros bourg perché
comme un nid d'aigle au flanc de la montagne. Il est
probable que la ville n'a pas beaucoup changé
depuis les temps évangéliques. Si quelques grands
établissements chrétiens ne la gâtaient pas, on
pourrait encore s'y croire à l'époque de l'enfance
de Jésus. Malheureusement, l'église catholique de
l'Annonciation, un immense orphelinat anglais et
un petit oratoire perché sur une éminence, rappellent immédiatement à la réalité contemporaine.
M. Renan n'en a pas moins raison de dire que,
même de nos jours, Nazareth est un lieu délicieux,
« le seul endroit peut-être de la Palestine où l'âme
se sente un peu soulagée du fardeau qui l'op-
presse au milieu de cette désolation sans égale. »
C'est à Nazareth que je me suis débarrassé
pour la première fois du cauchemar des lieux
saints qui m'avait poursuivi sans cesse en Judée
et en Samarie. A la vérité, on montre encore à
Nazareth les fondements de la maison de Marie ;
mais comme, par bonheur et par miracle, la maison

elle-même a été transportée, ainsi que chacun le sait, à Lorette, il n'en reste que des vestiges sans importance auxquels on ne s'arrête pas longtemps. Ce n'est pas que les personnes très pieuses ne puissent y trouver beaucoup d'objets intéressants, depuis une colonne qui marque la place où se tenait l'ange Gabriel durant l'Annonciation jusqu'à la cuisine de la Vierge, jusqu'à l'atelier de saint Joseph; mais les guides mêmes reconnaissent que tous ces lieux manquent d'authenticité. Il n'y a réellement que trois choses à voir à Nazareth, l'ensemble de la ville, la montagne qui la domine et une fontaine nommée Fontaine de la Vierge, parce qu'on suppose sans invraisemblance que la Vierge a dû souvent venir avec ses compagnes y puiser l'eau nécessaire à son ménage. Ce qui donne à la ville, prise dans son ensemble, un aspect particulièrement pittoresque, c'est la manière dont elle est gracieusement étagée sur la montagne. Les maisons en sont d'ailleurs assez ordinaires; elles ressemblent à ces cases sans style qu'on rencontre partout en Palestine; mais les groupes qu'elles forment, les balcons et les colonnes qui ornent quelques-unes d'entre elles, l'air de propreté et de fraîcheur qu'elles ont presque toutes, impriment à Nazareth un cachet d'élégance qu'aucune autre ville de Palestine ne possède au même degré. Les rues sont étroites, assez sombres, médiocrement entretenues. On y remarque une variété de population qui plaît aux regards. Des Bédouins,

armés de longues lances, comme les hommes d'armes
du moyen âge, en gravissent les pentes à cheval
avec une étonnante dextérité. Les habitants sont
doux et fort intelligents. Antonin Martyr observait
de son temps que les femmes juives, ailleurs dédai-
gneuses pour les chrétiens, y étaient pleines d'affabilité. M. Renan ajoute que les haines religieuses
sont moins vives à Nazareth qu'autre part. L'observation est juste, appliquée aux rapports des musulmans et des chrétiens; mais le fanatisme se montre
encore, m'a-t-on affirmé, dans la manière dont on
traite les Juifs. Aucun d'eux n'habite plus Nazareth ; il ne leur est même pas permis d'y séjourner
sans imprudence; ils ne peuvent qu'y passer.

L'horizon de la ville est borné de tous côtés par
les pentes des collines au milieu desquelles elle est
placée ; mais quelques minutes de marche conduisent sur le plateau qui la domine et dont la vue, si
souvent décrite, défie cependant toute description.
Le Carmel s'avançant en pointe abrupte sur la mer,
les monts Moab avec leurs reflets bleuâtres, le
grand Hermon couvert de neige, le Thabor, la
plaine d'Esdrelon, le golfe de Caïpha, un coin de
la vallée de Tibériade, Nazareth, toute la Galilée et
une partie de la Samarie, les sites les plus beaux
et les plus grands de l'histoire sont là sous les yeux
du voyageur ! Il est impossible d'échapper à l'émotion de pareils souvenirs. Combien de fois Jésus
a-t-il erré sur ces hauteurs ! Combien de fois, en

contemplant ce sublime paysage, a-t-il senti s'éveiller en lui l'inspiration divine! Il aimait particulièrement les montagnes; les actes les plus importants de sa carrière s'y sont déroulés : il s'y retirait pour prier, pour méditer sur son œuvre, pour s'entretenir avec les anciens prophètes. Or, tous les lieux qu'il apercevait de la montagne de Nazareth lui apportaient un enseignement, une consolation ou une espérance. Les longues années de sa jeunesse sur lesquelles l'Évangile est presque muet se sont certainement passées là, dans une contemplation féconde, d'où il est sorti assuré de sa mission et décidé à la remplir jusqu'au bout, c'est-à-dire jusqu'au supplice. Tandis que la plupart des sanctuaires de la Judée inspirent le doute et même la négation, le plateau de Nazareth ne saurait provoquer que la plus entière confiance. Il est sûr que les pas de Jésus l'ont foulé, il est sûr que sa pensée y a mûri sous les rayons d'un soleil splendide, en face d'une des plus nobles et des plus riantes perspectives du monde. Si sa trace humaine peut se retrouver quelque part, c'est assurément à cette place. Le christianisme est né là ; cette cime a été son berceau, et, par bonheur, aucune construction païenne, aucun temple moderne, n'en a jusqu'ici déshonoré la simplicité. Il est donc permis d'y rêver en liberté, après Jésus, aux destinées de l'homme, d'y agiter comme lui l'éternel problème auquel il a donné la seule solution qui réponde sinon aux objections de notre raison, du moins aux aspirations de notre cœur, de chercher à y entrevoir, par-delà l'horizon délicieux de la Galilée, l'aurore du royaume de Dieu. Mais, dès que le soir commence à tomber, il faut descendre dans la vallée pour aller contempler, à la fontaine de la Vierge, le défilé des femmes de Nazareth, qui s'y rassemblent au déclin du jour. Antonin Martyr, je l'ai dit, avait été frappé de la beauté de ces femmes, il y voyait même un don de Marie. J'avoue que mon admiration n'a pas été aussi vive que la sienne, bien que le type syrien n'y manque ni de grâce ni de langueur. Le spectacle de la fontaine de la Vierge m'a causé quelque déception. J'avais la mémoire remplie de descriptions charmantes auxquelles la réalité ne répond pas. Le chemin qui conduit à la fontaine avait encore augmenté mon attente ; il grimpe à travers des cactus et des constructions pittoresques, et l'on y rencontre sans cesse une longue procession de femmes qui vont à la source ou qui en reviennent. Les premières, la cruche placée en travers sur la tête, marchent d'un pas précipité ; les autres, la cruche relevée, s'avancent par groupes de quatre ou cinq avec cette souplesse de démarche et ces attitudes sculpturales qu'ont toutes les femmes chargées de fardeaux. Quelques-unes vous disent : « Bonjour ! » en passant, dans le meilleur français. Prévenu par cette première scène tout à fait séduisante, convaincu d'ailleurs qu'il n'était pas possible d'éprouver de surprise désagréable à Nazareth, j'allais plein de confiance vers la fontaine. De loin, le coup d'œil justifiait toutes mes espérances. Qu'on se figure une sorte d'arceau pittoresque au centre duquel coulent deux ou trois filets d'eau qui forment à terre une grande mare où une cinquantaine de femmes, vêtues des costumes les plus brillants, grouillent et se pressent les unes contre les autres. Les couleurs, les poses, tout semble rappeler les belles scènes de la vie antique. Mais, dès qu'on s'approche, on est abasourdi par un tel vacarme, que les plus fortes illusions s'effacent et que la réalité de tous les temps apparaît dans sa parfaite laideur. Ces femmes, qu'on admirait à distance, sont des mégères plus ou moins affreuses qui se battent, se bousculent, se poussent mutuellement dans la vase avec un bruit épouvantable. Par malheur pour moi, au moment même où j'approchais, deux cavaliers peu galants, désireux de faire boire leurs chevaux, pénétraient par force au milieu de cette masse tapageuse. Jugez les cris nouveaux, les imprécations, les jurons arabes, les plus violents des jurons ! J'en ai éprouvé un serrement de cœur. « Nul doute, dit M. Renan, que Marie n'ait été là presque tous les jours et n'ait pris rang, l'urne sur l'épaule, dans la foule de ses compatriotes restées obscures. » Hélas ! nul doute aussi qu'elle n'ait été éclaboussée par l'eau trouble et par les paroles grossières qui rejaillissaient devant moi sur les femmes de Nazareth.

Si la beauté de ces femmes m'a paru bien moins remarquable qu'on ne le dit généralement, en revanche, leur costume pittoresque m'a beaucoup frappé. Leur tête est recouverte d'une sorte de voile qui s'y enroule comme un diadème et qui retombe ensuite gracieusement sur les épaules. Celles qui sont peu favorisées de la fortune se contentent d'un simple foulard, mais il est noué avec élégance et encadre bien la figure. Leur robe est largement décolletée sur le devant jusqu'à la taille, non pas en carré, mais en forme de cœur ; une légère guimpe transparente recouvre seule leur poitrine et leur gorge ; quelques-unes n'ont pas de guimpe du tout, mais c'est la minorité. Leur jupe d'indienne ou de cotonnade très légère est peinte des plus vives couleurs ; elles la relèvent sans cesse autour d'une ceinture bigarrée, afin de pouvoir marcher plus librement ou s'avancer dans l'eau sans mouiller leurs vêtements ; on aperçoit alors de larges pantalons bouffants, bleus, blancs, rouges, d'une variété de teintes inépuisable, qui laissent passer le bout de jambes nerveuses et de pieds bien cambrés. C'est dans ce costume original qu'on voit les femmes de Nazareth défiler autour de la fontaine de la Vierge. Les derniers rayons du soleil couchant se jouent autour de leurs voiles et les revêtent de nuances dorées ; les collines

voisines, le toit des maisons, les cactus, les rochers
sont également noyés dans une poussière d'or ;
toute la campagne environnante, éclairée de la
même lumière, s'éteint peu à peu ; enfin la nuit
ensevelit également sous ses ombres et la montagne
où Jésus se préparait à sa mission divine et la
fontaine où sa mère, mêlée à la foule de
ses compagnes, se livrait aux soins vulgaires de la
vie.

Le mont Thabor n'est qu'à trois heures environ
de Nazareth, mais c'est une excursion assez fati-
gante à cause de la raideur des pentes de la
montagne. Comme tous les sentiers de la Palestine,
le sentier qui y conduit regorge de rochers et de
cailloux ; heureusement il est ombragé de chênes
verts et d'arbustes dont la végétation luxuriante repose
les yeux. On monte dans les bois, au milieu des
fleurs. Arrivé au terme de l'ascension, on traverse
les ruines d'anciennes fortifications que recouvrent des multitudes de plantes, et l'on se trouve
en face d'une église grecque et de quelques établissements catholiques. Le mont Thabor a été cou-
ronné jadis de nombreuses constructions dont il ne
reste plus que des débris. On peut y retrouver
encore le plan de vieilles basiliques d'une grande
richesse. Mais si les archéologues éprouvent un
vif plaisir à s'attarder au milieu des pierres, les
voyageurs ordinaires sont trop fortement attirés
par la vue dont on jouit du mont Thabor pour

s'occuper longtemps d'autre chose. C'est la vue de
la montagne de Nazareth largement développée dans
toutes les directions. Il n'y a nulle part de pers-
pective plus splendide. Je me garderai bien d'essayer d'en donner une idée, car on s'épuise en
Galilée à dépeindre les innombrables spectacles
qu'une nature d'une variété et d'une perfection
infinies présente sans cesse à l'admiration. On
comprend sans peine que la tradition ait placé sur
le mont Thabor la scène de la transfiguration.
Aucun lieu n'était plus propre à lui servir de théâtre.
C'est sur ce merveilleux piédestal que Jésus devait
pour la première fois se montrer aux hommes
sous une forme divine. Il dominait de là tout le
pays où sa prédication avait retenti, où sa vie s'était
écoulée, tout le pays qui constituait le monde à
ses yeux, ou du moins aux yeux des disciples
pleins d'ignorance et de simplicité que sa parole
avait entraînés. Il était donc naturel qu'il choisît ce
point central pour apparaître en maître, en con-
quérant, en Dieu, aux regards éblouis de ceux qui
allaient répandre son enseignement sur les contrées
lointaines qu'ils embrassaient du regard. Pierre
aurait voulu s'arrêter dans cette contemplation
sublime, il aurait voulu garder pour lui seul la
vision miraculeuse dont il avait été témoin: « Il
nous fait bon d'être ici, disait-il, restons-y ! » Prétention naïve, qui prouve combien les illusions
étaient profondes en ces âmes primitives. Il n'est

jamais donné à l'homme d'admirer longtemps la
divinité, heureux déjà s'il peut l'entrevoir dans un
rêve de quelques minutes et se consoler ensuite
par ce grand souvenir de la contingence et de
l'éternelle déception des choses. Sur le point de
mourir, Jésus avait voulu donner à ses disciples
cette suprême consolation ; mais c'est de sa passion
prochaine, de ses souffrances, du mépris dans lequel il allait tomber qu'il les entretenait, en redes-
cendant de la montagne où sa gloire leur était
apparue, comme pour les avertir que rien ne dure
en ce monde, que rien n'y reste pur, que l'éclair
du ciel n'y brille qu'une seconde et que la souillure de la terre y atteint rapidement même ce qui
nous paraît le plus divin.

J'ai été témoin, au pied du mont Thabor, d'une
scène bien pittoresque et qui, malgré mon peu de
goût pour les pèlerins et pour les pèlerinages, m'a
réellement ému. Je m'étais assis, pour déjeuner,
au pied de la montagne, sous un arbuste en fleurs ;
j'avais en face de moi une série de petites collines boisées. A chaque instant, je voyais circuler
sur ces collines des détachements de cinq ou six
Grecs, les uns montés sur des ânes, les autres
marchant à pied. Ils étaient vêtus de costumes multicolores et portaient soit des tarbouches rouges,
soit des turbans blancs, bleus ou dorés. Ils descendaient à travers des sentiers verdoyants, au
fond sombre desquels ils mêlaient un fourmille-

ment de couleurs qui aurait charmé le plus exigeant coloriste. Il me semblait avoir sous les yeux le délicieux petit tableau de Diaz, la *Descente du bois* ; c'étaient les mêmes groupes éclatants, les mêmes tons d'une vivacité imprévue, les mêmes teintes brillantes noyées dans une sorte de vapeur dorée et estompée par des ombres argentées. Ces détachements formaient l'avant-garde d'un grand pèlerinage orthodoxe, composé d'environ deux mille personnes, que j'allais rencontrer à quelque distance. Tout pèlerinage est précédé ainsi d'un certain nombre de Grecs qui lui vendent des fruits, des rafraîchissements, des objets pieux, car ce petit commerce est en Palestine l'escorte obligatoire de la dévotion. Mon déjeuner fini et ma route reprise, j'ai croisé le pèlerinage au milieu d'un charmant vallon couvert d'arbres et de fleurs, cadre fait à souhait pour un pareil tableau. En tête du cortège, deux cawas à cheval portaient d'immenses drapeaux russes. A leur suite marchaient dans un ordre relatif la plus étrange foule que j'aie vue de ma vie. Une multitude de Russes de toutes conditions, de femmes, d'enfants, de popes grecs, de petits bourgeois, de moujiks crasseux, de guides, de moukres, mêlés et confondus avec quelques ânes et quelques chevaux qui portaient les gros bagages, s'avançaient en chantant sous un soleil de feu. Ils étaient divisés par escouades que dirigeaient plus ou moins quelques

moines. Les femmes avaient presque toutes la tête
et le corsage couverts de guirlandes de fleurs, ce qui
empêchait de remarquer leur laideur et leur donnait
une apparence gracieuse. Quelques pèlerins, plus
pieux que les autres, marchaient nu-tête, morti-
fication suprême en un pareil climat; d'autres, les
efféminés, avaient d'immenses parapluies rouges
ou bleus; mais, en général, c'étaient les fleurs qui
servaient à garantir des rayons plus qu'ardents du
soleil. Comme le pèlerinage dure plusieurs semaines, il faut que chacun emporte avec soi tous
les ustensiles du ménage. On voyait donc des
samovars passés en sautoir autour des bustes, des
paquets de toute sorte placés sur les épaules
comme des sacs de soldat ou accrochés tant mal
que bien à des bras fatigués. Le cuivre reluisait
parmi les marguerites, les coquelicots et les bluets.
Les hommes portaient de larges bottes; beaucoup
de femmes en faisaient autant. Leurs jupes relevées
laissaient passer des jambes informes enfouies dans
ces grossières chaussures. Presque toutes ces femmes étaient vieilles; quelques jeunes paysannes à
l'œil vif, à la démarche plus légère, égayaient
cependant l'ensemble de la troupe. Cette longue
farandole d'où s'élevait le mélancolique et touchant murmure des hymnes grecs, se déroulait lentement dans la verdure. Il était impossible de n'être
pas touché du spectacle d'une dévotion aussi sincère.
Quelle différence entre de pareils pèlerinages et les

pèlerinages de Lourdes ou de la Salette ! Ces pauvres Russes, qu'une foi enthousiaste pousse en Palestine, n'ont d'autre préoccupation que d'y retrouver des souvenirs pieux, des impressions religieuses; ils vont le long des routes, au bord des ruisseaux, comme le faisaient les disciples de Jésus, dans l'espoir que quelque écho perdu de la sainte parole y retentira encore à leurs oreilles ; aucune fatigue, aucun dégoût, aucune misère ne les rebutent ; c'est en vain que les cailloux de la route déchirent leurs pieds, ils ne sentent pas la souffrance, tant le ciel sur lequel ils ont les yeux constamment fixés leur semble inondé de cette lumière surnaturelle à travers laquelle on aperçoit Dieu.

A peine avais-je quitté les pèlerins russes que je me trouvais en présence de personnages bien différents. J'étais sur un immense plateau où est placé un khan ruiné qui a tout à fait l'aspect d'une vieille forteresse, le Souk-el-Khan ou Khan-et-Toudjdjar (marché du khan ou marché des marchands). Ce plateau est habité par des Circassiens et des Tcherkesses que la conquête russe a chassés de leurs provinces et que le gouvernement turc a répandus un peu partout en Asie-Mineure et en Syrie. La tournure de ces Tcherkesses est plus pittoresque que rassurante. Avec leurs bonnets de feutre, leurs longues houppelandes, leurs poitrines couvertes de cartouches, leur air sombre et

sauvage, ils ressemblent à de véritables brigands.
Ils le sont, en effet, et les populations paisibles
parmi lesquelles ils vivent les regardent avec raison comme un fléau des plus dangereux. Par
bonheur, le climat de Syrie les décime rapidement;
il est fort probable qu'ils disparaîtront peu à peu
des contrées où on les a transplantés, mais où ils
ne peuvent pas vivre. En attendant, outre l'industrie du vol et du pillage, ils pratiquent l'élevage
des chevaux. J'ai vu sur le plateau du Souk-el-
Khan d'immenses troupeaux de cavales lancées au
triple galop, la crinière et la queue au vent,
bondissant avec une rapidité vertigineuse à travers
les rochers, les crevasses, les accidents de terrain
de toutes sortes. On se serait cru transporté dans
les grandes plaines de l'Amérique, au milieu d'a-
nimaux sauvages, indomptés, superbes. Mais le type
des Tcherkesses rappelait vite l'Asie et l'Orient. Je
disais tout à l'heure qu'ils ne ressemblaient guère
aux pèlerins russes; c'est pourtant le fanatisme
religieux qui les a poussés, eux aussi, en Palestine.
Ils n'ont pu supporter de vivre sous le joug infi-
dèle de la Russie; ils ont tout quitté, patrie, souvenirs, espérances, pour chercher au loin une
terre où l'islam dominât encore. Montés sur les
chevaux fougueux que j'apercevais dans la plaine,
poussant devant eux leurs troupeaux et leurs familles, ils sont allés tout droit, à l'aventure, où
la fatalité les a conduits. Par une amère ironie,

elle en a conduit un grand nombre dans la plus chrétienne des contrées. Ils y meurent avec une rapidité foudroyante, mais ils y restent plutôt que de retomber sous une domination qui blesse leurs croyances. Dans toutes les religions, la foi produit donc le même mépris des souffrances, la même indifférence pour la vie, le même dégoût de tout ce qui n'est pas l'espérance souveraine qu'elle entretient dans les cœurs !

XII

Lorsqu'on arrive du mont Thabor, le premier aspect de Tibériade est plein de surprises et d'enchantements. C'est après avoir traversé péniblement une série de plateaux secs et brûlés par le soleil, qu'on aperçoit tout à coup, de l'extrémité du dernier d'entre eux, une sorte de petite mer enveloppée de la plus délicieuse des ceintures de montagnes, pareille, sous la lumière d'Orient qui illumine ses bords, à une nappe d'eau enfermée dans une vasque d'or. On est à Tibériade, au pays de Génézareth, dans la patrie préférée de Jésus. L'émotion qu'on n'éprouve guère aux portes de Jérusalem, il est impossible de ne pas la ressentir

en face de cet admirable paysage, où la nature répond complètement à la grandeur et à la grâce des
souvenirs. La beauté des lignes générales, la splendeur des couleurs, le charme pénétrant de chaque
détail, la majestueuse simplicité de l'ensemble, tout
concourt à ébranler l'âme, à réveiller l'imagination que la Palestine avait engourdie. Le lac occupe le fond d'un bassin élevé sur lequel il reflète
ses nuances les plus fines ; sa forme est celle d'un
ovale qui serait assez régulier s'il n'était légèrement allongé vers le sud ; au nord, dans un horizon lointain, les sommets ravinés et neigeux de
l'Hermon se découpent sur le ciel en lignes blanches qu'on distingue le soir à travers une sorte de
gaze rosée d'une extrême délicatesse, tandis que,
de tous les autres côtés, à l'est, à l'ouest, des collines dont les pentes viennent mourir sur les rives
mêmes du lac, ondulent dans l'air transparent avec
une souplesse exquise. Quant à la ville de Tibériade, ce n'est qu'un point perdu au milieu de ce
merveilleux tableau : on la distingue à ses pieds,
avec des colorations noires et des taches blanchâtres qui lui donnent l'aspect d'un monceau de ruines sur lequel on aurait bâti quelques maisons
nouvelles et dont surgiraient encore quelques tours
et quelques minarets à demi brisés.

Pour gagner cette ville étrange, il faut descendre à travers les escarpements les plus raides, au
risque de se casser vingt fois le cou contre les ro-

chers. Le sentier circule à travers les pierres, qui, dissimulées sous les fleurs, font glisser les chevaux et courir aux cavaliers les plus sérieux dangers. Mais le spectacle qu'on a sous les yeux ne permet point de songer aux dangers. Plus on approche de Tibériade, plus on est frappé de la beauté d'un site qui est, sans contredit, le plus parfait de la Galilée et sans doute l'un des plus parfaits du monde. Le paysage s'anime d'ailleurs et devient vivant. Des groupes de jeunes filles, enveloppées de longs manteaux blancs, sortent de la ville, soit pour aller à la fontaine, soit, tout simplement, pour se promener dans la campagne. On les voit errer sur la montagne comme des fantômes élégants et légers. Aux portes de Tibériade, on les rencontre encore en plus grand nombre, mais il vaut mieux les apercevoir de loin que de près. Presque toute la population est juive ; or, j'ai déjà dit combien les Juifs de Palestine étaient affreux ! Tibériade est entourée d'une enceinte d'environ un kilomètre de long, construite en blocs de basalte et flanquée de tours circulaires, mais toutes ces murailles sont en ruine, et la citadelle qui occupe l'angle nord-ouest des fortifications est dans un pitoyable état de délabrement. Une mosquée, dont le minaret ne manque pas de mérite, tombe également en lambeaux. Le tremblement de terre de 1837 a pratiqué partout des brèches profondes qui n'ont point été comblées. Rien ne serait plus lugu-

bre que cette enceinte défoncée, si quelques têtes
de palmiers qui la dominent n'en rompaient pas la
triste monotonie. Dès qu'on l'a franchie, on s'égare
au milieu des plus sales et des plus abjectes
ruelles que l'on puisse rencontrer dans une ville
d'Orient; presque toutes les maisons sont peintes
en blanc, non seulement à l'extérieur, mais à l'intérieur, ce qui permet, comme les portes et les fe-
nêtres restent longuement ouvertes, de distinguer
très bien ce qui s'y passe. C'est un spectacle tout
à fait dépourvu de charmes. Autant Tibériade est
pittoresque à distance, autant, lorsqu'on y est, la
trouve-t-on horrible, sordide, dégoûtante. Il faut
aller bien vite se réfugier au couvent des franciscains, dont le jardin forme une sorte d'oasis au
milieu du cloaque de la ville, et monter sur la
terrasse qui le domine pour y retrouver la vue admirable que l'on contemplait en descendant vers
Tibériade et qu'on vient de perdre en y entrant.

J'étais arrivé à Tibériade à l'heure du coucher du
soleil, et c'est le soir, à la lueur des étoiles, que
je suis monté, pour la première fois, sur la terrasse du couvent des franciscains. Le paysage s'é-
tait effacé dans l'ombre de la nuit; l'on distinguait
à peine la masse imposante de la montagne qui est
située derrière Tibériade et dont on admire le jour
les formes puissantes et gracieuses. Le lac s'étendait devant moi ; le murmure paisible de ses petites
vagues, qui viennent se briser mollement sur la

plage, montait à mes oreilles, et le spectacle qui s'offrait à mes yeux était tellement plein de mystère et de prestige qu'il eût été difficile de ne pas en être remué jusque dans les profondeurs les plus intimes de l'âme. Le lac de Tibériade est une véritable petite mer, mais une mer dont la surface est d'ordinaire aussi pure qu'un miroir, quoiqu'on prétende qu'elle soit souvent troublée l'hiver par des tempêtes semblables à celle où les apôtres doutèrent de la puissance de leur maître et crurent qu'une force brutale allait étouffer, comme il arrive si souvent, hélas ! l'idée divine qui brillait au milieu d'eux. Sur ses bords seulement un léger flot meurt dans les galets ou se perd parmi les fleurs. Toutes les étoiles du ciel se réfléchissaient dans le lac immobile avec une telle pureté et une douceur si féerique qu'on eût dit qu'elles s'y baignaient, répandant autour d'elles une demi-clarté d'un effet saisissant. A une certaine distance, toutefois, l'obscurité reprenait ; la vue et l'imagination s'égaraient de nouveau dans l'ombre.

Rien ne saurait rendre l'impression de ce tableau. C'était assurément par une nuit pareille que Jésus rejoignit ses disciples en marchant sur les eaux, et jamais miracle ne se produisit dans des circonstances plus favorables ni dans un milieu plus approprié. Si sceptique qu'il puisse être, si rebelle aux illusions que la vie moderne l'ait fait, il est impossible que le voyageur contemporain qui s'attarde longuement le soir sur les bords du lac de Tibériade, pour peu qu'il soit sensible aux séductions d'une nature sans égale et à l'incomparable poésie des souvenirs évangéliques, ne croie pas apercevoir parfois, au milieu des reflets d'étoiles, une forme plus brillante encore, et ne s'imagine pas, ne fût-ce qu'une seconde, que Dieu va s'avancer vers lui.

Tibériade est à la limite de ce canton de Génézareth qui a été le champ d'action principal de Jésus, la terre bien préparée où son âme s'est ouverte à la lumière divine, où la semence de sa pensée a germé. Il n'est pas sûr qu'il y soit jamais entré, quoique les pères franciscains affirment que leur couvent est bâti sur le lieu même de la pêche miraculeuse. Mais Tibériade était, à cette époque, une de ces villes profanes, peuplées de païens et d'infidèles, dont le luxe vulgaire choquait son goût délicat et blessait son austère moralité. Son enseignement s'arrêtait à cette limite ; sa région favorite s'étendait de l'entrée du Jourdain à Tibériade, c'est-à-dire dans un espace d'environ trois lieues. Il ne lui a pas fallu plus de place pour développer son apostolat, et c'est sur un théâtre aussi restreint que s'est déroulée une œuvre qui devait plus tard couvrir le monde. Cinq villes, dont le nom revient sans cesse dans l'Évangile, s'élevaient sur la côte du lac : Magdala, Dalamanuthos, Capharnaüm, Bethsaïn et Choragin. Grâce à Dieu ! elles ont

toutes disparu; les malédictions et les menaces
que Jésus, dans ses jours de colère, prononçait
contre elles, se sont accomplies; il en reste à peine
la trace, et c'est tout à fait au hasard que les
érudits croient les retrouver chacune en un lieu
différent. Une seule d'entre elles est encore d'une
authenticité à peu près certaine. Magdala, la patrie
de Marie-Madeleine, était bien réellement située là
où se dresse aujourd'hui le misérable, mais pittoresque village de Megdel. Un groupe de masures,
bâties en torchis et en pierres sèches, dominées
par un grand palmier et assises au pied d'une
haute montagne fortement escarpée, quelques
arbres épineux, les ruines d'une tour, quelques
figuiers sauvages, voilà tout ce qui reste du lieu où
Jésus a été le plus aimé! Le temps et la nature
n'ont pas même respecté ce souvenir. Pour arriver
à Magdala, il faut traverser des coulées volcaniques
qui sont descendues jusque dans le lac et y ont formé de hautes falaises, au bas desquelles on trouve
parfois à peine un sentier suffisant pour passer.
Cette sorte de frontière naturelle sépare la petite
plaine de Tibériade du pays de Génézareth; on la
franchit péniblement. Le reste de la promenade
jusqu'à Tell-Houm, emplacement supposé de Capharnaüm, est délicieux. On part de Tibériade aux
premières heures de la matinée pour éviter la chaleur accablante et l'éblouissante lumière du milieu
du jour. Les teintes moirées du lac ont alors une

douceur infinie; la route que l'on suit est partout bordée de touffes de lauriers roses et d'arbustes en fleurs; des myriades d'oiseaux aux couleurs les plus vives s'abattent sur les eaux. Le lac est littéralement couvert de mille espèces plus charmantes les unes que les autres. Je me rappelle surtout des oiseaux bleus dont j'ignore le nom, qui, à l'approche de nos chevaux, s'éloignaient sans cesse des touffes de lauriers fleuris pour aller se perdre au loin. La plupart de ces oiseaux se nourrissent des poissons du lac, qui sont encore aujourd'hui aussi nombreux qu'à l'époque de la pêche miraculeuse. Comme, à cette époque, ils nagent réunis par bancs, de sorte que, si l'on ne rencontre pas un de ces bancs du premier coup, on peut jeter inutilement ses filets pendant plusieurs heures, jusqu'à ce qu'un hasard heureux, qui vous met sur une bonne trace, vous permette de remplir votre barque en deux ou trois minutes. Magdala occupe une extrémité de la plaine; à l'autre extrémité, en longeant la mer, on rencontre un emplacement de ville, ou plutôt un caravansérail en ruines, Khan-Minieh, après lequel le chemin s'élève sur un rocher qui forme une sorte de promontoire dans lequel il est profondément taillé. Il n'est point douteux que Jésus a suivi ce sentier et qu'il a souvent admiré de là le développement du lac qui, nulle part, n'est aussi souple et aussi gracieux. Quelques pas plus loin, on se trouve dans une

plaine nouvelle ; enfin, à quelque distance, on
rencontre sept ou huit pauvres cabanes bâties en
pierres sèches, et une grande quantité de débris
plus ou moins antiques que cache une végétation
luxuriante : c'est Tell-Houm, où quelques savants
veulent voir les ruines de Capharnaüm, l'orgueil-
leuse cité à laquelle Jésus reprochait de vouloir
s'élever jusqu'au ciel et dont il n'est pas bien sûr
qu'il reste une seule pierre sur la terre.

Le pays de Génézareth aurait un charme irrésistible s'il n'était desséché de bonne heure par une chaleur torride. Le lac occupe une dépression de deux
cents mètres au-dessous du niveau de la mer ; il est
entouré de toutes parts de montagnes et de rochers
qui forment de puissants réflecteurs de lumière et
de chaleur ; à partir du mois de mai, on y respire
l'atmosphère embrasée d'une chaudière. Il n'en
était point ainsi autrefois. La plus riche des végé-
tations tempérait les ardeurs d'un climat devenu
violent. Josèphe nous apprend que la nature s'y
était plu, par une sorte de miracle, à y rapprocher
côte à côte les plantes des pays froids, les productions des zones brûlantes, les arbres des climats
moyens chargés toute l'année de fleurs et de fruits.
Antonin Martyr ne nous en fait pas une description
moins brillante, et, malgré l'aridité du présent, on
n'a aucune peine à croire à toutes ces splendeurs
du passé. Peu de contrées, en effet, possèdent autant
de sources, autant de ruisseaux, que le pays de

Génézareth ; seulement on laisse les eaux croupir dans des marais, se perdre sous terre ou s'écouler rapidement dans le lac, au lieu de les diriger et de s'en servir pour arroser les plaines qu'elles enrichiraient. Au mois d'avril et dans les premiers jours de mai, lorsque le soleil ne l'a pas encore calcinée, la fécondité de la campagne tient du prodige. Si les moissons manquent, c'est parce qu'on ne sait pas semer. La nature produit spontanément, avec une abondance extraordinaire, des fleurs et des arbustes. Les arbres seuls font défaut ; on les couperait s'ils venaient à pousser. Je n'en ai découvert qu'un seul dans toute la contrée ; il projetait une ombre bien faible sur un tombeau musulman composé de quelques méchantes pierres que tapissaient les plus beaux liserons et les plus charmants coquelicots.

C'est là que je me suis installé pour déjeuner, fuyant l'accablante chaleur de la tente. Il était midi ; le lac, sur lequel le soleil dardait directement ses rayons, ressemblait à une immense surface absolument plane, à une mer d'huile d'un blanc laiteux qu'aucune brise ne ridait. Si je m'avisais de soulever un caillou, j'y trouvais immanquablement un de ces petits scorpions assez inoffensifs quand on ne les dérange pas, mais dont le méchant caractère s'aigrit dès qu'on veut les toucher. De gros lézards, des espèces de salamandres apparaissaient sur les rochers humant la lumière avec volupté; d'innombrables insectes bourdonnaient dans l'air; il n'y avait d'autre ombre, dans tout ce paysage dévoré par la lumière, que celle de l'arbre sous lequel je m'étais établi. Quel changement depuis l'époque où Jésus entraînait à sa suite une petite troupe fidèle à travers les frais sentiers, au penchant des collines que recouvraient les riches moissons dont le souvenir revient sans cesse dans l'Évangile!

Si transformé que soit le pays de Génézareth, il n'est pourtant pas difficile de retrouver dans son imagination l'image de ce qu'il était autrefois et de rétablir le cadre de la vie de Jésus. Le matin, quand la campagne s'éveille sous les premiers rayons du soleil, avec tout l'éclat de ses fleurs et tous les murmures de ses oiseaux; le soir, lorsque les lueurs dorées du couchant font ressortir la souplesse inimaginable du contour des montagnes; la nuit, lorsque le ciel se couvre d'autant d'étoiles que la terre est parsemée de fleurs et que le lac, toujours calme, les réfléchit presque sans en affaiblir l'éclat, le présent disparaît, l'on croit encore que le passé vient de renaître et que les siècles qui l'ont terni n'ont eu qu'une existence illusoire. J'ose dire qu'il est impossible, sinon de comprendre, au moins de sentir toute la poésie de l'Évangile, si l'on n'a point relu ce livre exquis au lieu même où les scènes qu'il raconte se sont produites, où la morale qu'il enseigne est tombée pour la première fois des lèvres du divin maître.

On s'explique admirablement le Sermon sur la Montagne en voyant les pentes fleuries où Jésus conduisait en foule des femmes, des enfants, des hommes d'une simplicité primitive parmi les productions d'une nature merveilleuse, en face d'un ciel immaculé et d'une petite mer sans pareille pour la grâce et la douceur. Ce que ce sermon a souvent de plus incompréhensible sous nos âpres régions et dans nos carrières agitées, cette répréhension du travail, ce peu de souci des besoins matériels, cette négation des nécessités les plus évidentes de l'existence, cette ignorance profonde de la réalité, ce dédain pour les vertus fortes, pour le courage, pour l'énergie de l'âme, pour tout ce qui fait les caractères bien trempés et permet de soutenir avec quelque succès la lutte de la vie, cette illusion prodigieuse que la terre appartient aux débonnaires et que la douceur conduit en ce monde au bonheur, toutes ces erreurs économiques, tous ces malentendus moraux, toutes ces impossibilités politiques et sociales qui nous étonnent et où nous ne pouvons voir que de sublimes rêveries, paraissaient assurément fort simples et d'une évidence incontestable dans une contrée aussi clémente et aussi riante que le canton de Génézareth. Une sorte de paradis terrestre, un jardin charmant qui produisait sans effort et sans discontinuité tous les fruits, un climat salubre, qui permettait à une foule entière de se nourrir avec quelques pains et

quelques poissons, semblaient donner la plus éclatante confirmation à chacune des paroles de Jésus.
Quand il disait : « Ne soyez point en souci pour
votre vie de ce que vous mangerez et de ce que
vous boirez, ni pour votre corps de quoi vous serez
vêtus. Regardez les oiseaux de l'air, ils ne sèment
ni ne moissonnent, ni n'amassent rien dans les
greniers, et notre Père céleste les nourrit, » — il
suffisait de contempler les eaux du lac, couvertes
de volées d'oiseaux, pour croire à la vérité de ce
langage. Et quand il ajoutait : « Pour ce qui est
du vêtement, pourquoi en avez-vous souci? Appre-
nez comment les lis des champs croissent : ils ne
travaillent ni ne filent, pourtant je vous dis que
Salomon dans toute sa gloire n'a point été vêtu
comme l'un d'eux. Si donc Dieu revêt ainsi l'herbe
des champs, qui est aujourd'hui et qui demain sera
jetée dans le four, ne vous revêtira-t-il pas beaucoup
plus tôt, ô gens de peu de foi! » — Comment des
hommes qui ne connaissaient du monde que les immenses tapis de fleurs des rives du lac de Tibériade
n'auraient-ils pas été frappés d'une comparaison
aussi juste et d'une preuve aussi décisive? Tout
pousse, tout grandit, tout vit sans peine apparente
en ce lieu délicieux; or, personne, au temps de
Jésus, ne connaissait le conflit brutal des forces de
la nature; personne aussi ne s'apercevait de l'effort
caché, du combat terrible que se livrent pour subsister aux dépens les unes des autres les diverses

espèces animales et végétales; on ne soupçonnait
pas le prix auquel sont payés ces biens que la
mansuétude du Père céleste semblait répandre sur
la terre avec une prodigalité infinie; on jugeait des
choses par ce qu'on en voyait, et ce qu'on en
voyait était si beau, si calme, si facile, qu'on se
persuadait aisément qu'il en était de même partout
et que l'unique souci des hommes sur toute la
surface de notre triste globe devait être la recherche
de Dieu et de la justice, tout le reste nous étant
donné, si évidemment, par surcroît.

Aujourd'hui encore, quand on relit l'Évangile au
bord du lac de Tibériade, en laissant aller son âme
aux impressions que cette lecture provoque, on
oublie vite que le monde a vieilli, que ses lois les
plus cruelles ont été mises à jour par une science
implacable, et qu'au fond de tous les mystères de
la nature et de la société, une injustice et une violence ont apparu. On oublie aussi qu'il y a des
climats trop rudes pour que les lis des champs
puissent y pousser, des contrées trop froides pour
que les oiseaux du ciel y trouvent leur nourriture.

Je me rappelle qu'ayant gravi la montagne où
la tradition veut que Jésus ait prononcé le sermon
des béatitudes, je m'y suis assis quelques heures
pour y méditer à loisir ces promesses de bonheur
dont aucune n'est bien certaine, pas même, hélas !
celle qui annonce à ceux qui pleurent qu'ils seront
consolés. J'y étais absolument enfoui sous les bleuets;

la vue que j'avais autour de moi était fort belle : d'un côté, le mont Thabor, de l'autre l'Hermon, puis, un peu plus près, le lac de Tibériade et l'emplacement de Magdala, à demi caché malheureusement par le mont d'Arbelle. Cette montagne est bien haute pour que Jésus y ait conduit une foule nombreuse. Qui sait cependant si ce n'est point là en effet qu'a été prononcée la plus belle et la plus consolante leçon de morale que l'humanité ait jamais reçue ? On y arrivait sans doute à travers des sentiers bordés d'arbres qui en rendaient l'ascension facile, et la vie oisive de l'Orient permet les longues promenades aussi bien que les rêveries sans fin. Quoi qu'il en soit, il n'est pas de lieu au monde où l'on se sente plus rapproché de ce royaume céleste auquel les Galiléens croyaient comme à une réalité prochaine, qui a été durant des siècles la sublime vision de la plus noble partie de notre race, et dont le mirage, si c'en est un, ne s'évanouira jamais complètement dans la conscience humaine. Ceux qui se persuadaient jadis que le règne de la justice se lèverait un jour sur la terre, que l'idéal de pureté, de résignation, de dévouement et d'amour qui les charmait deviendrait la loi même de l'existence actuelle, se sont trompés sans doute ; mais qu'importe ? Nous devons à cette erreur ce qu'il y a de plus noble en nous. Ce n'est point en vain qu'ils se sont bercés d'espérances et qu'ils ont essayé de se soumettre à des règles absolues, forçant notre nature imparfaite à s'élever au-dessus d'elle-même, du milieu où elle est placée et des choses éphémères qui l'oppriment. L'âme ne se développe qu'en s'exaltant; le progrès est toujours le fruit d'un désir démesuré. Si l'homme se rendait parfaitement compte de la brutalité, de la misère profonde de tout ce qui est et de tout ce qui peut être, s'il se bornait à constater froidement le néant des principes et la contingence des lois que sa raison découvre, s'il connaissait exactement les bornes imposées à sa volonté, ne perdrait-il pas au contact de la vérité les seuls instincts qui justifient la vie et qui semblent lui donner quelque portée ?

C'est précisément parce qu'ils n'ont et n'auront jamais d'existence matérielle que le bien qu'il crée et le beau qu'il réalise exercent sur sa pensée une action si bienfaisante. Vouloir faire de la morale une science fondée sur une doctrine certaine, claire, logique et constante, est une entreprise plus que téméraire ; les raisonneurs de tous les siècles l'ont tenté vainement. Dès qu'on cherche à expliquer ce que c'est que le bien, dès qu'on le rattache à une théorie générale sur l'origine et les destinées de l'humanité, dès qu'on s'efforce d'en retrouver la cause et d'en faire, ainsi qu'on dit aujourd'hui, la genèse, on se heurte à des difficultés, à des contradictions qu'aucune philosophie n'est capable de résoudre. Le bien se sent, il ne se définit pas ;

encore moins se démontre-t-il. La morale est un art, une poésie, la plus belle de toutes, mais soumise à la condition générale qui veut que la poésie nous séduise d'autant plus qu'elle nous arrache plus complètement à la réalité. Sait-on pourquoi une ode, un tableau, une statue, une symphonie nous émeuvent profondément ? On ne sait pas davantage d'où vient le charme que nous trouvons à la vertu. Si l'on examinait de très près nos actions les plus généreuses, on s'apercevrait qu'elles sont contraires aux conseils de la raison et qu'elles aboutissent à une simple duperie, de même que, si l'on s'avisait de rechercher d'où vient le vêtement des lis des champs que Jésus prenait pour un don gratuit du Père céleste, on reconnaîtrait qu'il est le produit d'une série de destructions et de combinaisons violentes. Le monde ancien croyait que la sagesse consistait à vivre conformément à la nature ; c'est qu'il ne savait pas ce que c'était que la nature : il la jugeait d'après les apparences, n'ayant point encore découvert qu'elle n'enseigne que l'égoïsme, que la satisfaction de l'appétit du plus fort aux dépens du plus faible. Le monde moderne ne se trompe pas moins lorsqu'il attend de la science une notion plus élevée du devoir. Le devoir n'est pas du ressort de la science, le dévouement échappe à toute démonstration. La science, dans ses manifestations matérielles, ne peut créer que l'industrie ; dans ses manifestations spirituelles, elle ne va pas

au delà de la police. Ne lui demandez de produire
ni l'art ni la morale, elle en est incapable. Dieu
me garde de vouloir prédire l'avenir ! Dieu me
garde surtout de prétendre mettre des bornes à la
puissance humaine ! mais il me semble que le beau
et le bien sont arrivés depuis longtemps à leur
apogée. Nous ne verrons jamais une floraison de
chefs-d'œuvre pareils à celle qui a resplendi sur
la Grèce et jamais un idéal aussi pur que celui
qui a brillé sur la Judée n'apparaîtra à nos regards.
L'Évangile a dit le dernier mot en morale comme
Phidias et Praxitèle ont dit le dernier mot en art.

On s'étonne quelquefois du charme extraordinaire que ce livre a exercé et exerce encore sur les
âmes ; lorsqu'on compare sa doctrine à celle des
plus nobles stoïciens, on se demande pourquoi ce
n'est pas l'enseignement de ces derniers qui a pris
dans la conscience humaine la place qu'y occupe
l'enseignement de Jésus. Assurément, s'il fallait,
pour entraîner la volonté, des observations exactes,
des raisonnements bien liés, une grande force de
dialectique, Épictète ou Marc-Aurèle auraient mé-
rité plus que Jésus de devenir les maîtres de
l'humanité. On ne saurait leur reprocher les
illusions qui éclatent à chaque instant dans les
discours évangéliques ; ils avaient sondé la réalité
tout entière et ne trouvant nulle part autour d'eux
la justice, n'espérant en aucune manière la voir
se lever sur la terre, ils s'étaient décidés, par un

effort sublime, à l'engendrer en quelque sorte en eux-mêmes et à l'y maintenir intacte au milieu de l'agitation des misères extérieures. Mais c'est là précisément ce qui fait leur faiblesse ; si grande, si admirable qu'elle soit, leur œuvre est trop manifestement factice, elle prête trop aux objections pour ne pas offrir à l'imitation des obstacles presque invincibles. L'incomparable séduction de l'Évangile tient, au contraire, à la part qui y est faite à l'imagination, au rêve, à l'erreur si l'on veut ; rien n'y est sec, rien n'y est doctrinal, rien n'y est arrêté ; je ne sais quoi de transparent et d'aérien y circule d'un bout à l'autre ; à chaque page, le souffle charmant de l'espérance et de la foi en soutient les conseils. L'aspérité du commandement s'y dissimule toujours sous la grâce d'une promesse dont la réalisation paraît si prochaine qu'on ne s'avise pas de douter un instant qu'elle ne soit certaine. C'est quelque chose qui rappelle l'attrait irrésistible du pays de Génézareth. Il a fallu le soleil de la Grèce pour animer les marbres de ses statues ; il a fallu aussi l'azur du lac de Tibériade pour colorer l'Évangile. Tout ce qu'il y avait de fraîcheur et de délicatesse dans le paysage est passé dans le livre, et il y en avait tellement qu'après tant de siècles le prestige n'en est pas même affaibli !

Chose étrange cependant ! cette contrée délicieuse, qui a inspiré la plus fine et la plus délicate des morales, a donné également naissance au plus pédantesque, au plus fastidieux corps de lois qui jamais peut-être ait été fait On sait qu'à la suite de la conquête romaine, la Palestine resta quelque temps le siège principal des études religieuses du Judaïsme ; les rabbins s'établirent dans plusieurs villes de la Galilée, notamment à Séphoris et à Tibériade. C'est de l'académie de Tibériade, formée vers 180, que sortit le célèbre rabbin Juda, surnommé *le Saint*, qui recueillit les codes partiels et les lois traditionnelles des écoles pharisiennes et en forma, dans le premier quart du III⁰ siècle, la vaste compilation connue sous le nom de la *Mischna* (répétition ou seconde loi). Autour de cette première composition vinrent successivement se grouper une multitude de commentaires, d'annotations, de discussions qui en augmentèrent à la fois le volume et l'ennui ; ces nouveaux recueils, beaucoup plus considérables que la Mischna elle-même, qui leur sert de texte, reçurent le nom de *Guemara* (complément). La réunion de la *Mischna* et de la *Guemara* forma le *Talmud* (doctrine), œuvre indigeste, stérile, qui a fait perdre à la race juive toute initiative morale et qui est restée absolument étrangère au reste de l'humanité.

Personne n'ignore qu'il y a deux Talmuds, le Talmud de Jérusalem, émané dans la seconde moitié du IV⁰ siècle des écoles de Palestine et dont la source première était à Tibériade, et le Talmud de Babylone, rédigé au V⁰ siècle par Asché, célèbre docteur de l'académie de Sora, et par son disciple Rabbina, et terminé l'an 500 par rabbi José. L'autorité de la Guemara de Babylone, plus complète et plus claire que celle de Jérusalem, a prévalu parmi les Juifs. Mais ni l'une ni l'autre n'ont dépassé le cercle étroit d'une race. A partir de l'Évangile, Israël a cessé d'écrire pour le monde ; il n'a plus écrit que pour lui-même. Le caractère de perfection absolue qui a fait des psaumes l'exemplaire immortel de la poésie religieuse ; le goût, la mesure, le charme qui ont permis à la Bible entière, produit d'un esprit si différent du nôtre, d'échapper au sort commun des littératures orientales que les savants seuls en Occident peuvent apprécier, et de devenir, au contraire, le livre par excellence, la lecture universelle ; l'ensemble de qualités exquises qui se sont développées peu à peu dans les discours des prophètes et qui ont atteint dans ceux de Jésus leur épanouissement complet, tout cela a disparu du Talmud pour ne laisser place qu'aux arguties mesquines, qu'à la casuistique vaine et étouffante sous lesquelles paraissent devoir périr toutes les œuvres sémitiques. On se rend aisément compte à Tibériade de la décadence intellectuelle des Juifs. Une incontestable décadence physique y correspond. Si la vue du lac, si l'aspect d'un paysage enchanteur y expliquent l'Évangile, en revanche la population juive qu'on y rencontre fait comprendre la chute profonde de ce peuple étrange, qui semble destiné

à donner au reste de l'humanité les plus frappantes
leçons de grandeur et de bassesse, de force et de
décrépitude, de splendeur et de misère. Tibériade
est restée presque absolument juive. A quelque
distance, sur une des hauteurs qui dominent le
pays de Génézareth, s'élève la petite ville de Safet,
où les Juifs de toutes les nations viennent attendre
l'apparition prochaine du Messie. J'ignore pourquoi
une destinée aussi glorieuse est réservée à Safet,
dont le passé n'a rien de remarquable et dont il
n'est même pas question dans la Bible. C'est peut-
être à cause de son heureuse situation et de la
beauté de la contrée qui l'entoure. Ce qu'il y a de
sûr, c'est que cette contrée tout entière est envahie
par une population laide, sordide, aux yeux rouges,
éraillés et clignotants, aux nez crochus, aux longues boucles descendant sur les tempes, aux visages
jaunes ou lépreux, à la physionomie triste et in-
quiète, aux costumes gluants, population accourue
d'Allemagne, de Russie, de Pologne, de Valachie,
de tous les points de l'Europe, comme si elle voulait
gâter par sa présence une des plus ravissantes
régions du globe.

J'ai passé, un samedi, la journée du sabbat à Tibériade. Dès la veille au soir, tous les habitants
avaient arboré leurs habits de fête aux couleurs
éclatantes qui faisaient encore mieux ressortir la
parfaite laideur de leurs visages. Néanmoins l'aspect général de la ville ne manquait pas d'une cer-

taine gaieté pittoresque. Sur le pas des portes, le long des murs, au milieu même des rues, se formaient des groupes dont on pouvait admirer à distance l'ardente coloration. Dans l'intérieur des maisons, blanchi à la chaux comme je l'ai dit, des lanternes, de grandes lampes, parfois même de véritables lustres remplis de bougies répandaient une clarté très vive qui se réfléchissait aux alentours. Vers cinq heures du soir, chacun avait quitté ses affaires pour s'occuper uniquement de la prière. Un bourdonnement confus d'hymmes, je ne sais quelles mélopées aiguës et traînantes sortaient de tous les coins de la ville. On voyait sur les terrasses des maisons de graves personnages se promener de long en large en murmurant, tantôt avec une volubilité extraordinaire, tantôt, au contraire, avec une lenteur affectée, de dévotes cantilènes ; auprès des synagogues, le bruit atteignait les proportions d'un véritable vacarme ; pour accompagner les voix la plupart des chanteurs frappaient en cadence dans leurs mains ou se servaient même de taraboucks. Ce tapage pieux s'est prolongé fort avant dans la nuit. A chaque instant, mon sommeil en était troublé, et chaque fois que j'étais prêt à m'endormir de nouveau, une note criarde, un brusque claquement des mains arrivant jusqu'à moi, me rappelaient que nous étions à la veille du sabbat et que depuis tant de siècles une invincible espérance soutenait la dévotion de cette étrange race juive, qui semble avoir en Palestine encore plus d'énergie, de vitalité, de confiance en l'avenir que dans le reste du monde.

Et qui sait, après tout, si cette confiance n'est pas justifiée ? Ce n'est point à Safet sans doute que commenceront pour les Juifs des destinées nouvelles; mais il est possible que la liberté moderne soit pour eux le signal de transformations fécondes, qu'elle ressuscite le génie créateur qui les a abandonnés dans la servitude, L'histoire des Hébreux est remplie de révolutions si profondes que toutes les conjectures sont permises quand on parle du peuple à la fois le plus persistant et le moins immuable qui ait jamais existé. Il n'est pas certain que le judaïsme ait perdu toute sa force d'expansion, ait épuisé toute sa sève en poussant les deux grands rameaux du christianisme et de l'islamisme qui ont couvert l'Occident et l'Orient et qui, sous des formes différentes, ont fait triompher sa pensée dans le monde méditerranéen tout entier. D'ailleurs si son énergie morale est détruite, son énergie matérielle ne l'est pas, et dans le champ des succès pratiques, de grandes moissons lui sont encore réservées.

Les découvertes de l'érudition moderne ont totalement modifié l'idée que nous avions du peuple juif ; son passé nous est apparu bien différent de l'image que nous nous en étions formée. Le monothéisme constant, rigide, qui nous paraissait une création spontanée de son génie, qui nous semblait être né avec lui, a été, au contraire, le résultat d'une série d'évolutions où sa pensée s'est développée à travers mille péripéties morales et historiques dans lesquelles l'action des causes extérieures n'a pas eu moins de part que ses propres instincts. Il est difficile de préciser dès aujourd'hui l'influence que les différents peuples auxquels ils se sont mêlés ont exercée sur les Hébreux ; leurs premières migrations matérielles restent enveloppées du voile de la légende ; un nuage plus épais encore couvre leurs origines religieuses. Il est certain toutefois qu'en s'établissant à l'ouest du Jourdain, ils ne détruisirent pas tout d'un coup les divinités locales qu'ils y trouvèrent installées avant eux, et que leur monothéisme national se prêta à des compromis qui, plus tard, amenèrent d'heureuses combinaisons. Partis d'un polythéisme primitif, ils s'étaient élevés dans le cours de leur vie errante et agitée à une conception divine dont ils devaient tirer graduellement les plus belles conséquences. Est-ce Moïse qui substitua au culte de *El Shaddaï* et aux formes très simples de la religion antique l'adoration de *Yahveh*? On l'ignore ; mais le nouveau dieu, quelle que fût son origine, était incontestablement le dieu terrible et sévère du tonnerre, dont le caractère répondait à l'existence tourmentée d'une tribu nomade, errant au milieu d'une nature sauvage qui la menaçait sans cesse de ses violences. Ce fut aussi le dieu de la victoire; il soumit aux Hébreux les peuplades cananéennes et phéniciennes sur le territoire desquelles ils parvinrent enfin à trouver une résidence fixe ; il vainquit leurs dieux particuliers et établit sur eux sa domination. Seulement, en les subjuguant, il ne les expulsa pas, car ils subsistèrent longtemps à côté de lui, objets d'un culte inférieur sans doute, mais qui ne fut pourtant jamais déserté. Il fallut des siècles et tout l'effort des prophètes pour les faire disparaître; encore ne furent-ils pas réellement chassés ; au lieu de les éliminer, Yahveh les absorba : à mesure que les Hébreux abandonnèrent l'existence de tribu courant les aventures pour devenir une véritable nation, ils adoptèrent sans même s'en apercevoir les éléments essentiels des religions du pays où ils s'étaient fixés ; l'image sombre du dieu du désert commença à emprunter différents traits aux divinités locales ; Yahveh s'adoucit à leur contact, il s'assimila leurs principaux attributs, il devint capable de présider à l'agriculture, à la paix, à l'abondance aussi bien qu'à la conquête. Dès lors, il fut en mesure de satisfaire seul aux besoins multiples d'une population civilisée et définitivement établie ; il ne fut plus nécessaire de recourir à Baal pour suppléer à ce qui lui manquait ; on put, qu'on me passe le mot, se contenter de lui ; mais s'il devint le dieu unique d'Israël, ce ne fut qu'après avoir en quelque sorte combiné tous les éléments divins qui flottaient autour de lui et qui s'étaient maintenus longtemps à ses côtés.

L'histoire des Hébreux, depuis leur arrivée en Palestine jusqu'à la captivité, n'est autre chose que la longue lutte de leur dieu national contre les dieux indigènes. Tous les peuples antiques croyaient avoir besoin de s'assurer l'appui d'un ou de plusieurs dieux, de passer un contrat avec eux, de les opposer aux dieux de leurs voisins et de leurs ennemis. Les Hébreux suivirent tout simplement la loi commune. Il n'est point exact de dire, comme on l'a fait trop souvent, qu'ils atteignirent, sans aucun effort, à la notion d'un dieu suprême ; ce fut, au contraire, le résultat dernier, le produit lent et définitif de leur développement moral et historique ; l'on pourrait même, sans témérité, aller jusqu'à prétendre qu'avant l'islamisme, lequel n'est, en somme, qu'une hérésie juive, la conception monothéiste n'a jamais eu une netteté absolue. Yahveh n'était point le dieu du monde, le dieu universel, la négation des autres dieux, il n'était que le dieu des Hébreux. Durant toute la royauté juive son nom servit d'étendard au parti national, tandis que les partis étrangers suivaient celui des dieux étrangers. Enfin, grâce à l'admirable école de prophètes qui soutenaient sa cause, il l'emporta sur ses adversaires. Mais son prestige s'évanouit dans la victoire, car elle en montra du même coup la profonde illusion. On n'avait cessé de répéter que la force d'Israël résidait dans sa fidélité à Yahveh, et ce fut précisément à l'heure où cette fidélité devenait générale, où la ferveur publique était à son comble, qu'Israël tomba. Jamais démenti plus cruel n'avait été donné à l'espérance ! Jamais la vanité des promesses divines n'avait éclaté d'une manière plus terrible ! Assurément, si les Juifs avaient été doués d'un tempérament moins robuste, s'ils avaient été capables de sacrifier la foi à l'évidence, ils se seraient rappelé, en présence d'une pareille catastrophe, les paroles de l'Assyrien : « Ne te laisse pas abuser aux promesses de ton Dieu ! Où sont les rois d'Arpad, de Hamath, de Separvaïm ? Quel est le peuple que son Dieu a jamais sauvé de mes mains ? » Le dieu d'Israël n'avait pas mieux tenu ses engagements que ceux d'Arpad, de Hamath et de Separvaïm, il n'avait pas mieux sauvé son peuple des mains des ennemis, il ne l'avait, par conséquent, pas moins abusé. Pour échapper à une réalité aussi brutale en conservant le système religieux sur lequel reposait tout l'édifice social d'Israël, on fut obligé de recourir à des distinctions, à des explications, à des réserves, d'en appeler de la lettre à l'esprit, d'interpréter le contrat passé entre le peuple fidèle et son dieu d'une manière exclusivement morale, qui permît de laisser croire qu'il n'avait pas été violé. Il en résulta une seconde et plus profonde transformation de la conception divine. Grandi par ses propres échecs et par la défaite même de son peuple, le dieu d'Israël s'éleva au-dessus des agitations politiques qui ne purent plus l'atteindre qu'indirectement et temporairement; il devint le dieu unique et sans second, celui qui est à l'exclusion de tous les autres. Sans doute, il n'en resta pas moins la propriété principale d'Israël, qui l'avait deviné et adoré alors que personne ne le connaissait encore ; mais son règne dut s'étendre sur la terre entière, en dépit des insuccès partiels et temporels qui ne compromettaient pas son triomphe général et final.

Les derniers temps du royaume de Juda furent remplis par l'élaboration de cette idée nouvelle d'où le christianisme est sorti. Le dieu jaloux du premier mosaïsme, le dieu terrible qui avait besoin de sacrifices humains et dont la volonté implacable punissait les fautes des pères jusqu'à la quatrième génération, le dieu formaliste qui tenait avant tout aux pratiques extérieures, fit place à un dieu de justice et d'amour, au dieu d'Israël qui se plaignait de la multitude des sacrifices, « qui était rassasié d'holocaustes de moutons et de graisse de bêtes grasses, qui ne prenait point de plaisir au sang des taureaux, des agneaux et des boucs, » que toutes les grimaces du culte fatiguaient, que les violences de la nouvelle loi indignaient et qui ne voulait plus qu'on dît : « Les pères ont mangé des raisins aigres et les fils en ont eu les dents agacées. » Pour la première fois, une piété aimable, une charité délicate, un sentiment profond de compassion envers le pauvre et l'opprimé, je ne sais quoi de tendre et d'exquis qui annonce déjà Jésus se font jour de toutes parts dans une race qui jusque-là n'avait montré que rudesse et égoïsme. Ennobli par le malheur, Israël sent son cœur s'adoucir et comprend le charme des espérances et des séductions immatérielles. La conviction de sa supériorité intellectuelle le rassure sur l'avenir. Au milieu de l'oppression et des blessures de la guerre, le rêve d'une revanche éclatante et lointaine hante de plus en plus son imagination ; mais cette revanche ne s'y présente pas uniquement sous la forme de victoires militaires, de conquêtes accomplies par la force. Une révolution morale se prépare. La réparation est certaine : c'est au sein même de Juda que les grands empires qui l'ont écrasé viendront un jour chercher la vérité, c'est autour des vaincus d'aujourd'hui que se rangeront demain toutes les nations de la terre, c'est sous le sceptre de leur Dieu que l'univers entier trouvera enfin le bonheur et la justice. Le monothéisme est créé, le messianisme va naître.

Il ne faudrait pourtant point se tromper sur le caractère et la portée de cette immense révolution, la plus grande peut-être à laquelle l'humanité ait assisté, parce qu'elle contenait en germe le christianisme et l'islamisme. L'unité divine, telle que les prophètes l'entrevirent, n'était point encore le monothéisme pur que le monde a connu plus tard. Jérémie, le premier, et après lui Isaïe, ont exprimé la pensée que Yahveh est le Dieu éternel, à côté duquel il n'en existe point d'autre, auprès duquel tous les autres ne sont que des idoles vaines. Mais Yahveh n'en restait pas moins un Dieu strictement national, dont le culte ne devait se répandre que pour rassembler de tous les points du monde les croyants à Jérusalem. Les Hébreux n'opposaient pas une religion internationale, universelle, aux religions des peuples étrangers : ils se bornaient à leur opposer leur religion personnelle dans l'espoir qu'un jour ils s'y convertiraient et que, reconnaissant sa suprématie, ils n'hésiteraient pas à lui sacrifier leurs croyances particulières. L'unité ne résultait donc pas de la ruine de toutes les nationalités religieuses, mais de leur absorption par l'une d'entre elles. Il faut arriver, je le répète, jusqu'à l'islamisme pour trouver un monothéisme strict, complet, indiscutable. Des deux grandes colonies que le judaïsme a fondées dans le monde, le christianisme et l'islamisme, la seconde est celle qui a le plus fidèlement continué ses traditions dogmatiques, tandis que la première a surtout conservé ses traditions morales. C'est à l'école des Juifs et des judéo-chrétiens que Mahomet a créé l'islam, qui est en même temps une sorte de réaction contre les développements métaphysiques et moraux du dernier mouvement religieux de la Judée et l'épanouissement normal,

régulier, de ce mouvement. Tombé dans une intelligence logique, dans un cœur sec, le dogme de
l'unité divine, tout en se développant, devait amener un retour aux conceptions sévères du passé.
Dieu, souverain unique, absolu, ne pouvait manquer d'être aussi complètement arbitraire ; on le
dépouilla des vaines tendresses que lui avaient
prêtées les prophètes et dont le caractère était
trop manifestement humain. Son attitude envers
le monde est hostile ; tout-puissant et omniscient,
il se manifeste surtout par ses fantaisies, ses colères ;
il récompense ou il punit à son gré, il endur-
cit le cœur de ceux qu'il veut perdre, il prédes-
tine sans motif ceux qu'il veut sauver, et tout le
monde doit trembler devant lui. Au lieu d'être la
raison universelle des choses, il en est la cause
universelle, mais brutale ; c'est sa volonté, non
son intelligence et sa bonté qui dirigent le monde.
De là cette condamnation de la science, cette réprobation de la pensée qui ont fini par perdre toutes
les civilisations musulmanes. De là aussi ce réveil
du prophétisme sous une forme dégénérée, seule
raison d'être de Mahomet. L'islamisme n'admet pas
le messianisme, car il est impossible qu'un Dieu
aussi élevé que le sien au-dessus de l'humanité,
consente jamais à se mêler à elle. La monarchie
divine obéit à une étiquette plus sévère. Dieu s'y
révèle d'une manière solennelle, mécanique, par
l'entremise de ses prophètes, aux paroles desquels

on doit se soumettre aveuglément comme à des ordres sans réplique.

Il y a loin de ce monothéisme abstrait au monothéisme panthéiste des Aryens, qui considèrent toutes les divinités comme de simples noms, comme des manifestations diverses de l'unité supérieure des choses; mais on doit le regarder comme le dernier résultat des conceptions sémitiques. Tandis que l'Aryen ne parvenant jamais à détacher complètement sa personnalité du milieu qui l'entoure, a vu, à bon droit, dans l'univers, une immense combinaison de forces qui entrent sans cesse en lutte, qui s'engendrent mutuellement et dont les innombrables transformations produisent tous les phénomènes, le Sémite s'est séparé peu à peu de la nature, et, la considérant comme étrangère à lui, est venu à en chercher l'origine dans une cause qui la dominât et qui le dominât également lui-même. C'est ainsi qu'il a conçu la notion de Dieu, créateur suprême, isolé du monde, qu'il façonne comme un vase entre les mains du potier. Le despotisme divin était la conséquence inévitable d'un pareil système. Les Juifs n'y arrivèrent jamais complètement, mais ce fut l'œuvre particulière de Mahomet et des Arabes. Cette œuvre ne pouvait être l'apanage d'une seul peuple. Par sa nature même, elle était universelle. L'islamisme sut faire ce que le judaïsme n'avait point fait, il sut briser tout lien avec une nationalité particulière, avec un culte local, pour devenir réellement cosmopolite. Se laissant ramener à deux dogmes essentiels, d'une simplicité parfaite, il s'adapta sans peine au génie et aux mœurs des races les plus différentes, et la rapidité extraordinaire de son expansion prouve suffisamment que ses prétentions à l'universalité étaient justifiées.

Les débuts du christianisme ont été plus lents, plus pénibles. De même que l'islamisme devait être l'épanouissement de l'idée du monothéisme, de même le christianisme fut l'épanouissement de l'idée du messianisme. Mais s'il est relativement facile de s'élever à la conception de l'unité divine et d'admettre que Dieu se manifeste par un prophète, il l'est beaucoup moins de savoir à quels caractères reconnaître le Messie. Parmi le grand nombre de ceux qui passaient et disparaissaient en Israël, y en avait-il un qu'on pût regarder comme le véritable? A coup sûr non, si on s'en tenait à la conception première qui voulait que le Messie relevât la patrie terrestre et réunît tous les peuples du monde autour de Jérusalem. Mais là aussi allait se produire une de ces transformations que la souplesse merveilleuse du génie judaïque a rendues si nombreuses et si fécondes. Tandis que la masse des Juifs, les yeux fixés sur l'horizon, y cherchaient l'aurore de l'apparition qu'ils attendaient avec tant d'impatience, quelques-uns d'entre eux se prirent à dire : « Vous vous trompez, le Messie est venu. Vous l'avez méconnu, vous l'avez tué; mais il re-

viendra juger les vivants et les morts. » Nouvell
étrange sans doute, mais qui changeait, après tout,
peu de chose aux espérances judaïques. Il était
assez indifférent que le Messie eût passé une première fois incompris et méprisé sur la terre, puis-
qu'il allait y apparaître de nouveau et puisque son
règne n'y était qu'ajourné.

Pendant longtemps, les chrétiens ne crurent pas
moins sérieusement que les Juifs à la fin prochaine
du mal, à une ère future de justice, de paix et de
bonheur. Eux aussi, ils tenaient les yeux fixés sur
l'horizon, avec une confiance d'autant plus vive
qu'ils connaissaient déjà le Sauveur, qu'ils l'avaient
vu et que sa personne, ses actes, ses discours
avaient laissé dans leurs âmes une ineffaçable impression. Mais précisément parce que leur espérance
était plus précise, la réalité les trompa plus manifestement encore que les Juifs. Les siècles s'écoulè-
rent et Jésus ne revint pas. Peu à peu, on s'habitua
à son absence, on se résigna même à ne plus l'attendre ; le christianisme se détacha du judaïsme
pour continuer séparément ses glorieuses destinées.
A partir de la séparation des deux Églises, il n'y a
plus rien de juif dans les dogmes de la religion
nouvelle ; la métaphysique grecque et l'organisation
politique romaine s'en emparent et lui font subir
les plus profondes modifications. Mais le rêve des
origines l'a imprégnée d'un charme poétique, d'une
séduction pénétrante qui ne s'effaceront jamais.

Tous les sentiments délicats, toutes les vertus exquises que le messianisme avait fait naître en Judée prirent dans le christianisme une forme plus
pure, plus délicieuse encore. La partie morale de
l'œuvre des prophètes passa tout entière dans l'É-
vangile ; la douceur, la compassion, la charité y
trouvèrent leur expression définitive. Est-ce à dire
que l'Évangile, comme on s'est plu quelquefois à
le soutenir, ne soit que l'écho, que le prolon-
gement de la prédication prophétique ? Non cer-
tes ! Peu importe qu'on retrouve dans les derniers des prophètes, dans Jérémie, dans Isaïe, dans
Ézéchiel, presque toutes les maximes, presque tous
les enseignements de Jésus. Sans doute, si la morale était une science, s'il s'agissait de découvrir
le devoir et le démontrer comme on découvre
et comme on démontre les lois de la physique,
celui-là serait l'inventeur et mériterait d'être
appelé maître qui le premier aurait enseigné
l'abnégation, la résignation et l'amour. Mais,
en morale, enseigner n'est rien ; il faut persuader. La forme donnée au précepte est plus importante que le précepte lui-même. En éplu-
chant les philosophes antiques aussi bien que les
prophètes antérieurs à Jésus, on y rencontrerait assurément la plupart des doctrines de l'Évangile ;
qu'importe, puisque chez aucun d'entre eux elle
n'a eu cet accent particulier, irrésistible, qui a
ému et subjugué l'humanité ? On avait dit bien

souvent avant Jésus : « Aimez-vous les uns les autres ! — Soyez parfaits comme votre Père céleste
est parfait ! » mais nul ne l'avait dit avec une expression si touchante, avec une tendresse si profonde que tout le monde crut à la complète simplicité du conseil. Ce ne sont ni les prêtres de
Jupiter, ni les pédants des écoles, ni les orgueil-
leux du portique qui auraient trouvé le chemin de
nos âmes et qui auraient transformé nos cœurs ;
ce ne sont pas non plus les prophètes, dont la rhé-
torique surchauffée, le style lâche et prolixe, la
pensée perpétuellement tendue ne pouvaient produire qu'une excitation factice. La grande originalité de Jésus réside dans la fraîcheur et dans la
grâce de son inspiration. En écoutant sa parole,
les Juifs d'abord, puis le monde entier furent sous
le charme, car jamais la conscience humaine n'a-
vait été remuée d'une manière à la fois si douce
et si souveraine : c'est de cette émotion qu'est né
l'idéal moral qui restera l'œuvre incontestée, la
création sublime, l'invention indiscutable du christianisme.

Quoi qu'il en soit, et après avoir proclamé tout
ce que l'islamisme et le christianisme ont apporté
de nouveau sur la terre, il n'en reste pas moins
vrai que l'une et l'autre religion sont issues du
judaïsme, qu'elles ne sont même, à tout prendre,
que de grandes hérésies juives qui se sont développées outre mesure aux dépens du tronc dont

elles étaient sorties. Durant des siècles, le judaïsme lui-même, frappé de stéritité après ce prodigieux effort de production, a perdu toute action sur le monde. L'abaissement politique des Juifs a achevé d'éteindre en lui tout ce qu'il aurait pu conserver sinon de vitalité, au moins d'initiative. Indirectement mêlé au mouvement intellectuel arabe, il a contribué sans doute à ses heureux débuts, mais il n'a pas été capable de le préserver d'un arrêt subit, suivi bientôt d'un recul profond et d'une décadence irrémédiables. Son rôle dans le moyen âge est tout à fait secondaire, effacé. Condamnés alors à concentrer toute leur activité sur les intérêts terrestres, les Juifs ont acquis lentement, progressivement, la grande supériorité pratique qui est restée depuis le caractère principal et distinctif de leur race. Asservis politiquement et moralement, ils sont devenus matériellement les maîtres du monde. Dans presque tous les pays, la richesse publique est aujourd'hui entre leurs mains; il ne leur manquait plus que la liberté; notre siècle la leur a rendue. Quel usage en feront-ils? comment emploieront-ils leur force? chercheront-ils à dominer à leur tour ceux qui les ont si longtemps dominés? Questions pressantes et dont les campagnes antisémitiques qui se poursuivent dans les plus grandes nations européennes prouvent la gravité.

Il est certain que le pouvoir, après la fortune,

risque de passer un peu partout aux Juifs. Long-temps obligés de se contenter de métiers inférieurs, voués uniquement au commerce, à l'industrie, à la banque, ils ont, depuis leur émancipation, la noble ambition des enrichis qui désirent consacrer leurs loisirs aux intérêts et aux œuvres générales. On les voit assiéger les fonctions élevées et occuper un à un tous les abords de la puissance. Il n'y aurait rien de surprenant à ce qu'un jour ils parvinssent à s'en emparer complètement. En effet, s'ils ont montré dans toutes les périodes de leur histoire une grande inaptitude politique, cela ne les a pourtant point empêchés de poursuivre sans cesse, à côté de leur idéal moral, un idéal profane, terre à terre, qu'à certains moments ils ont paru sur le point de réaliser. Et peut-être l'auraient-ils réalisé, si les espérances spirituelles n'étaient pas venues les en détourner pour les lancer dans des aventures pratiquement de plus en plus périlleuses, mais moralement de plus en plus fécondes. Sous le règne de Salomon, par exemple, ils furent bien près de devenir un peuple comme les autres, uniquement occupé de prospérité industrielle, d'art, de commerce et de plaisirs. Peu s'en fallut que le goût du bien-être et des joies mondaines ne l'emportât sur la véritable vocation d'Israël, qui était l'invention du monothéisme et la préparation du christianisme. Si Salomon eût réussi, s'il eût lancé définitivement son peuple dans les voies profanes, si le développement intellectuel et commercial qu'il avait inauguré se fût prolongé, la carrière sacrée des Hébreux eût été interrompue ; ils fussent devenus semblables aux Phéniciens, aux Sidoniens, aux Tyriens, aux nations de même origine qu'eux, qui les ont précédés ou suivis sur le sol de la Syrie. Jérusalem eût brillé quelque temps d'une splendeur toute matérielle ; il n'en resterait pas aujourd'hui beaucoup plus de vestiges que de Tyr et de Sidon. L'échec de cette tentative purement mondaine fut donc pour Israël un bonheur véritable. Il n'en laissa pas moins dans les cœurs un regret plein d'amertume. L'éblouissement du règne de Salomon ne se dissipa jamais tout à fait : dans les crises les plus cruelles de l'histoire hébraïque, il se trouva toujours des esprits pratiques pour déplorer l'illusion généreuse qui avait fait préférer à Israël une vaine espérance religieuse aux jouissances certaines de la réalité.

C'est une remarque fort juste que ce même peuple hébreu, dont la pensée morale s'est élevée à un si haut degré de pureté et de désintéressement, a toujours eu cependant un goût particulier pour les biens terrestres et des aptitudes singulières pour les acquérir d'abord, puis pour en jouir avec une véritable passion. Il en est des nations chargées d'une mission divine comme des individus chargés d'un grand apostolat : à certaines heures, l'inspiration d'en haut entre en lutte avec les instincts inférieurs, et la faiblesse humaine s'effraie de tous les sacrifices auxquels il faut consentir pour soutenir un rôle désintéressé. Le trouble, la timidité, la tentation l'emportent un instant sur le courage et le dévouement. Satan monte sur la montagne, et montrant du doigt toutes les richesses de la terre : « Je te donnerai tout cela, dit-il, si tu veux m'adorer. » Sous le règne de Salomon, Israël faillit succomber à l'épreuve. Nation profondément sensuelle, portant, comme toutes les nations orientales d'ailleurs, des préoccupations matérielles jusque dans son idéal le plus délicat, puissamment douée pour la vie gaie, heureuse, féconde, elle faillit préférer la sagesse vulgaire à la sublime folie qui devait faire sa gloire. Salomon lui donna, dans ses écrits comme dans ses actes, l'exemple et le conseil de cette sagesse. Les ouvrages qu'on lui attribue portent tous la trace de préoccupations mondaines ; il ne fut pas très éloigné d'arriver à une notion scientifique des choses qui aurait été mortelle à la religion ; au lieu de célébrer la puissance créatrice de Yahveh, il se mit à décrire les créatures « depuis le cèdre jusqu'à l'hysope. » De la science au doute, la distance est courte ; Salomon la franchit : le dégoût de toutes choses s'empara de lui. « Vanité des vanités !... Rien de nouveau sous le soleil... Augmenter sa science, c'est augmenter sa peine... J'ai voulu rechercher ce qui se passe sous le ciel et j'ai vu que ce n'était qu'affliction d'esprit. »

Lorsqu'on professe des maximes aussi désespérées, on n'a plus d'autre refuge, pour fuir les tourments de l'âme, que la joie et les plaisirs. Le *Cantique des cantiques* est l'expression achevée du rêve de sensualité exquise qui risqua un moment de remplacer le rêve surnaturel d'Israël. Parfaitement indifférent en religion, absolument sceptique en morale, tandis qu'il renfermait dans son harem trois cents reines et six cents concubines, qu'il embellissait son palais, qu'il y faisait régner un ordre et une élégance extraordinaires, Salomon montra aux cultes étrangers une parfaite tolérance. S'il bâtit à Yahveh un temple splendide, il n'hésita pas non plus à élever sur le mont des Oliviers des autels à Moloch et à Astarté. Il accueillit de même les dieux égyptiens. Les contemporains lui en firent-ils un reproche? Rien n'est moins certain; tout fait supposer, au contraire, que ce sont des écrivains plus récents et tout préoccupés d'idées inconnues à son époque, qui le lui ont imputé à crime. Enivré de joies matérielles, Israël laissait sommeiller la pensée divine, et ce ne fut que sous l'aiguillon de la souffrance qu'il se réveilla.

Les catastrophes qui suivirent la mort de Salomon, les discordes et les divisions qu'elles produisirent, les tristes déceptions qui en résultèrent, le ramenaient à des espérances plus hautes que les réalités dont il se contentait. Depuis lors la décadence poli-

tique ne cessa pas un seul jour, en sorte qu'à
aucune autre époque l'idéal terrestre ne put être
repris. Mais qui sait si nous ne le verrons pas
renaître de nos jours sous une forme nouvelle,
appropriée aux conditions de la société moderne?
A coup sûr, il n'est pas à craindre que les Juifs
d'aujourd'hui rêvent de ressusciter David ou Salomon et d'aller vivre sous le sceptre d'un roi puissant et pacifique régnant d'une mer à l'autre,
au milieu de nations tributaires. Une espérance
aussi mesquine suffit aux malheureux qui végètent
dans l'abjection et la misère à Jérusalem et à Tibériade; mais l'immense masse des Sémites qui couvrent en ce moment l'Orient et l'Europe peut, sans
trop de témérité, concevoir de plus hautes ambitions.
Elle possède la plus grande des forces contemporaines, c'est-à-dire la richesse; son activité ne connaît pas de bornes, sa souplesse ne connaît pas
d'obstacles; des siècles de servitude l'ont habituée à
tourner toutes les difficultés et à ne se laisser jamais
arrêter par les scrupules d'une délicatesse timorée
que donne un long exercice du commandement et
un long usage de la liberté; elle sait au besoin
braver l'ironie et surmonter le dédain; enfin, les
démentis incessants de l'histoire l'ont ramenée au
scepticisme de Salomon et, lasse de porter la parole
d'un Dieu dont toutes les promesses ont été trom-
peuses, elle paraît bien résolue à ne plus placer son
espoir qu'ici-bas.

Dans cette évolution nouvelle que la race juive me semble sur le point d'exécuter, sa pensée pourra conserver une forte originalité ; peut-être même arrivera-t-elle à de nouvelles créations morales et philosophiques. Tout fait supposer qu'elle se débarrassera peu à peu du monothéisme étroit des dernières années du royaume de Juda pour revenir à des notions religieuses plus compatibles avec une puissance matérielle. Il est à remarquer que, durant la période de leurs conquêtes et de leurs succès, à l'époque où ils s'établissaient avec tant d'énergie sur le territoire où devait s'écrouler leur vie nationale, refoulant devant eux ou écrasant les peuples qui s'opposaient à leurs progrès, les Juifs n'étaient pas encore monothéistes ; ils adoraient leur dieu, dieu violent qui leur donnait la victoire dans les combats ; mais, à mesure qu'ils s'établissaient dans une contrée, ils y respectaient et adoraient, je l'ai dit, les dieux pacifiques, les dieux de la fécondité et de l'abondance dont le culte les y avait précédés.

Plus tard, chaque fois qu'ils étaient sur le point d'atteindre un haut degré de gloire et de prospérité, c'était à la suite d'un abandon partiel de leur foi particulière et grâce à des compromis nombreux passés avec les influences étrangères, qu'ils obtenaient ces avantages matériels. Saül et David eux-mêmes, malgré leur zèle pour Yahveh, n'hésitaient pas à donner à leurs enfants le nom de Baal. Quant à Salomon, je viens de rappeler dans quel éclectisme théologique ou plutôt dans quel scepticisme universel il était tombé ; ce fut certainement sous son règne, le plus heureux de l'histoire juive, que l'idée monothéiste courut les plus sérieux dangers. Si, comme on doit le croire, de brillantes destinées sont encore réservées aux Israélites, ils n'en assureront la durée qu'en renonçant aux admirables, mais stériles conceptions que la petite caste sacerdotale et prophétique fit triompher au retour de Babylone et qui ne pouvaient être qu'une consolation dans la défaite, non un encouragement à de nouveaux succès . A cette condition, le judaïsme sera sans contredit, de toutes les doctrines religieuses, la plus capable de s'adapter aux nécessités modernes, aux idées par lesquelles, depuis un siècle, le monde est dirigé. Le christianisme, qui prêche le renoncement à la vie, qui nie en quelque sorte la terre, pour lequel l'existence actuelle n'est que la préparation à la mort, ne s'accommodera qu'avec peine de la soif d'activité, du besoin de bien-être, de l'ardeur matérielle que les grandes découvertes de la science et les progrès immenses de l'industrie ont répandus de toutes parts. Quant au fatalisme musulman, il est la négation même de toute civilisation. Rien ne serait plus aisé, au contraire, que de ramener les dogmes judaïques à des formules assez simples pour ne blesser en aucune manière la raison contemporaine, et assez élastiques

pour supporter une interprétation qui ne contrarie-
rait nullement le développement pratique de l'humanité. L'unité divine, telle que l'entendaient les
premiers Juifs, n'était en quelque sorte que la combinaison de tous les éléments divins qu'ils croyaient
découvrir au-dessus de la nature. S'il paraît aujour-
d'hui démontré que le monde obéit à des lois qui
ne lui sont point extérieures et que l'univers est le
produit de forces internes qui naissent incessamment
les unes des autres, on s'accorde généralement à
penser que ces lois et ces forces ont une unité supérieure dont la formule sera la dernière découverte
de la pensée humaine. Sans doute, l'unité des lois
et des forces naturelles n'est point l'unité divine; il
n'y a pas de contradiction cependant entre les deux
idées; elles peuvent subsister côte à côte sans se
détruire; au besoin même elles peuvent se confondre.

Le second des dogmes judaïques, le messianisme, ramené à sa forme primitive que le christianisme a si profondément altérée, n'est pas, si l'on
veut, autre chose que la croyance au progrès social, avec cette seule condition particulière que ce
progrès doit être accompli par les mains et sous
la direction des Juifs. L'orgueil hébraïque accep-
tera sans peine cette condition et tâchera de la
réaliser. Au moment où, dans les plus grandes
nations de l'Europe, les Juifs semblent sur le point
d'arriver à l'influence politique et d'acquérir peu
à peu la puissance publique, serait-il bien témé-

raire de leur part d'espérer que le jour est prochain
où ils feront triompher dans le monde l'idéal de
justice et de bonheur dont le rêve, depuis tant de
siècles, les poursuit à travers toutes les déceptions et
les soutient à travers toutes les épreuves ? Peu importe que cette révolution soit l'œuvre d'un messie
ou qu'une race entière l'accomplisse par une série
d'efforts combinés ! L'essentiel, c'est qu'elle se
produise, c'est qu'elle donne les fruits qu'on en
attend. Tandis que l'islamisme se perdait dans le
fatalisme et que le christianisme s'enivrait d'espérances surnaturelles, le judaïsme ne s'est jamais
laissé détourner de l'idéal purement terrestre qui
était son invention principale; rien de moins juif
que la parole de Jésus : « Mon royaume n'est pas
de ce monde. » Les plus terribles catastrophes n'ont
pas décidé le judaïsme à abandonner la conviction
que ce monde même verrait s'ouvrir une ère de
félicité générale. C'est pourquoi les doctrines modernes de la perfectibilité et du progrès s'allient si
aisément à ses antiques croyances. C'est pourquoi
aussi, en cherchant à s'emparer de toutes les grandes
forces sociales et à jouer partout les premiers
rôles, les Juifs peuvent se persuader qu'ils ne travaillent pas seulement à la satisfaction de leurs intérêts personnels, qu'ils travaillent en outre à la
réalisation des plus beaux rêves de leurs pères, au
bien commun de tous les hommes. Si les philosophes qui nous ont enseigné que la violence, le

crime et l'injustice doivent disparaître de ce monde pour ne laisser subsister que le bien et la liberté, ne se sont pas trompés, les Juifs réussiront dans leur nouvelle et grande entreprise ; mais si ce sont les pessimistes qui ont raison, si le progrès est également un mirage, si le mal et le malheur sont éternels, ils succomberont, comme ils ont déjà succombé tant de fois, à la poursuite d'une noble et généreuse illusion, et cette dernière défaite ne sera peut-être pas moins glorieuse pour eux que toutes celles qu'ils ont déjà subies sans se laisser abattre, sans perdre leur confiance en eux-mêmes et leur foi en l'avenir.

Je ne sais trop par quelle fantaisie d'esprit, c'est au bord du lac de Tibériade que je me suis laissé aller à rêver pour les Juifs une nouvelle mission historique. Ceux qu'on rencontre dans toute la Palestine ne songent évidemment qu'au passé et ne vivent que de souvenirs. Mêlés aux ruines de leur ancienne splendeur, ils ne sont pas moins ravagés et dévastés que le pays qui a été le théâtre de leur prospérité et de leur chute ; ils portent la trace d'un abaissement, j'allais dire d'un avilissement en apparence ineffaçable. C'est que leur situation en Palestine, comme dans presque tout l'Orient d'ailleurs, est encore aussi triste qu'elle l'était en Occident en plein moyen âge. Méprisés, détestés, insultés de tous, ils se vengent des populations qui les oppriment en les exploitant. Ils ont tous les vices, toutes les laideurs de la servitude, et l'on sent très bien en les contemplant qu'ils seront les derniers à accepter l'œuvre de leurs concitoyens plus heureux qui s'efforcent au loin d'allier la régénération de leur race au progrès général de l'humanité. C'est le résidu, la lie d'une nation. L'attachement qu'ils gardent à leurs traditions est la seule chose par laquelle ils soient touchants ; encore souffre-t-on d'un attachement qui les condamne à demeurer dans une contrée où toute activité utile est impossible, où ils doivent vivre d'abjection et de misère, adonnés aux plus vils métiers, se nourrissant d'usure et de commerces honteux.

Il ne reste plus rien à Tibériade du mouvement intellectuel qui a produit la Michna ; la casuistique elle-même s'y est éteinte dans les plus sottes et les plus stérilisantes arguties morales et théologiques. La piété ne s'y manifeste plus que par les dévotions bruyantes et mécaniques qui troublent la nuit du vendredi au samedi le sommeil des voyageurs. Si l'on retrouve le christianisme auprès du lac de Tibériade, on doit donc convenir qu'il n'en est pas de même du judaïsme, qui ne s'y manifeste que par ses côtés repoussants. Aussi est-ce avec une sorte de satisfaction qu'après avoir assisté à la journée du sabbat j'ai repris la route de Nazareth. Il fallait d'abord repasser par le mont des béatitudes, puis gagner le village de Loubieh, où le général Junot

soutint un combat héroïque contre une armée de
mamelouks. Loubieh est située sur une colline
pierreuse et aride; j'y arrivai vers midi. La lumière
avait une violence prodigieuse, mais précisément à
cause de cela elle n'y produisait pas ces effets factices qu'on remarque dans presque tous les tableaux
d'Orient. J'ai beaucoup voyagé en Orient; je n'y ai
jamais vu ce qu'on voit chaque année au Salon de
peinture, je veux dire des murs d'un blanc éclatant
se détachant sur un ciel d'un bleu cru. Le ciel
d'Orient est trop lumineux pour avoir des tons
aussi secs; il est baigné dans une sorte de clarté
blanchâtre qui lui donne des colorations laiteuses
d'une finesse exquise. Quant aux murs, ils sont
tellement cuits et recuits par le soleil, qu'ils en
paraissent toujours jaunis ou noircis. Je me rappelle
la sensation étrange que me produisit le paysage
de Loubieh à midi. L'ombre des maisons descendant perpendiculairement du sommet à la base des
constructions assombrissait le village; un phéno-
mène du même genre se produisait sur les cactus;
aux alentours, l'air, surchauffé, avait des trépida-
tions violentes : était-ce un effet d'aveuglement? je
ne sais, mais il me semblait être en face d'un pays
incolore et dont cependant la vue brûlait les yeux.
Je me réfugiai pour déjeuner sous un bosquet de
sycomores, où je ne fus dérangé que par quelques
petites tortues qui ne s'attendaient pas à ma visite
et qui n'en parurent pas très satisfaites. A quelque

distance de Loubieh, après avoir traversé une plaine très fertile, on entre dans le Champ des épis, ainsi appelé parce qu'on suppose que c'est là que les disciples de Jésus, pressés par la faim, arrachèrent des épis pour en manger le grain. Les pharisiens s'indignèrent: outre que manger le bien d'autrui passait à leurs yeux pour un crime abominable, c'était le jour même du sabbat que les disciples de Jésus se conduisaient ainsi, et violer le sabbat était, selon eux, un crime bien plus abominable encore. Mais Jésus les reprit avec sa morale ordinaire : « N'avez-vous point lu, leur dit-il, ce que fit David quand il eut faim, lui et ceux qui étaient avec lui? Comment il entra dans la maison de Dieu et mangea les pains de proposition qu'il ne lui était pas permis de manger ni à ceux qui étaient avec lui, mais aux prêtres seuls? Ou n'avez-vous point lu dans la loi qu'au jour du sabbat les prêtres, dans le temple, violent le sabbat et sont sans péché? Or, je vous dis qu'il y a ici quelqu'un de plus grand que ce temple. Et si vous compreniez ce que signifient ces mots : Je veux la miséricorde et non le sacrifice, vous n'auriez pas condamné des innocents. » Paroles admirables, malheureusement trop oubliées! Comme le jour du sabbat était passé, j'aurais pu, pour mon compte, arracher sur ma route tous les épis que je rencontrais; mais je n'en avais pas besoin.

Plus loin, au village de Kerf-Cana, j'aurais pu aussi, si j'avais eu soif, me désaltérer moralement au souvenir de l'eau que Jésus changea en vin. On montre encore, en effet, les deux urnes où le miracle s'accomplit. Je les ai vues et touchées. « Ces urnes, dit le *Guide indicateur* du frère Liévin de Hamme, que j'ai eu déjà l'occasion de citer, ces urnes sont en pierre du pays, assez grossièrement travaillées. Celle que j'ai mesurée a 0^m,53 de diamètre, 0^m,56 de profondeur, et son épaisseur est de 0^m,13. L'autre est un peu plus petite. Quant à leur forme, elles ressemblent à une sorte de pain de sucre, c'est-à-dire qu'elles se terminent en cône. » Et il n'y a pas moyen de douter de leur authenticité, car le frère Liévin de Hamme ajoute : « Autrefois, on montrait des urnes de Cana un peu partout : les unes en porphyre et les autres en agate, etc.; mais l'évangile de saint Jean (ii, 6) dit explicitement : Or, il y avait six grandes urnes de pierre. » Hélas! pourquoi faut-il qu'il y en ait encore deux et qu'on les rencontre sur son chemin peu de temps après avoir médité cette sublime maxime : « La miséricorde vaut mieux que le sacrifice? »

En revenant de Tibériade, on va coucher à Nazareth, puis on prend le chemin de Saint-Jean-d'Acre. On quitte alors la Galilée pour la Phénicie, contrée nouvelle et qui rappelle des souvenirs bien différents. C'est passer d'un monde dans un autre. On ne retrouvera plus désormais les illusions heureuses qui vous reportaient pour quelques jours aux temps antiques, qui vous faisaient croire un

instant que le monde de la Bible et de l'Évangile
était ressuscité pour vous ! C'est avec un indicible
serrement de cœur que j'ai dit adieu, du haut
du plateau qui domine Nazareth, où j'avais voulu
monter une dernière fois, à cette contrée délicieuse
que je suis sans doute destiné à ne jamais revoir,
mais dont rien ne me fera perdre la mémoire. Il
était tard, il fallut m'arracher assez vite à mes con-
templations et à mes regrets. Je partis profondément ému. Salut donc, terre bénie, montagnes aux
formes exquises, vallées profondes que le soleil de
midi brûle de ses rayons et que le soir emplit
d'ombres bleues ; plaines chargées de fleurs, hori-
zons transparents ; lac charmant où tous les prestiges du royaume céleste se sont réfléchis ; sommets
où éclatait la voix des prophètes ; collines vertes
où Jésus semait à profusion, parmi les groupes
d'enfants et de femmes, les paroles de vie et les
promesses éternelles ; champs fertiles où germaient,
à côté des plus riches moissons, les plus nobles
croyances ; fontaines célébrées par la muse biblique
où les jeunes filles se pressent encore, comme
autrefois, au déclin du jour, portant sur leurs têtes
des urnes élancées ; sentiers, torrents, rochers,
abîmes qui tous avez vu passer Dieu ! Vous êtes
bien réellement la terre paternelle et sainte, vous
êtes bien réellement la patrie ! En vain le monde
s'est éloigné de vous et vous a oubliés ; en vain
les illusions de l'âme se sont dissipées devant les

réalités de la nature; en vain les rêves que vous aviez fait naître ont été suivis de réveils cruels; en vain l'humanité, fatiguée de croire, a essayé de savoir et n'a trouvé, comme Salomon, au fond de toute science que misère et dégoût. L'impression que vous avez laissée dans nos consciences ne s'effacera pas, le bien que vous avez créé survivra à tous les désenchantements. Nul ne sait ce que sera l'avenir; les prophètes se taisent à bon droit, car leurs déclamations ne rencontreraient qu'ironie et leur tristesse ne serait point comprise. Peut-être le cantique des anges ne retentira-t-il jamais plus sur nous, peut-être l'idéal de l'Évangile s'évanouira-t-il dans de puissantes, mais sombres vulgarités. Qu'importe! tant qu'une lueur divine brillera dans les cœurs, c'est vers vous que se tourneront les regards qui cherchent l'aurore de la délivrance, de l'amour, de la liberté, et, à supposer que cette dernière chimère s'évanouisse aussi, que le scepticisme l'emporte définitivement, que tous les autres hommes enfin vous méconnaissent ou vous dédaignent, ceux qui ont passé par de telles épreuves qu'il ne leur reste plus rien à attendre de ce monde et que la vérité n'a pour eux que des angoisses, iront vous demander encore quelque soulagement. Terre de la résignation et du sacrifice, il y aura toujours des malheureux pour venir pleurer sur votre sein!

FIN

TABLE

IMPRIMERIE CHAIX, 20 RUE BERGÈRE, PARIS. — 16378-4.